Michael Schmidt-Salomon
Die Grenzen der Toleranz

PIPER

Zu diesem Buch

Die aktuelle Debattenkultur bedroht die offene Gesellschaft, Demagogen vergiften das Klima mit ihren vermeintlich einfachen Wahrheiten und die dabei vielfach pauschal geforderte Toleranz ist kein Wert an sich, wie Michael Schmidt-Salomon zeigt. Zwar mag eine tolerante Haltung in vielen Fällen gerechtfertigt sein, aber sie ist es keineswegs immer und überall. Schließlich hat vieles, was in der Welt geschieht, was Menschen denken oder wie sie handeln, keinerlei Respekt verdient. Manches davon bedroht die offene Gesellschaft sogar in solch fundamentaler Weise, dass sich jede Form der Nachgiebigkeit von selbst verbietet.

Michael Schmidt-Salomon ist überzeugt, dass wir den Feinden der offenen Gesellschaft ganz gewiss nicht die Freiheit geben dürfen, die Fundamente der Freiheit zu untergraben. Deshalb sollten wir aufhören, Toleranz und Respekt nach dem Gießkannenprinzip zu verteilen. Wie das gehen kann, zeigt der streitbare Philosoph in diesem überaus klugen, zum Nachdenken anregenden Buch.

*Michael Schmidt-Salomon*, Dr. phil., ist Philosoph und Schriftsteller sowie Vorstandssprecher der Giordano-Bruno-Stiftung. Laut dem »Global Thought Leader Index« zählt er zu den »einflussreichsten Ideengebern im deutschsprachigen Raum«. Bei Piper erschienen von ihm »Jenseits von Gut und Böse«, »Leibniz war kein Butterkeks« (mit Lea Salomon), »Keine Macht den Doofen« und »Hoffnung Mensch«.

www.schmidt-salomon.de

Michael Schmidt-Salomon

# Die GRENZEN der TOLERANZ

Warum wir die offene Gesellschaft verteidigen müssen

**PIPER**
München Berlin Zürich

*Mehr über unsere Autoren und Bücher:*
*www.piper.de*

Von Michael Schmidt-Salomon liegen im Piper Verlag vor:
Die Grenzen der Toleranz
Hoffnung Mensch
Jenseits von Gut und Böse
Leibniz war kein Butterkeks (mit Lea Salomon)
Keine Macht den Doofen

**MIX**
Papier aus verantwor-
tungsvollen Quellen
**FSC**
www.fsc.org   **FSC® C083411**

Originalausgabe
Oktober 2016
© Piper Verlag GmbH, München/Berlin 2016
Umschlaggestaltung: ZERO Werbeagentur, München
Satz: Kösel Media GmbH, Krugzell
Gesetzt aus der Minion Pro
Druck und Bindung: CPI books GmbH, Leck
Printed in Germany   ISBN 978-3-492-31031-4

# INHALTSVERZEICHNIS

# VORWORT
## Toleranz im Zeitalter des Empörialismus

*Demagogen feiern mit halben Wahrheiten ganze Erfolge.* Um sie zu stoppen, muss man ihnen recht geben, wo sie recht haben, und sie dort kritisieren, wo sie die Wirklichkeit verzerren. So löscht man das Feuer, auf dem sie ihr ideologisches Süppchen kochen.

Doch das ist leichter gesagt als getan. Denn wir leben in einem Zeitalter des »Empörialismus«: Auf der »richtigen Seite« zu stehen und »aufrichtig empört« zu sein zählt oft mehr als die Fähigkeit, unterschiedliche Sichtweisen unvoreingenommen gegeneinander abzuwägen. Empörialisten haben den öffentlichen Raum so sehr mit moralischen Killerphrasen besetzt, dass eine rationale Debatte kaum mehr möglich erscheint. »Stimmung statt Argumente!« heißt die Devise, deren Folgen man in den sozialen Netzwerken beobachten kann. Wer auf die Gefahren des politischen Islam hinweist, wird im Handumdrehen als »Rassist« abgestempelt; wer aufzeigt, dass nicht alle Muslime vom Dschihad träumen, als »unverbesserlicher Gutmensch« vorgeführt.

*Polarisierung ist »in«.* Und so sehen wir uns zunehmend mit »Alternativen« konfrontiert, die allenfalls die Wahl zwischen Pest und Cholera erlauben: »Rettung des christlichen Abendlandes« oder »Islamisierung Europas«, »Respekt für jeden« oder »Abdriften in einen neuen Faschismus«, »Militärische Absicherung der Grenzen« oder »Ertrinken in der Flüchtlingsschwemme«, »Gläserner Mensch« oder »Steigende Terrorgefahr«! Der Philosoph Hans Albert hat das Anbieten solcher scheinbar auswegloser Szenarien schon vor 50 Jahren als

»Alternativ-Radikalismus« kritisiert. Seine Analyse ist erschreckend aktuell geblieben.[1]

Zugegeben: Nicht jeder folgt dem Trend zur Polarisierung. Viele versuchen, dem Radikalismus zu entgehen, indem sie »die Wahrheit in der Mitte suchen«. Das klingt einigermaßen *abgeklärt,* ist aber nicht unbedingt *aufgeklärt. Denn die Wahrheit folgt keinen geometrischen Vorgaben.* Hier irrt sich der »Extremismus der Mitte«. Er übersieht, dass die Wahrheit sehr wohl auch an den Rändern der Gesellschaft angesiedelt sein kann und es – historisch betrachtet – in vielen Fällen auch war.

Schon ein kurzer Blick in die Geschichte verrät, dass sich Mehrheiten ebenso irren können wie Minderheiten. So wähnten sich die Menschen vor 500 Jahren mehrheitlich noch im Mittelpunkt des Universums (viele tun dies heute noch!) und ächteten jeden, der – wie Giordano Bruno[2] – das Gegenteil behauptete. Noch vor 100 Jahren glaubten sie, ihre Kinder ausgerechnet dadurch fördern zu können, dass sie sie ordentlich züchtigten. Die Tatsache, dass eine Überzeugung von 90 Prozent der Gesellschaftsmitglieder geteilt wird, sagt nichts darüber aus, ob sie in irgendeiner Weise vernünftig ist.

An dieser Stelle zeigt sich, worin die besondere Stärke der modernen, offenen Gesellschaft besteht. Denn sie schützt Minderheitenpositionen nicht nur, weil die Meinungsfreiheit ein hohes rechtsstaatliches Gut darstellt, sondern auch, weil der freundlich-feindliche Widerstreit der Positionen wesentlicher Motor des gesellschaftlichen Fortschritts ist. Der Slogan »Vielfalt statt Einfalt« findet hier seine Berechtigung, denn es ist wahr: *Nur weil wir unterschiedlich sind, können wir voneinander lernen.* Wären wir stets *einer* Meinung, hätten wir uns nicht viel zu sagen. Wir hätten kein Gegenüber, das uns korrigieren könnte, sondern würden uns wechselseitig in unseren Vorurteilen bestärken, was die gesellschaftliche Entwicklung zum Erliegen brächte.

Die geschichtliche Erfahrung zeigt, dass Gesellschaften, die jede Abweichung von der Norm bestrafen, zu kulturellem Stillstand verdammt sind. Zumindest *ein* Teil der Menschheit hat daraus eine Lehre gezogen. Und so begreifen moderne Gesellschaften den Widerstreit der Meinungen nicht mehr vorrangig als unerwünschten Störfaktor, sondern als Nährboden für zivilisatorischen Fortschritt. Dies drückt sich auch in dem schönen Begriff »Streitkultur« aus, der anzeigt, worum es in der Moderne wesentlich geht, nämlich um eine *Kultur des Streitens*. Tatsächlich zeichnen sich moderne Gesellschaften dadurch aus, dass sie die Auseinandersetzung um das »Wahre, Schöne, Gute« nicht nur erlauben, sondern aktiv fördern. Allerdings sollten sie dies nicht ungeregelt tun, sondern unter klar definierten kulturellen Vorgaben, die man als *Spielregeln des zivilisierten Widerstreits* bezeichnen könnte.

Wir werden diese Spielregeln im Verlauf des Textes noch unter die Lupe nehmen,[3] doch es sollte schon hier – ohne weitere Erörterungen – einsichtig sein, dass den Beteiligten am gesellschaftlichen Debattenspiel vor allem eines abverlangt wird: ein erhebliches Maß an *Toleranz*. Der Grund dafür liegt auf der Hand: Wer es partout nicht ertragen kann, dass andere Menschen Auffassungen vertreten, die von den eigenen Überzeugungen empfindlich abweichen, wird sich in einer offenen Gesellschaft nicht zurechtfinden können.

*Dennoch ist Toleranz kein Wert an sich.* Zwar mag eine tolerante Haltung in vielen Fällen gerechtfertigt sein, aber sie ist es keineswegs immer und überall. So wäre jede Form von Toleranz unangebracht, wenn wir mit systematischen Verletzungen der Menschenrechte konfrontiert sind. Wer Derartiges problemlos erdulden kann, beweist keine aufgeklärte, tolerante Haltung, sondern begeht Verrat an den Idealen der Aufklärung, die die Prinzipien der Toleranz hervorgebracht haben.

Von allgemeinen Aufrufen zu mehr Toleranz und Respekt, wie sie von Politikern in unschöner Regelmäßigkeit vorgebracht werden, sollte man daher Abstand nehmen. Schließlich hat vieles, was in der Welt geschieht, was Menschen denken oder wie sie handeln, keinerlei Respekt verdient! Manches davon bedroht die offene Gesellschaft sogar in solch fundamentaler Weise, dass sich jede Form der Nachgiebigkeit von selbst verbietet.

Wir dürfen den Feinden der offenen Gesellschaft ganz gewiss nicht die Freiheit geben, die Fundamente der Freiheit zu untergraben. Deshalb müssen wir aufhören, Toleranz und Respekt nach dem Gießkannenprinzip zu verteilen. Es ist nämlich alles andere als gleichgültig, *wem* wir Toleranz oder Respekt erweisen. *Gleichgültig* wäre es nur, wenn alle Traditionen, Ideologien, Lebensformen *gleichermaßen gültig* wären. Doch dies ist, wie ich zeigen werde, keineswegs der Fall.

Es ist eines der Grundübel unserer Zeit, dass ein Großteil der Menschen entweder nicht willens oder nicht fähig ist, zwischen Humanem und Inhumanem, Recht und Unrecht, Wahrheit und Propaganda, Vernünftigem und Widersinnigem zu unterscheiden. Insofern besteht das zentrale Problem, mit dem wir zu kämpfen haben, nicht in einem *Mangel an Toleranz*, sondern in einem *Übermaß an Ignoranz*.

Ignoranz begegnet uns heute in unterschiedlichsten Erscheinungsformen: Mal als *egozentrischer Tunnelblick*, der alle Probleme jenseits der eigenen kurzfristigen Interessen ausblendet. Mal als *postmoderner Gleich-Gültigkeits-Wahn*, der schon den schüchternsten Versuch einer rationalen Unterscheidung als unerträgliche Anmaßung zurückweist. Mal als *opportunistische Rückgratlosigkeit*, die die Konsequenzen des eigenen Handels falsch einschätzt, weil sie davon ausgeht, dass sich alle Probleme von selbst auflösen werden, wenn man nur nett und artig genug auftritt. Und nicht zuletzt auch als *empörialistischer Herdentrieb*, der jedes noch so vernünftige Argument attackiert, sofern es von der »falschen Seite« geäußert wird.

All diese Formen der Ignoranz verhindern, dass wir zur richtigen Zeit am richtigen Ort klare Kante zeigen. Sie unterlaufen jede sinnvolle Strategie, die offene Gesellschaft gegen ihre Feinde zu verteidigen. Und sie stärken all jene Kräfte, die sich zum Ziel gesetzt haben, das Rad der Geschichte um Jahrzehnte, wenn nicht sogar um Jahrhunderte zurückzudrehen.

Wir werden in den nachfolgenden Kapiteln untersuchen, wie

es zu diesen Formen der Ignoranz gekommen ist und welche Maßstäbe wir anlegen sollten, um wohlbegründet zwischen *wahrer* und *falscher Toleranz* bzw. zwischen *wahrem* und *falschem Respekt* zu unterscheiden. Dabei wird sich zeigen, dass wir die Grenzen der Toleranz nur dann vernünftig ziehen können, wenn wir uns der Werte bewusst sind, die der offenen Gesellschaft zugrunde liegen.

Eine effektive Verteidigung der Freiheit kann, wie ich darlegen werde, nur gelingen, wenn wir uns dazu durchringen, das *Profil des säkularen Rechtsstaats* zu stärken. Töricht wäre es hingegen, würden wir die kulturellen Schotten dicht machen und aus Angst vor Terror und fundamentalistischer Unterwanderung all die zivilisatorischen Errungenschaften aufgeben, die es eigentlich zu verteidigen gilt. Deshalb werde ich in diesem Buch dafür plädieren, die offene Gesellschaft zu schützen, indem wir ihre Kernelemente sehr viel deutlicher betonen, als es bislang geschehen ist. Herauskommen wird dabei unter anderem ein Konzept, das sich am treffendsten wohl auf die paradox anmutende Formel »*Abschreckung durch Freiheit*« bringen lässt.

Leserinnen und Leser meiner vorangegangenen Bücher werden feststellen, dass in dieser Streitschrift hin und wieder Argumente auftauchen, die ich schon früher vorgetragen habe. Das ist unvermeidlich, da in meinen Veröffentlichungen zum *evolutionären Humanismus* mitunter Themen angerissen wurden, die mit der Frage nach den *Grenzen der Toleranz* eng verknüpft sind. Ich bin jedoch überzeugt, dass der Fokus dieses Buches vieles in neuem Licht erscheinen lässt. Darüber hinaus ist es sicher auch nicht verkehrt, Argumente in Erinnerung zu rufen, die zwar alt, aber nicht veraltet sind. Seit über 20 Jahren warne ich nun schon davor, dass das 21. Jahrhundert zu einem »Jahrhundert der globalen Religionskriege« werden könnte, wenn wir nicht sehr viel entschiedener für die Prinzipien der offenen Gesellschaft eintreten. Doch wie heißt es so schön? *Manches sollte man so lange wiederholen, bis es verstanden wird.*

11

# AUCH STREITEN WILL GELERNT SEIN
## Ein Blick in die Abgründe der Islamdebatte

*Hin und wieder hat man das Gefühl, in einem Irrenhaus zu leben.* Ja, ich weiß: Es ist nicht politisch korrekt, von »Irren« zu sprechen. Doch der Alternativbegriff »Psychiatrie-Erfahrene« taugt nicht zur Beschreibung von Personen, die noch keinerlei Erfahrungen mit der Psychiatrie gemacht haben und wohl auch nie machen werden. Denn die »Irren«, um die es mir geht, verstehen sich keineswegs als psychisch krank, sondern, ganz im Gegenteil, als Vertreter eines »gesunden Volksempfindens«.

Das Krankheitsbild des gesunden Volksempfindens kann sich in vielerlei Hinsicht äußern: Man denke zum Beispiel an jene »aufrechten Europäer«, die die Diskriminierung von Muslimen, mitunter sogar das Niederbrennen von Flüchtlingsheimen, als notwendige Maßnahme zur »Rettung des Abendlandes« begreifen. Oder an jene »hochsensiblen Muslime«, die beim Anblick jeder noch so harmlosen Zeichnung ihres »Propheten« bittere Tränen des Schmerzes vergießen, ihre Begeisterung aber kaum mehr zügeln können, wenn eine »Ehebrecherin« direkt vor ihren Augen gesteinigt wird.

Es waren Menschen dieses Schlags, die Raif Badawi[4] in Saudi-Arabien zu zehn Jahren Haft und 1000 Stockhieben verurteilten, weil er es gewagt hatte, die Beachtung von Menschenrechten in einem Land einzufordern, das die Missachtung der Menschenrechte zum Dogma erhoben hat. Und es waren Menschen dieses Schlags, die frenetisch »Allahu akbar« (»Gott ist am größten«) riefen, als Raif am 9. Januar 2015 die ersten 50 Stockhiebe über sich ergehen lassen musste.

12    Als die Bilder von der öffentlichen Auspeitschung im Inter-

net auftauchten, kam es in den westlichen Ländern zu uner-
wartet starken Protesten. Zuvor hatte es die Weltöffentlichkeit
kaum interessiert, wenn Menschenrechtler in islamischen Staaten inhaftiert oder ermordet wurden. Raif hingegen avancierte
innerhalb weniger Wochen zu einer globalen Ikone. Politiker
und Prominente weltweit forderten seine Freilassung, Pop-
bands wie U2 widmeten ihm Konzerte, in vielen Orten rund
um den Erdball fanden Mahnwachen statt.

Dass Raifs Schicksal so viele berührte, ist nicht zuletzt seiner
Frau Ensaf Haidar zu verdanken, die mit großem Mut und
ebenso großem Geschick für die Freiheit ihres Mannes kämpft.[5]
Ich habe Ensaf kurz vor Beginn der Arbeit an diesem Buch
getroffen und lange mit ihr über die Situation der politischen
Gefangenen in den arabischen Ländern gesprochen. Es ist
bewundernswert, mit welcher Kraft und Würde sie die Rolle
ausfüllt, die ihr als Frau des wohl bekanntesten inhaftierten
Dissidenten der islamischen Welt zugefallen ist. Und doch
hätte Ensafs Einsatz kaum ausgereicht, um Raifs Fall in die
internationalen Schlagzeilen zu bringen. Leider muss man
annehmen, dass heute nur sehr wenige von Raifs Martyrium
wüssten, wären die Bilder von seiner Auspeitschung nicht ausgerechnet in jenen aufwühlenden Tagen des Januars 2015 um
die Welt gegangen, als der Westen für das Thema des islamischen Totalitarismus in besonderer Weise empfänglich war.

Am 7. Januar 2015, nur zwei Tage bevor Raif die Schläge vor
der Al-Dschafali-Moschee in Dschidda ertragen musste, hatten Islamisten das Büro der französischen Satirezeitschrift
*Charlie Hebdo* in Paris überfallen und elf Personen getötet, darunter fünf der bekanntesten Cartoonisten Frankreichs: Sté-
phane Charbonnier (»Charb«), Jean Cabut (»Cabu«), Bernard
Verlhac (»Tignous«), Philippe Honoré und Georges Wolinski.
Der Anschlag löste nicht nur weltweites Entsetzen, sondern
auch eine außerordentliche Welle der Solidarität aus. Innerhalb kürzester Zeit eroberte der Slogan »Je suis Charlie« die
Welt. In ihm äußerten sich nicht nur Trauer und Wut angesichts des Terrors, er brachte auch ein trotziges Bekenntnis zu

den Freiheitsrechten einer offenen Gesellschaft zum Ausdruck, die sich von den Einschüchterungsversuchen militanter Islamisten nicht unterkriegen lässt.

Anders als im Jahr 2006, als der sogenannte »Karikaturenstreit« die Welt zutiefst gespalten hatte,[6] schien es nach dem Anschlag auf *Charlie Hebdo* für einen kurzen Moment so, als hätten selbst die konservativsten Politiker und Gelehrten des islamischen Kulturkreises begriffen, dass religionskritische Texte und Zeichnungen keine Legitimation für militante Ausschreitungen oder gar Terrorakte sein können. Während 2006 führende Repräsentanten der Muslime die gewalttätigen Proteste, die auf die Veröffentlichung von zwölf Mohammed-Karikaturen in Dänemark gefolgt waren, weiter angeheizt hatten, wurde das Attentat auf *Charlie Hebdo* sofort von allen Seiten verurteilt – nicht nur von der *Arabischen Liga*, der al-Azhar-Universität und den Präsidenten von Pakistan, Afghanistan und des Iran, sondern auch von der einflussreichen *Organisation für Islamische Zusammenarbeit* (OIC), der über 50 Staaten mit muslimischer Bevölkerungsmehrheit angehören.

Klare Worte kamen auch von der saudischen Regierung, die den Pariser Anschlag »als feigen Terrorakt, der gegen den wahren Islam verstößt«, kritisierte. Der saudische Botschafter nahm sogar an der großen Demonstration in Paris teil, bei der mehr als 1,5 Millionen Menschen der insgesamt 17 Terroropfer[7] gedachten und sich für Meinungs-, Presse- und Kunstfreiheit starkmachten. Umso heftiger fiel daher die Empörung des Westens aus, als bekannt wurde, dass das saudische Regime Raif Badawi nahezu zeitgleich auspeitschen ließ, gerade weil er sich für die Achtung der Meinungs-, Presse- und Kunstfreiheit eingesetzt hatte.

Die offenkundige Diskrepanz zwischen den Verlautbarungen und den tatsächlichen Handlungen Saudi-Arabiens alarmierte selbst diejenigen, die sich zuvor mit Kritik an dem sunnitisch-wahhabitischen Gottesstaat zurückgehalten hatten. Dass Raif Badawi barbarisches Unrecht widerfuhr, dass es nie und nimmer gerechtfertigt sein konnte, einen Menschen ein-

zusperren, geschweige denn ihn einer Prügelstrafe zu unterziehen, weil er Muslime, Juden, Christen und Atheisten als
gleichwertige Gesellschaftsmitglieder betrachtet, war eine der
wenigen Einsichten, für die es im Westen quer durch alle politischen Fraktionen hindurch Zustimmung gab. Insofern verwundert es nicht, dass das EU-Parlament bereits im Februar
2015 mit großer Mehrheit die sofortige Freilassung Raif Badawis forderte. [8]

Das doppelzüngige Agieren Saudi-Arabiens schien fatalerweise aber auch jene zu bestätigen, die Muslimen generell
unterstellen, in der Kommunikation mit gezinkten Karten zu
spielen. In rechtspopulistischen Kreisen[9] gilt es nämlich als
ausgemacht, dass Muslime permanent die sogenannte Taqīya-
Strategie anwenden, um ihre eigentlichen Ziele zu verbergen
und die »Ungläubigen« in falscher Sicherheit zu wiegen.

Was steckt dahinter? Nun, das Taqīya-Prinzip (das arabische
Wort bedeutet »Furcht« oder »Vorsicht«), das vor allem in
schiitischen Traditionen bekannt ist, besagt, dass es Muslimen
erlaubt ist, in Zwangssituationen den eigenen Glauben bzw. die
eigenen Ziele zu verheimlichen. Grundlage hierfür ist der
Koranvers 3:28, in dem es heißt, dass die Gläubigen sich die
Ungläubigen nicht zu Freunden nehmen sollten – es sei denn,
sie hätten Grund, die Ungläubigen zu fürchten.

Gewöhnlich wird Taqīya als defensive Verteidigungsmaß-
nahme verstanden. Einige muslimische Führer, zum Beispiel
Ajatollah Khomeini[10], haben sie jedoch auch als offensive Strategie im Dschihad empfohlen, um feindliche Regime durch
systematische Täuschung und Unterwanderung zum Einsturz
zu bringen. Khomeini selbst hat 1978 eindrucksvoll vorgeführt,
wie dies funktioniert. Kurz vor seiner Rückkehr in den Iran
beruhigte der damals im französischen Exil lebende schiitische
Geistliche die Weltöffentlichkeit, indem er in zahlreichen Inter-
views behauptete, »gegenüber den religiösen Vorstellungen der
anderen mit Respekt vorgehen« und »keine Funktion innerhalb der Regierung« einnehmen zu wollen.[11] Wenige Monate
später ließ sich Khomeini zum »Obersten Revolutionsführer     15

auf Lebenszeit« ernennen und befahl die systematische Verfolgung und Ermordung Andersgläubiger und Andersdenkender.

Kein Zweifel: Taqīya gibt es wirklich. Doch lässt sich aus dem Umstand, dass sich Taqīya aus dem Koran ableiten lässt, schließen, dass die dahinterstehende Haltung exklusiv bei Muslimen anzutreffen ist? Selbstverständlich nicht! Menschen aller Zeiten und aller Kulturen haben sich an die Gepflogenheiten ihres Umfelds angepasst und den Eindruck erweckt, sie zu unterstützen, obwohl sie insgeheim völlig anders dachten. Oftmals war dies die einzige Chance, um Verfolgungen und Diskriminierungen zu entgehen. Und natürlich spielen List und Tücke, Täuschung und Unterwanderung seit jeher auch eine wichtige Rolle in der Weltpolitik, wie uns die Geschichte lehrt.

Kulturelle Täuschungsmanöver sind also mitnichten eine muslimische Spezialität. Jedoch bot der Begriff der »Taqīya« eine wunderbare Vorlage zur Konstruktion einer universellen Verschwörungstheorie. Diejenigen, die vor einer »großen islamischen Weltverschwörung« warnen, glauben nämlich felsenfest daran, dass fromme Muslime gar nicht anders können, als vom globalen Dschihad zu träumen, weshalb man ihnen nie und nimmer Glauben schenken dürfe, wenn sie sich zu Religionsfreiheit, Demokratie und Menschenrechten bekennen.

Das Vertrackte an dieser Konstruktion ist, dass sie sich – wie jede »gute« Verschwörungstheorie – gegen jegliche Form von Kritik immunisiert. Denn entweder rufen Muslime tatsächlich offen zur islamischen Weltrevolution auf (wie etwa *al-Qaida* oder der sogenannte *Islamische Staat*), oder aber sie widersprechen diesem Aufruf, was aus verschwörungstheoretischer Sicht nur bedeuten kann, dass sie ihr eigentliches Anliegen, die Unterwerfung der Welt, durch Vortäuschung falscher Tatsachen verschleiern. So oder so ist Muslimen aus dieser Perspektive nicht zu trauen – und zwar vor allem dann nicht, wenn sie besonders glaubwürdig den Eindruck erwecken, die Prinzipien der offenen Gesellschaft zu respektieren. Dass ein solcher Generalverdacht jeden Ansatz einer rationalen Debatte zunichtemacht, dürfte einsichtig sein.

## Feindbild Islam

Viele, die heute vor einer »schleichenden Islamisierung Europas« warnen, stützen sich auf diese paranoide Denkfigur. Als echte Verschwörungstheoretiker lassen sich dabei vor allem diejenigen charakterisieren, die die Islamisierungs-These in einer besonders starken, alarmistischen Form vertreten, also behaupten, dass das säkulare Europa kurz davor stünde, von Islamisten überrollt zu werden.

In Deutschland gelangte diese Art der Panikmache Anfang der 2000er-Jahre in die öffentliche Debatte. Maßgeblichen Anteil daran hatte die sogenannte »Bürgerbewegung« *Pro Köln*, die 1996 aus der rechtsextremen *Deutschen Liga für Volk und Heimat* hervorgegangen war. *Pro Köln* gab sich nach außen betont »basisdemokratisch«, tatsächlich aber wurde die Gruppe von einigen wenigen Aktivisten aus dem Umfeld der *NPD* und der *Republikaner* gesteuert.[12]

Größere Aufmerksamkeit erzielte *Pro Köln* erstmals 2004, als es der Gruppe gelang, 28 000 Unterschriften gegen Moschee-Bauprojekte in Köln zu sammeln. Dank des gestiegenen Bekanntheitsgrades konnte diese »islamkritische Bürgerbewegung« schon im selben Jahr mit vier Mandaten in den Kölner Stadtrat einziehen. Durch ihren Protest gegen die DITIB-Zentralmoschee in Köln-Ehrenfeld geriet die Gruppe 2007 auch bundesweit in die Schlagzeilen, wodurch sie bei den nächsten Regionalwahlen 2009 einen zusätzlichen fünften Sitz für sich erringen konnte. Aus *Pro Köln* gingen ab 2004 verschiedene Ableger hervor, u. a. *Pro Deutschland*, *Pro NRW* und *Pro Sachsen*. Diese konnten zwar die Wahlerfolge der Mutterpartei nicht wiederholen, sorgten aber dafür, dass die These von der »schleichenden Islamisierung Europas« mehr und mehr Verbreitung fand. Eine wichtige Rolle spielte dabei die Website *Politically Incorrect*, die von Anfang an eng mit der Pro-Bewegung verknüpft war und sich innerhalb bemerkenswert kurzer Zeit von einem wenig beachteten Ein-Mann-Blog zu einer der meistaufgerufenen Seiten im deutschsprachigen Internet entwickeln konnte.

Zwar spielt *Pro Köln* in der aktuellen (Anti-)Islam-Debatte kaum noch eine Rolle, jedoch ist nicht zu übersehen, dass die Bewegung eine Vorreiterfunktion für die rechtspopulistische Szene hatte: So forderte *Pro Köln* bereits zehn Jahre bevor die *Patriotischen Europäer gegen die Islamisierung des Abendlandes (Pegida)* in Dresden demonstrierten, eine patriotische, an sogenannten »christlichen Werten« orientierte Identitätsbildung, um der vermeintlichen »Islamisierung Europas« entgegenzuwirken. Zudem verfolgte die Gruppe schon 2004 das strategische Konzept, mit dem Rechtspopulisten heute weite Teile der Bevölkerung auf ihre Seite ziehen: Wie ihre Nachfolger *Pegida, Legida* oder die *Demo für alle* verstand es *Pro Köln*, sich als basisdemokratische Bürgerbewegung zu inszenieren, die den »korrupten«, »gleichgeschalteten«, »linksversifften« politischen Eliten und Meinungsmachern mit »gesundem Volkszorn« entgegentritt.

Die Pro-Bewegung war auch an der Entstehung jener »Internationale der Nationalisten« beteiligt, vor der manche Beobachter heute mit einiger Fassungslosigkeit stehen. Dass die österreichische *FPÖ*, die schweizerische *SVP*, der französische *Front National*, die italienische *Lega Nord*, die niederländische *Partij voor de Vrijheid*, der belgische *Vlaams Belang*, die amerikanische *Tea-Party* und die deutsche *Alternative für Deutschland* so einträchtig in ihrer »Islamkritik« vereint sind, ist nicht zuletzt auf die eifrigen Kooperationsbemühungen der frühen 2000er-Jahre zurückzuführen, bei denen das Pro-Spektrum eine maßgebliche Rolle spielte.[13]

Kooperationen gab und gibt es natürlich auch auf nationaler Ebene. Wie fließend die Übergänge zwischen den antiislamischen Gruppierungen in Deutschland sind, lässt sich wohl am besten am Beispiel des Journalisten und Buchautors Udo Ulfkotte verfolgen, der die These von der »schleichenden Islamisierung Europas« wie kaum ein anderer deutscher Publizist unter die Leute brachte. Als außenpolitischer Redakteur der *Frankfurter Allgemeinen Zeitung* (FAZ) hatte Ulfkotte von 1986 bis 1998 überwiegend in Ländern wie dem Irak, dem Iran,

Afghanistan oder Saudi-Arabien gelebt, was sein Islambild entscheidend prägte. Ulfkotte wurde unter anderem Zeuge von
Hinrichtungen in Saudi-Arabien und stand in Kontakt mit Terroristen aus dem Umfeld von Osama bin Laden, was sich in seinen Büchern *Propheten des Terrors – Das geheime Netzwerk der
Islamisten* (2001) und *Der Krieg in unseren Städten – Wie radikale Islamisten Deutschland unterwandern* (2003) niederschlug,
mit denen der Autor zu einem gern gesehenen Redner auf Veranstaltungen der Pro-Bewegung avancierte.

Gleichwohl war Ulfkotte bemüht, sich von völkischen Ten-
denzen abzugrenzen, die in dieser Bewegung immer wieder
zum Vorschein kamen. Als »wiedergeborener Christ« ging es
ihm nicht um das »Überleben des deutschen Volkes«, sondern
um die »Bewahrung christlich-jüdischer Kultur in Deutschland und Europa«. Eben dies war auch der Satzungszweck des
Vereins *Pax Europa*, den Ulfkotte 2007 gründete. Doch auch
dort machten sich bald rassistische Strömungen breit, weshalb
er den Verein bereits ein Jahr später wieder verließ. (2010 ging
aus Ulfkottes *Pax Europa* die Partei *Die Freiheit* hervor, die sich
innerhalb weniger Monate von einer rechtsliberalen zu einer
rechtspopulistischen Gruppierung entwickelte, was sich wenige
Jahre später im Fall der *AfD* wiederholen sollte. Im Herbst 2013
stellte *Die Freiheit* ihre bundespolitischen Aktivitäten zuguns-
ten der *AfD* ein, was die liberalen Kräfte innerhalb der *AfD*
zusätzlich unter Druck setzte.)

Nach einem kurzen Engagement bei der Partei *Bürger in Wut*,
die 2007 den Einzug ins Bremer Landesparlament schaffte, konzentrierte sich Udo Ulfkotte wieder auf seine publizistischen
Aktivitäten. In rascher Folge erschien eine Reihe von Büchern,
die nahezu das gesamte Themenspektrum abdecken, mit denen *AfD* und *Pegida* seit 2014 die politische Landschaft auf-
mischen. Schon die Titel seiner Bücher klingen wie eine kom-
primierte Zusammenfassung des *AfD*-Parteiprogramms: *SOS
Abendland – Die schleichende Islamisierung Europas* (2008);
*Vorsicht Bürgerkrieg! Was lange gärt, wird endlich Wut* (2009);
*Europa vor dem Crash* (2011); *Albtraum Zuwanderung. Lügen,*

*Wortbruch, Volksverdummung* (2011); *Gebt uns unsere D-Mark zurück* (2012); *Politische Korrektheit. Von Gesinnungspolizisten und Meinungsdiktatoren* (2013); *Gekaufte Journalisten. Wie Politiker, Geheimdienste und Hochfinanz Deutschlands Massenmedien lenken* (2014); *Mekka Deutschland – Die stille Islamisierung* (2015); *Die Asyl-Industrie. Wie Politiker, Journalisten und Sozialverbände von der Flüchtlingswelle profitieren* (2015).

Obwohl Ulfkottes Bücher seit 2008 nicht mehr in großen Publikumsverlagen, sondern in dem auf Esoterikliteratur und Verschwörungstheorien spezialisierten Kopp-Verlag erschienen, landeten einige seiner Werke (u. a. *SOS Abendland, Vorsicht Bürgerkrieg* und *Gekaufte Journalisten*) auf den vorderen Rängen der Bestsellerlisten. Kein Wunder also, dass der prominente Autor als Stargast zu diversen *Gida*-Demonstrationen und *AfD*-Veranstaltungen eingeladen wurde, um die versammelte Schar der Wutbürgerinnen und -bürger über die vermeintliche »Lügenpresse«, den »Albtraum Zuwanderung« und die »schleichende Islamisierung Europas« aufzuklären.

### Feindbild Islamkritik

Außerhalb der rechtspopulistischen Kreise kamen Ulfkottes Thesen freilich weniger gut an. Renommierte Kritiker wie Heiner Bielefeldt, seit 2010 Sonderberichterstatter für Religions- und Weltanschauungsfreiheit des UN-Menschenrechtsrats, warfen ihm vor, »islamophobe Propagandaliteratur« zu fabrizieren. Ulfkottes Bücher, so Bielefeldts Kritik, beruhten nicht auf differenzierten Analysen, sondern auf »monströsen Angstszenarien«, etwa der Vorstellung, Europa würde sich in den nächsten Jahrzehnten zu einem »Eurabien« entwickeln und ab 2040 das Scharia-Recht einführen.[14]

Der Leiter des Zentrums für Antisemitismusforschung, Wolfgang Benz, verglich Ulfkottes Thesen sogar mit den antisemitischen Verschwörungstheorien des 19. Jahrhunderts. Dass die Muslimbrüderschaft einen »geheimen Plan zur Unterwanderung nichtmuslimischer Staaten« verfolge, wie es Ulfkotte in seinem Buch *Heiliger Krieg in Europa – Wie die radikale Mus-limbruderschaft unsere Gesellschaft bedroht* von 2007 dargelegt hatte, erinnere fatal an die antisemitische Hetzschrift *Protokolle der Weisen von Zion,* die den angeblichen Plan einer jüdischen Unterwanderung belegen sollte und zu einer der bedeutsams-ten Quellen des eliminatorischen Judenhasses im 20. Jahrhun-dert (insbesondere in Deutschland) wurde.[15]

Benz stellte seinen Vergleich von Antisemitismus und Islam-feindlichkeit 2008 auch in den Mittelpunkt einer Tagung am *Berliner Zentrum für Antisemitismusforschung,* 2010 unter-mauerte er ihn noch einmal im Rahmen seines Buches *Die Feinde aus dem Morgenland.*[16] Tagung und Buchveröffent-lichung lösten eine hitzig geführte Debatte über die Zulässigkeit dieses Vergleichs aus. Auf beiden Seiten wurden Stellungnah-men veröffentlicht, die mitunter eher an Rufmordkampagnen erinnerten als an einen rationalen Austausch von Argumenten.

Versucht man, sich dieser Debatte unvoreingenommen zu nähern, fällt zweierlei auf. *Erstens*: Benz hatte zweifellos recht mit seiner Feststellung, dass in der neurechten Bewegung, die sich meist entschieden projüdisch, ja sogar proisraelisch auf-stellt, das »Feindbild Jude« durch das »Feindbild Muslim« ersetzt wurde und sich die neuen Muslimhasser ähnlicher Aus-grenzungsstrategien bedienen wie die alten Judenhasser. *Zwei-tens*: Mit seiner Fundamentalkritik an der Islamkritik schoss Benz jedoch über das Ziel hinaus – nicht nur, weil er *rationale Islamkritiker* mit *irrationalen Islamophobikern* in einen Topf warf, sondern auch, weil er in seiner Analyse fast vollständig ignorierte, dass selbst die übertriebensten Ängste vor dem poli-tischen Islam auf *empirischen Fakten* gründen, die es im Fall der wahnhaften Furcht vor der »Verjudung« in der ersten Hälfte des 20. Jahrhunderts schlichtweg nicht gegeben hat.

Denn das Judentum war und ist – im Unterschied zum Islam – keine missionarische Weltreligion mit eineinhalb Mil-liarden Anhängern. Juden haben nicht dazu aufgerufen, die Welt zu erobern und »Ungläubige« den eigenen Glaubens-regeln zu unterwerfen. Sie haben die Weltöffentlichkeit auch nicht terrorisiert, indem sie Andersgläubige vor laufender Kamera köpften, Sprengstoffattentate verübten, Flugzeuge in Wolkenkratzer steuerten oder friedliche Konzertbesucher erschossen.

Da sich Wolfgang Benz in seiner Einschätzung des Islam vornehmlich auf die eigentümlichen Sprachspiele theologischer Exegeten verließ,[17] die »Frieden« selbst da erkennen können, wo Gewalt und Unterdrückung herrschen,[18] unterschätzte er das reale Gefährdungspotenzial, das von unkritischen Islamauslegungen heute ausgeht.[19] Vor allem aber zog Benz zu Recht Empörung auf sich, als er – wider besseres Wissen[20] – die Islamisierungshypothese mit den *Protokollen der Weisen von Zion* auf eine Stufe stellte: Denn dieses geheimnisvolle Treffen der Zionisten, das Antisemiten Anfang des 20. Jahrhunderts in Panik versetzte und ihre Vorurteile über »die Juden« befeuerte, hat bekanntlich niemals stattgefunden! Die weltumspannende Verschwörung von jüdischen Kapitalisten und Kommunisten mit dem Ziel, die »arischen« Gesellschaften an allen Fronten zu schwächen und zu unterwandern, beruhte von Anfang an auf einer kolossalen Wahnidee ohne jegliche empirische Basis.

Dies gilt aber keineswegs für die Muslimbrüder, die nicht nur sehr real existieren, sondern sich tatsächlich auch das ehrgeizige Ziel gesetzt haben, nicht nur Europa, sondern die ganze Welt zu islamisieren.[21] Dass Udo Ulfkotte diesen ambitionierten Plan zur Grundlage seines Buches über die Muslimbruderschaft machte,[22] kann man ihm schwerlich vorwerfen. Vorwerfen kann und muss man ihm allerdings sehr wohl, dass er die Möglichkeiten zur Realisierung dieses Plans stark überschätzte, wodurch er seine Leserinnen und Leser zu der irrigen, rechtspopulistisch ausbeutbaren Annahme verleitete, nur ein schnelles, hartes und kompromissloses Durchgreifen könne die Entstehung »Eurabiens« unter dem Diktat von Scharia-Gesetzen noch verhindern.

Liest man die Veröffentlichungen von Islamkritik-Kritikern,[23] fällt auf, dass sie – trotz vieler treffender Einsichten – nicht selten die gleichen Argumentationsmuster verwenden, die sie bei der Gegenseite scharf kritisieren. So wirft Wolfgang Benz den Islamkritikern vor, sie würden sich einseitig auf inhumane, hetzerische Koranstellen und -interpretationen konzentrieren und alle Aussagen, die nicht in dieses Bild passten, ignorieren – was ihn jedoch nicht davon abhält, das gleiche einseitige Verfahren im Hinblick auf islamkritische Veröffentlichungen anzuwenden.[24] Bemerkenswert ist auch, dass Benz versucht, die Aussagen von Islamkritikerinnen wie Necla Kelek[25] mit dem Hinweis zu relativieren, dass ihre Perspektive aufgrund der eigenen Lebensgeschichte (etwa der Erfahrung patriarchal-religiöser Unterdrückung) notwendigerweise voreingenommen sei,[26] ohne dabei zu erkennen, dass dies selbstverständlich auch für ihn selbst (wie für jeden anderen Menschen) gilt.

Vor dem Hintergrund seiner Lebensgeschichte ist es absolut verständlich, dass Benz, der sich als Forscher vornehmlich mit gruppenbezogenen Vorurteilen beschäftigt hat, diesen Aspekt auch in der Islamdebatte fokussiert. Bedauerlicherweise ist dies aber nur ein Teil des Problems: Die Welt wäre zweifellos ein sehr viel friedlicherer Ort, wenn die Angst vor totalitären Formen des Islam nur auf *unbegründeten Vorurteilen* beruhen würde! Die politische Realität beweist jedoch Tag für Tag das Gegenteil – und eben dies muss in einer rationalen Debatte auch thematisiert werden können. Die Furcht vor *unbegründeten Vorurteilen* darf daher nicht dazu führen, dass wir keine *begründeten Urteile* mehr bilden – selbst auf die Gefahr hin, dass Unbelehrbare diese begründeten Urteile dazu nutzen können, um ihr Reservoir an unbegründeten Vorurteilen weiter auszubauen.

Als Vorurteilsforscher sah Benz die Sache natürlich anders, weshalb er Autorinnen wie Necla Kelek vorwarf, die Tatsache zu ignorieren, dass sie mit ihrer Islamkritik »*Beifall von der falschen Seite*« erhalten würden.[27] In diesem Zusammenhang vergaß er allerdings, dass auch er »Beifall von der falschen Seite« bekommt – nämlich von jenen, die durch seine Kritik an der Islamkritik in ihrem reaktionären Denken bestärkt werden und nun sogar ein »wissenschaftliches Gütesiegel« dafür vorweisen können, wenn sie jede noch so differenzierte Kritik am Islam/ Islamismus als »islamophob« diffamieren.

Es gibt wohl kaum ein Argument, das die Grundlagen einer offenen Streitkultur so sehr untergräbt wie die Behauptung, Kritik sei zu unterlassen, wenn sie von der »falschen Seite« unterstützt wird. Denn dieses Argument läuft darauf hinaus, parteiliches Lagerdenken über die faire Abwägung von Argumenten zu stellen, gruppendienliche Selbstzensur der freien Debatte vorzuziehen und Positionen allein deshalb zu ignorieren, weil sie von »den Anderen« geäußert werden.

Wolfgang Benz selbst hat am Beispiel der Entstehung und Festigung von Vorurteilen gegen Juden und Muslime trefflich analysiert, wie die Ausgrenzung des »Anderen« funktioniert. Fatalerweise jedoch trug seine Analyse mit dazu bei, dass ähnliche Ausgrenzungsstrategien gegenüber »Islamkritikern« verstärkt wurden. Dadurch wurde an die Stelle des Feindbildes »Muslim« das Feindbild »Islamkritiker« gerückt, was die Debatte keineswegs versachlichte, sondern die kritisierten Islamkritiker zum Gegenschlag anstachelte, indem sie das Feindbild des »Islamkritik-Kritikers« verstärkten.

Henryk M. Broder zum Beispiel, der seit Jahren vor einer rückgratlosen Appeasement-Politik gegenüber Islamisten warnt,[28] attestierte dem renommierten Antisemitismusforscher Benz, weder vom Antisemitismus noch vom Islam Ahnung zu haben. Ironisch merkte Broder an, dass man Juden- und Muslimenhass ähnlich gut vergleichen könne wie »die Wehrmacht mit der Heilsarmee, einen Bikini mit einer Burka und die GEZ mit der Camorra«. Das Ganze sei jedoch eine Themaverfehlung, denn im Fall des Islam liege das Problem »nicht bei den Kritikern, sondern beim Gegenstand der Kritik«[29]. Andere Autoren gingen in ihrer Reaktion noch weiter und unterstellten dem Leiter des *Zentrums für Antisemitismusforschung*, selbst »antisemitisches« Gedankengut zu verbreiten[30] – ein heftiger Schlag unter die Gürtellinie, der darauf abzielte, den Gegner an seiner empfindlichsten Stelle zu treffen.

## Die große Begriffsverwirrung

Die Islamdebatte krankt seit Langem daran, dass die Vertreter unterschiedlicher Positionen alles tun, um die Gegenseite mit moralischen Killerphrasen außer Gefecht zu setzen. Seit Jahren tobt auf diesem Gebiet ein *empörialistischer Überbietungswett-bewerb*, in dem es nicht mehr um den rationalen Austausch von Argumenten geht, sondern um die größtmögliche Diffamie-rung *der* »Anderen«.

Dies zeigt sich nicht zuletzt in der inflationären Verwendung diskreditierender Begriffe wie »antisemitisch«, »rassistisch«, »faschistisch« oder »islamophob«. Selbstverständlich ist über-haupt nichts dagegen einzuwenden, wenn Antisemitismus als Antisemitismus, Rassismus als Rassismus oder Faschismus als Faschismus bezeichnet wird. Gefährlich wird es aber, wenn der Bedeutungshorizont dieser Begriffe so weit ausgedehnt wird, dass sie ihre inhaltliche Substanz verlieren und derart entkernt bei jeder passenden wie unpassenden Gelegenheit zur Brand-markung Andersdenkender verwendet werden können.

Nehmen wir nur den Begriff »Rassismus«, bei dem eigent-lich klar sein sollte, was darunter sinnvollerweise zu verstehen ist und was nicht:

### Definition Rassismus

Rassismus ist eine Ideologie, die darauf abzielt, Menschen unterschiedlicher ethnischer Herkunft (früher fälschli-cherweise als »Rassenzugehörigkeit« bezeichnet)[31] unter-schiedlich zu behandeln, was in der Regel mit der Unter-stellung begründet wird, dass zwischen den Angehörigen verschiedener Ethnien bedeutsame biologische Unter-schiede bestünden, aus denen sich eine unterschiedliche Wertigkeit der Populationen und ihrer Mitglieder ablei-ten ließe. Rassismus ist also im Kern eine *biologistische Ausgrenzungsideologie*, die die Diskriminierung von Men-schen darüber legitimiert, dass man ihnen einen anderen (meist als »minderwertig« klassifizierten) Genpool zuweist. Das heißt im Umkehrschluss: Wem biologische Merkmale wie Hautfarbe, Augenform, Haarstruktur, ethnische Herkunft etc. bei der Bewertung seiner Mitmenschen völlig schnuppe sind, kann im eigentlichen Wortsinne *kein Rassist* sein.

So weit, so klar, könnte man meinen. Inzwischen jedoch wurde der Begriff »Rassismus« derart überdehnt, dass er zur Diskreditierung jeder Form von Kritik an jeder noch so kritikwürdigen Gruppe herangezogen werden kann. Welch absurde Blüten dies treiben kann, zeigt das Beispiel der Vorsitzenden des Zentralrats der Ex-Muslime, Mina Ahadi, die als Widerstandskämpferin gegen das Mullahregime vor vielen Jahren aus dem Iran geflohen ist.[32] Als Iranerin in Deutschland musste sie oft genug erleben, was Alltags-Rassismus bedeutet. Nicht im Entferntesten würde Mina, die eine der Hauptaktivistinnen der Kampagne »One Law for All« (»Gleiches Recht für alle«) ist, auf den Gedanken kommen, Menschen aufgrund ihrer ethnischen Herkunft zu diskriminieren oder irgendeine andere Form von Fremdenfeindlichkeit zu unterstützen.

Ich kenne Mina seit vielen Jahren. Wenn es irgendjemanden gibt, dem man »Rassismus« nun wirklich nicht unterstellen kann, dann ihr. Dennoch wurde gerade ihr in unschöner Regelmäßigkeit »Rassismus« vorgeworfen. Der Grund dafür ist, dass sie die Bewegung des politischen Islam, mit dessen Auswirkungen sie in ihrer Arbeit als Koordinatorin des *Internationalen Komitees gegen Steinigung und Todesstrafe* täglich konfrontiert ist, in aller gebotenen Schärfe kritisiert. Was, um alles in der Welt, so fragt man sich, soll daran »rassistisch« sein? Nun, der Vorwurf, der gegen Mina erhoben wird, lautet, dass jemand, der den Islam so scharf kritisiert wie sie, notwendigerweise »kulturrassistisch« argumentiere. »Kulturras-

26 sistisch« sei es nämlich, Menschen abzuwerten, weil sie anderen

kulturellen Vorstellungen folgen als die Bevölkerungsmehrheit.

Ich halte diesen Vorwurf des »Kulturrassismus« aus zweierlei Gründen für absurd und gefährlich. *Erstens*: Wenn eine so entschiedene Anti-Rassistin wie Mina Ahadi als »Rassistin« beschimpft werden kann, wenn also selbst entschiedenster Anti-Rassismus als Rassismus gilt, dann gerät das *eigentliche Problem des Rassismus*, die *Abwertung von Menschen aufgrund ihrer ethnischen Herkunft*, aus dem Blick. *Zweitens*: Gefährlich ist der Begriff des »Kulturrassismus« auch deshalb, weil er letztlich auf dem gleichen falschen Denkmuster gründet, der für rassistische Argumentationen typisch ist, nämlich der *unzulässigen Vermischung biologischer und kultureller Kategorien*.

Denn Muslime sind selbstverständlich keine Rasse, keine Ethnie, keine biologisch definierbare Population innerhalb der Spezies *Homo sapiens*. Die Tatsache, dass ein Mensch aus einem bestimmten Teil der Erde stammt, in dem Muslime die Mehrheit stellen, erlaubt daher nicht den Rückschluss, dass er oder sie Muslim ist. Selbst die Geburt in eine muslimische Familie rechtfertigt nicht die Annahme, dass sich die betreffende Person als Muslim oder Muslima versteht. Kennzeichnend für rassistische Denkmuster ist seit jeher, Menschen über ihre *Geburt* zu definieren, also über ein *unveränderliches Merkmal*, das sie ein Leben lang mit sich herumtragen. Kulturelle Eigenschaften wie persönliche Glaubensüberzeugungen und Gebräuche sind jedoch *wandelbar*, keineswegs per Geburt vorgegeben, weshalb der Kunstbegriff »Kulturrassismus« in gefährlicher Weise in die Irre führt.

Um nicht missverstanden zu werden: Zweifellos ist es ein besorgniserregendes Phänomen, dass es in unserer Gesellschaft eine steigende Anzahl von Menschen gibt, die andere Menschen bloß deshalb abwerten, weil sie muslimischen Glaubens sind, ohne sich auch nur im Entferntesten dafür zu interessieren, wie diese ihren Glauben interpretieren. Nur: »Kulturrassismus« ist ein denkbar schlechter Begriff, um dieses 27

Phänomen zu kennzeichnen. Sehr viel sinnvoller ist es, hierfür die Begriffe »*Antimuslimismus*« oder »*Muslimenfeindlichkeit*« zu verwenden (äquivalent zu den Begriffen »Antisemitismus/Antijudaismus« und »Judenfeindlichkeit«), die tatsächlich beschreiben, was sie zu beschreiben vorgeben.[33]

In diesem Zusammenhang sollten wir uns klarmachen, dass derjenige, der in den stereotypen Kategorien des *Antimuslimismus* denkt, nicht notwendigerweise auch *Rassist* sein muss. Zwar können Antimuslimismus und Rassismus gepaart auftreten (etwa wenn behauptet wird, dass Muslime nur deshalb Muslime sind, weil sie aufgrund ihrer ethnischen Herkunft weniger intelligent seien – eine Denkfigur, die im Rahmen der sogenannten »Sarrazin-Debatte« hier und da aufblitzte).[34] Dennoch handelt es sich um zwei grundverschiedene Phänomene, die man im Sinne einer präzisen Analyse auseinanderhalten sollte. Dies ist auch deshalb wichtig, weil wir nur so den Gemeinsamkeiten und Unterschieden von Juden- und Muslimenhass auf die Spur kommen können.

Im Unterschied zum heutigen Antimuslimismus fußte der Antisemitismus des 20. Jahrhunderts tatsächlich auf rassistischem Denken. Ursache dafür war unter anderem, dass »die Juden« im Unterschied zu »den Muslimen« sehr viel eher als ethnische Einheit empfunden werden konnten – auch wenn die Idee des »jüdischen Volkes« letztlich auf kontrafaktischen Mythen beruht, wie der israelische Historiker Shlomo Sand in seinem Buch *Die Erfindung des jüdischen Volkes* nachgewiesen hat.[35] Die rassistische Grundstruktur des Antisemitismus des 20. Jahrhunderts zeigte sich nicht zuletzt darin, dass er sich eben nicht nur gegen diejenigen richtete, die sich zum jüdischen Glauben bekannten, sondern auch gegen diejenigen, die diesen Glauben vehement ablehnten. Ja, paradoxerweise wurde *gerade die Ablehnung der jüdischen Religion* als »typisch jüdisch« empfunden.

Da aus der jüdischen Community einige der bedeutendsten Religionskritiker hervorgegangen sind (u. a. Baruch de Spinoza, Karl Marx und Sigmund Freud) und unter »jüdischen«

Gelehrten und Politikern (etwa in der sozialistischen Bewegung) die Zahl der Atheisten und Agnostiker überproportional groß war, wurden »Gottlosigkeit« und Areligiosität als besondere Kennzeichen der »jüdischen Kulturzersetzung« begriffen. (Aus diesem Grund gab es im nationalsozialistischen Deutschland offiziell auch keine »Atheisten«: Wer nicht einer der beiden christlichen Kirchen bzw. einer anderen Glaubensgemeinschaft angehörte, wurde in den amtlichen Unterlagen als »Gottgläubiger« geführt. Atheistisches Freidenkertum hingegen galt als Hochverrat.[36])

Hier zeigt sich der Unterschied des alten, rassistischen Antisemitismus zum heutigen Antimuslimismus besonders deutlich. Denn selbst die übereifrigsten Muslimhasser der Gegenwart richten sich in der Regel nicht gegen Menschen, die den muslimischen Glauben aufgegeben oder nie praktiziert haben, obwohl sie in eine »muslimische Familie« hineingeboren wurden. Im Gegenteil: Gerade »Apostaten« (Menschen, die vom Glauben abgefallen sind) wie Salman Rushdie[37], Ayaan Hirsi Ali[38] oder eben Mina Ahadi zählen zu den wichtigsten Gewährsleuten, mit denen Antimuslimisten ihre Ablehnung des Islam begründen. Von diesen Apostaten grenzen sie sich auch keineswegs ab, sondern suchen (mitunter verzweifelt) ihren Kontakt.

Gewiss: Man mag es bedauern, dass Ex-Muslime wie Rushdie, Ali oder Ahadi, die alles andere im Sinn haben, als eine Pogromstimmung gegen Muslime zu schüren, Applaus von jenen bekommen, die eine solche Stimmung bewusst oder unbewusst verstärken. Immerhin aber zeigt dieser »Beifall von der falschen Seite«, dass die Ausgrenzungsstrategien der Antimuslimisten (im Unterschied zum Denken klassischer Antisemiten) in ihrem Kern nicht rassistisch sind.

Deshalb auch ist der Vorwurf des Rassismus ungeeignet, um den stereotypen Vorstellungen der Antimuslimisten entgegenzuwirken. Er ist zum einen analytisch falsch, weil sich antimuslimische Ausgrenzungsstrategien nicht prinzipiell gegen Iraner, Iraker oder Türken richten, sondern nur gegen solche, die Muslime sind. Zum anderen ist der Rassismus-Vorwurf aber auch politisch kontraproduktiv, da sich Antimuslimisten durch diese falsche Unterstellung in ihren Ansichten und Zielen kolossal missverstanden fühlen, was ihren Argwohn gegenüber der vermeintlichen »Lügenpresse« verschärft und zu weiterer Radikalisierung führt.

## Zwischen den Fronten

Wer sich in der öffentlichen Debatte so klar und deutlich artikuliert wie Mina Ahadi, kann gar nicht verhindern, ab und an »Beifall von der falschen Seite« zu bekommen. Aber sollte man sich darüber wirklich empören? Sollte man gar zu den Mitteln der Selbstzensur greifen, um »Beifall von der falschen Seite« unter allen Umständen zu vermeiden? Ganz im Gegenteil, denn das würde jede vernünftige Debatte zum Erliegen bringen.

Bei rationaler Betrachtung zeigt sich, dass »Beifall von der falschen Seite« keineswegs so problematisch ist, wie viele meinen. Denn warum auch sollte es schädlich sein, wenn wahrheitsgemäße Aussagen nicht bloß von der eigenen Peergroup geteilt werden, sondern auch von jenen, die ansonsten völlig konträre Standpunkte vertreten? Geht es in einer offenen Streitkultur nicht gerade darum, dass wir den Wahrheitswert von Aussagen unabhängig davon beurteilen, wer sie äußert? Und lebt eine fruchtbare Debatte nicht gerade davon, dass wir in der Lage sind, auch solchen Personen zuzustimmen, deren Haltung wir auf anderen Gebieten absolut nicht teilen können?

Es sollte klar sein: *An sich ist »Beifall von der falschen Seite« überhaupt kein Problem, sondern vielmehr Ausdruck einer funktionierenden Streitkultur.* Problematisch wird der »Beifall von der falschen Seite« erst, wenn er dazu beiträgt, dass sich die »falsche Seite« *mit falschen Argumenten durchsetzt.* Die Frage, die wir uns in diesem Zusammenhang stellen müssen, lautet daher nicht »Wie vermeiden wir ›Beifall von der falschen Seite‹?«, sondern »Wie vermeiden wir es, dass der ›Beifall von der falschen Seite‹ zu einer steigenden Akzeptanz falscher Argumente führt?«

Im Grunde habe ich die Antwort auf diese Frage bereits in den ersten Zeilen dieses Buches gegeben: *Wer verhindern will, dass Demagogen mit halben Wahrheiten ganze Erfolge erzielen, sollte ihnen recht geben, wo sie recht haben, und sie dort kritisieren, wo sie die Wahrheit ideologisch verzerren.* Wie eine Umsetzung dieser Strategie aussehen kann, hat Mina Ahadi vor Kurzem demonstriert, als sie in einem Offenen Brief die Gründe erläuterte, die sie dazu bewogen haben, eine Einladung der AfD-Vorsitzenden Frauke Petry zu einem Treffen abzusagen.

In ihrem Brief gab Mina Ahadi Frauke Petry zunächst recht, wo sie recht hat, nämlich darin, dass man die Gefahren des Islamismus nicht unterschätzen sollte. Mina führte aus, dass sie »den brutalen, faschistoiden Charakter der Bewegung des politischen Islam am eigenen Leib erfahren« habe, dass ihr erster Mann im Iran hingerichtet, sie selbst in Abwesenheit zum Tode verurteilt wurde und Islamisten sie auch hier in Deutschland bedrohen. Daher wisse sie nur zu gut, dass der politische Islam »eines der großen Probleme unserer Zeit« ist. Scharf ins Gericht ging sie dabei mit ihren »linken Freunden im Westen«, die die »islamische Barbarei« oft mit völliger Gleichgültigkeit hinnehmen würden, während »mutige Menschen im Iran« versuchten, »die Politik der Steinigungen, Hinrichtungen und Frauenunterdrückung zurückzudrängen«.[39]

All diese Punkte dürften bei Frauke Petry und den Anhängern der AfD auf große Zustimmung gestoßen sein – nicht jedoch die Kritik, die Mina hinterherschob. Als Frau, die selbst aus dem Iran geflüchtet ist und viele Flüchtlinge kennt, wisse sie sehr genau, welche Gründe und Schicksale oft hinter einer Flucht stehen. Viele Menschen, so Mina, fliehen heute gerade deshalb nach Deutschland, weil sie in einer offenen Gesellschaft leben möchten und nicht in einer islamistischen Diktatur. Die AfD vertrete in diesem Zusammenhang eine »zynische Abschottungspolitik«, die den Tod Tausender Menschen in Kauf nehme. Dass sich die AfD offiziell auf die humanistische Tradition der Aufklärung berufe, sei ein reines »Lippenbekenntnis«, in Wahrheit sei die »Islamkritik der AfD ... eine

Mogelpackung, hinter der sich fremdenfeindliche Einstellungen verbergen«.[40]

Selbstverständlich: Wer so argumentiert, wie es Mina in ihrem Brief an Frauke Petry getan hat, gerät unweigerlich zwischen die Fronten. Und so muss Mina damit leben, von zwei Seiten beschossen zu werden. Während die einen ihre *Kritik am Islam* attackieren, empören sich die anderen über ihre *Kritik am Antimuslimismus*. Interessanterweise kann man dabei feststellen, dass es eine Art »unausgesprochene Übereinkunft« zwischen den Islamkritikern vom rechten Rand und ihren meist links-liberal denkenden Kritikern gibt. Beide sind nämlich fest davon überzeugt, dass eine entschiedene Islamkritik, wie sie unter anderem von Mina vorgetragen wird, mit einer negativen Haltung gegenüber Muslimen einhergehen müsse.

Aus dieser gemeinsamen Prämisse leiten die beiden Konfliktparteien Handlungsoptionen ab, die in ihren praktischen Auswirkungen zwar höchst unterschiedlich, jedoch gleichermaßen falsch sind: Während *die einen* jede noch so krude Fundamentalkritik am Islam unterstützen, um die Abgrenzung von »den Fremden« zu stärken, versuchen *die anderen,* jede noch so vernünftige Fundamentalkritik am Islam zu verhindern, um die Abgrenzung von »den Fremden« zu schwächen.

Ich habe in den letzten Jahren häufig mit Mina Ahadi über die Zukunft des Islam gesprochen. Obwohl wir in vielerlei Hinsicht zu gleichen Ergebnissen kommen, schätzt sie die Bedrohung durch den islamischen Totalitarismus deutlich höher und die Möglichkeiten einer humanistisch-aufklärerischen Islamreform deutlich geringer ein als ich. Ihre Lebenserfahrungen haben Mina nicht nur zu einer Kritikerin, sondern zu einer entschiedenen Gegnerin, ja: zu einer erklärten Feindin des politischen Islam gemacht. Man könnte sie sogar als »islamophob« bezeichnen, sofern man darunter keine *unbegründete, wahnhafte Angst* versteht, sondern eine *durch traumatische Erfahrungen bedingte generelle Aversion gegen islamische Glaubensgewissheiten.*

Doch obwohl man Mina in *diesem Sinne* durchaus als »islamfeindlich« und sogar als »islamophob« beschreiben könnte, wird man bei ihr nicht die leiseste Spur von Muslimenhass entdecken können. Der Grund dafür ist offensichtlich: Minas Feindschaft richtet sich ausschließlich gegen den *politischen Islam* – nicht gegen *Muslime,* die, wie Mina immer wieder betont, unter dieser »religiös-faschistischen Herrschaftsideologie« in besonderem Maße zu leiden haben.

Man kann den Islam kaum in schärferer Form verurteilen als Mina Ahadi – dennoch bedient sie niemals das stereotype Bild von *den* Muslimen, das für den Antimuslimismus charakteristisch ist. Im Gegenteil: In ihrer politischen Arbeit hat Mina stets mit großer Entschiedenheit darauf hingewiesen, dass es eine homogene Gruppe *der* Muslime gar nicht gibt, da die Menschen, die hierzulande als »Muslime« etikettiert werden, höchst unterschiedliche Auffassungen vom Leben vertreten. Aus dieser Erkenntnis speist sich auch Minas scharfe Kritik an den »offiziellen Vertretern« des Islam in Deutschland. Aus ihrer Sicht ist es eine unerträgliche Anmaßung, wenn die konservativen, mitunter offen reaktionär ausgerichteten Islamverbände sich das Recht herausnehmen, im Namen »der Muslime« in Deutschland zu sprechen.[41]

Eine solche Positionierung dürfte Vorurteilsforschern wie Wolfgang Benz gefallen, sie unterläuft jedoch die Denkgewohnheiten zweier anderer verfeindeter Lager, nämlich dem der *Muslimisten* (hierunter fasse ich all diejenigen, die Menschen allein deshalb aufwerten, weil sie Muslime sind) und jenem der *Antimuslimisten* (die, wie wir gesehen haben, exakt das Gegenteil tun): Während *Muslimisten* ein möglichst homogenes Bild »der Muslime« zeichnen, um ihrer politischen Forderung nach einer größeren gesellschaftlichen Beachtung des Islam – insbesondere seiner konservativen bis reaktionären Varianten – zum Durchbruch zu verhelfen, stützen sich *Antimuslimisten* auf ebendieses Stereotyp, um der politischen Forderung nach einer Zurückdrängung des Islam größeren Nachdruck zu verleihen.

Halten wir fest: So sehr die linke Islamkritikerin Mina Ahadi    33 von rechten Islamkritikern auch immer hofiert werden mag, an einem entscheidenden Punkt ihrer Argumentation, nämlich ihrer scharfen Kritik an einer stereotypen Wahrnehmung *der* Muslime, hat sie niemals »Beifall von der falschen Seite« erhalten, sondern vielmehr wütende Proteste. Psychologisch kann man das leicht nachvollziehen, *denn nur die allerwenigsten Menschen zeigen sich erfreut, wenn sie mit Argumenten konfrontiert werden, die ihr mühsam aufgebautes Feindbild erschüttern.*

## Der islamische Faschismus

Diese Erfahrung musste auch Hamed Abdel-Samad[42] machen, mit dem mich eine ähnlich lange Freundschaft verbindet wie mit Mina Ahadi. Auch Hamed erntete wütende Proteste, weil er lieb gewordene Feindbilder angriff. In seinem Fall kam die Empörung allerdings nicht von *rechten Islamkritikern,* sondern von *linken Islamkritik-Kritikern.* Einige Linke werden es Hamed wohl nie verzeihen, dass er ihnen die Möglichkeit genommen hat, mit der ebenso handlichen wie effektiven »Nazi-Keule« auf die islamkritische Szene einzuschlagen.

Dabei kann man zunächst durchaus nachvollziehen, warum der Faschismus-Vorwurf überhaupt gegenüber Islamkritikern erhoben wurde. Schließlich sind, wie wir am Beispiel *Pro Köln* gesehen haben, in der islamkritischen Szene tatsächlich Gruppierungen beheimatet, die dem extrem rechten Milieu zuzuordnen sind. Dennoch war der Versuch, die gesamte Szene in der rechten Ecke zu verorten, ein sehr durchsichtiges Manöver. Viel zu offensichtlich war nämlich, dass Islamkritik eben nicht nur von Rechtsaußen kam, sondern gerade auch von Autorinnen und Autoren, denen es um die Achtung der Menschenrechte, um die Freiheit des Individuums, die Gleichberechtigung von Mann und Frau und die Herstellung von Chancengleichheit geht – was man früher einmal dem »linken Spektrum« zugeordnet hätte (auch wenn das schlichte Links-Rechts-Schema schon immer eine höchst problematische Angelegenheit war).

Der Versuch, Islamkritik generell als Ausdruck eines rechten oder gar faschistischen Denkens zu diskreditieren, geriet letztlich aber vor allem dadurch unter Druck, dass immer mehr Menschen zu der Einsicht gelangten, dass der moderne Islamismus selbst als eine *faschistische Bewegung* gewertet werden muss. Dies versetzte die antifaschistischen Islamkritik-Kritiker in eine schwierige Lage: Denn wenn es richtig ist, den Islamismus als eine Variante des Faschismus zu betrachten, müsste nicht mehr die *Kritik,* sondern vielmehr die *unkritische Verteidigung des Islam* als Unterstützung rechtsextremen Gedankenguts eingestuft werden.

Wohl niemand hat dieser Denkfigur schlagkräftigere Argumente geliefert als Hamed Abdel-Samad mit seinem Buch *Der islamische Faschismus*. In dem 2014 erschienenen Bestseller begründete Hamed, worin er die Parallelen zwischen Islamismus und Faschismus sieht. Die zentralen Thesen seines Buchs hatte er bereits einige Monate zuvor in einem Vortrag in Kairo vorgestellt. Gleich mehrere ägyptische Geistliche riefen daraufhin zu seiner Ermordung auf, sodass Hamed untertauchen musste und bis heute unter Polizeischutz steht – ein eindrucksvoller Beleg dafür, dass der Islamismus, wie jede andere totalitäre Ideologie, keinerlei Widerspruch duldet, selbst wenn Hamed auf diese Form der Beweisführung gerne verzichtet hätte.

Auch in Deutschland sorgte der Vergleich von Islamismus und Faschismus für helle Aufregung, allerdings aus anderen Gründen. Einige Kritiker waren allein schon darüber empört, dass es überhaupt jemand wagen konnte, einen solchen Vergleich anzustellen. Für sie stand von vornherein fest, dass eine solche Argumentation auf eine gefährliche Verharmlosung des Faschismus bzw. eine nicht minder gefährliche Dämonisierung des Islam hinauslaufen müsse. Andere, etwas nüchternere Stimmen, wiesen darauf hin, dass der Begriff »Faschismus« die totalitären, nationalistischen Bewegungen des frühen 20. Jahrhunderts in Italien, Deutschland, Spanien oder Kroatien beschreibe und es unsinnig sei, ihn auf eine politisch-religiöse

Bewegung anzuwenden, die weder durch eine nationalistische Ausrichtung gekennzeichnet sei noch relevante historische Bezüge zum europäischen Faschismus aufweise.

Wie wir bereits am Beispiel »Rassismus« gesehen haben, ist es in der Tat problematisch, Begriffsdefinitionen so weit auszudehnen, dass sie ihre Substanz verlieren. Das Argument, dass Hameds Sprachgebrauch zu einer Aushöhlung und damit auch zu einer Beliebigkeit des Begriffs »Faschismus« führen könnte, ist daher ernst zu nehmen. Allerdings sollte man in diesem Zusammenhang einen wichtigen Punkt nicht übersehen, nämlich, dass nicht nur eine *maßlose Erweiterung,* sondern auch eine allzu *starke Verengung* eines Begriffs den Blick auf das Wesentliche verstellen kann.

Der Begriff »Faschismus« bietet dafür ein anschauliches Beispiel: Als Begriffspurist könnte man dafür plädieren (und einige haben dies auch getan), dass der Begriff »Faschismus« allein das bezeichnen sollte, was er ursprünglich meinte, nämlich den italienischen Faschismus unter Mussolini, der 1919 die *Fasci di Combattimento* gründete und mit dem *Partito Nazionale Fascista* bzw. dem *Partito Fascista Repubblicano* von 1922 bis 1945 über Italien herrschte. Nach dieser Begriffsdefinition wären Hitler, Goebbels und Göring *keine* Faschisten gewesen – und die heutigen »Antifaschisten« müssten sich ein neues Label suchen, da der Kampf gegen fanatische Mussolini-Anhänger außerhalb Italiens kein allzu spannendes Aufgabengebiet darstellen dürfte.

Der *Vorteil* einer solch engen Begriffsdefinition besteht darin, dass sie uns für die Unterschiede sensibilisiert, die zwischen dem italienischen Faschismus, dem deutschen Nationalsozialismus, dem spanischen Franquismus oder dem kroatischen Ustascha-Regime bestanden. Sie hat aber zugleich den *Nachteil,* dass wir aus den Augen verlieren, wie groß die ideologischen Schnittmengen zwischen diesen Bewegungen waren, wie sehr sich die jeweiligen Führergestalten aufeinander bezogen und wie eng sie miteinander kooperierten, um ihre Ziele in die Tat umzusetzen.

Machen wir uns in diesem Zusammenhang bewusst: *Begriffs-definitionen sind in erster Linie Werkzeuge, deren Güte wir danach beurteilen können, ob sie uns helfen, Probleme zu lösen.* Was heißt das bezogen auf die Definition von »Faschismus«? Nun, hier scheint es einigermaßen einleuchtend zu sein, dass wir die Dinge insgesamt etwas klarer sehen, wenn wir den italienischen Faschismus nicht isoliert betrachten, sondern ihn als Teil eines umfassenderen politischen Phänomens begreifen. Nur aus diesem Grund ist es gerechtfertigt, die verschiedenen Varianten dieses Phänomens trotz der jeweiligen Unterschiede unter einem gemeinsamen Begriff zu fassen, nämlich »Faschismus«.

Die Frage, die sich hier stellt, lautet, ob Hamed Abdel-Samads Erweiterung des Faschismus-Begriffs in ähnlicher Weise zu größerer Klarheit beitragen kann oder ob es sich beim »islamischen Faschismus« um einen in sich widersprüchlichen Begriff handelt (etwa vergleichbar mit »Kulturrassismus«), der mehr Unklarheiten erzeugt, als er beseitigt. Ist der Begriff des »islamischen Faschismus« am Ende sogar eine »empörialistische Killerphrase«, mit der die Vertreter des Islam mit unlauteren Mitteln in die braune Ecke gestellt werden sollen?

Um dies entscheiden zu können, sollten wir uns der gleichen Kriterien bedienen, die es als gerechtfertigt erscheinen lassen, den ursprünglich nur auf Italien bezogenen Faschismus-Begriff auf andere totalitäre Bewegungen auszudehnen. Wir müssen also zwei grundlegende Fragen stellen. *Erstens:* Gibt es hinreichend starke *ideologische Gemeinsamkeiten* zwischen dem europäischen Faschismus und dem vorwiegend außerhalb Europas beheimateten Islamismus? *Zweitens:* Finden wir hinreichend starke *historische Bezüge* zwischen Islamisten und Faschisten, etwa entwickelte Formen der Kooperation?

Beide Fragen können mit einem klaren »Ja« beantwortet werden – und es ist eine der Stärken des Buches von Hamed Abdel-Samad, dies in markanter Weise verdeutlicht zu haben. Beginnen wir zunächst mit der Frage nach den ideologischen Gemeinsamkeiten: Abdel-Samad definiert den Faschismus als eine »politische Religion«, deren Anhänger glauben, »im Besitz der absoluten Wahrheit« zu sein, wobei sie einem »charismatischen, unfehlbaren Führer« folgen, der mit dem »heiligen Auftrag« ausgestattet ist, »die Nation zu einen und die Feinde zu besiegen«. Die faschistische Ideologie zeichnet sich dabei insbesondere dadurch aus, dass sie ihre Anhänger mit »Ressentiments und Hass« vergiftet, die Welt in »Freund und Feind« einteilt, Gegnern mit »Vergeltung« droht, sich »gegen die Moderne, die Aufklärung, den Marxismus und die Juden« richtet und »Militarismus und Opferbereitschaft bis in den Tod« glorifiziert.[43]

Diese Definition von »Faschismus« ist zwar komprimiert, aber zweifellos korrekt.[44] Hamed Abdel-Samad zeigt in seinem Buch auf, dass all die Eigenschaften, die für den Faschismus charakteristisch sind, auch auf den Islamismus zutreffen. Dies gilt nicht zuletzt auch für den Aspekt des Nationalismus, den Kritiker am ehesten anzweifeln. Denn der Islamismus ist stets auch mit dem Anspruch aufgetreten, »die Nation zu einen« (etwa in Ägypten oder im Iran), was vorrangig über faschistische Methoden, etwa die Gleichschaltung aller gesellschaftlichen Institutionen, erreicht werden sollte.

Mitunter trat der Islamismus zwar mit einem globalen Anspruch auf, jedoch ist auch dies von der deutschen Variante des Faschismus bekannt: Der faschistische Traum von einer »Vereinigung der arischen Völker« unter nationalsozialistischem Diktat ist in diesem Punkt wesensverwandt mit dem islamistischen Traum von einer »Vereinigung der Umma« (der Gemeinschaft der Muslime) unter sunnitischem Kalifat.

Kommen wir damit zu den historischen Bezügen: Wie der Faschismus hat sich auch der moderne Islamismus in den 1920er-Jahren entwickelt. In beiden Fällen resultierten die ideologischen Allmachtsfantasien aus dem Gefühl der *Demütigung* – im Fall des deutschen Faschismus aufgrund des verlorenen Weltkrieges und der »Schmach von Versailles«, im Fall des Islamismus aufgrund des unrühmlichen Endes des Kalifats (1924) und der Schmach der Niederlage gegen die europäi-

schen Kolonialisten, die die wirtschaftliche, politische und kulturelle Rückständigkeit der muslimischen Gesellschaften aufgezeigt hatte.[45]

Angesichts der zahlreichen ideologischen Übereinstimmungen und der zeitgleichen Entstehung von Faschismus und Islamismus ist es nicht verwunderlich, dass es zwischen den Vertretern beider Bewegungen zu regen Beziehungen kam. So
nahm der Großmufti von Jerusalem, *Amin al-Husseini*, bereits
1933 Kontakt mit den Nationalsozialisten auf, um ihnen seine
Unterstützung im Kampf gegen das »Weltjudentum« anzubieten. Dass er hierzu eine besondere Eignung besaß, hatte er
bereits in den 1920er-Jahren bewiesen, als er seine Gläubigen
unablässig zu Judenpogromen aufhetzte.[46]

Das Nazi-Regime reagierte auf das freundliche Angebot des
prominenten muslimischen Geistlichen, der als Präsident des
*Islamischen Weltkongresses* von 1931 großes Ansehen unter
Muslimen genoss, zunächst zurückhaltend, da man die Briten, die Palästina verwalteten, nicht brüskieren wollte. Als die
Gründe für die Rücksichtnahme ab 1938 hinfällig wurden, begann eine Phase der intensiven Zusammenarbeit. Mit dem
Geld und den Waffenlieferungen aus Deutschland konnte der
Großmufti nicht nur die Propagandaleistung massiv erhöhen,
sondern auch die Zahl der Attentate und Aufstände in Palästina
und dem Irak, was viele Juden das Leben kostete.

Als die Briten 1941 weiter vorrückten, floh al-Husseini zu
seinen Bündnispartnern nach Deutschland, wo er zunächst
von Ribbentrop und wenig später auch von Hitler empfangen wurde. Schnell zeigte sich, dass der Großmufti mit der
nationalsozialistischen Ideologie in allen wesentlichen Punkten übereinstimmte. Und so erwiesen sich die Nazis als per-
fekte Gastgeber: al-Husseini konnte in einem großen, »arisier-
ten« Haus in Berlin residieren, verfügte über einen ansehnlichen
Mitarbeiterstab und strich ein fürstliches Monatshonorar von
mehreren Zehntausend Reichsmark ein.

Im Gegenzug sorgte der Großmufti dafür, dass die Botschaft
des islamischen Faschismus unter anderem über den Nazi-Pro-

pagandasender *Radio Zeesen* in viele Länder der islamischen Welt verbreitet wurde, was nicht nur seine eigene, sondern auch Hitlers Popularität enorm steigerte. Dabei trug al-Husseini durch seine Aufrufe zum »Heiligen Krieg« gegen die Juden maßgeblich dazu bei, dass sich ein neuer, religiös begründeter Judenhass in den Köpfen festsetzte, den es *so* in der muslimischen Kultur zuvor nie gegeben hatte. Die Folgen dieser Propagandaleistung haben bis heute tödliche Konsequenzen.

Al-Husseini war bei alledem nicht nur ein Mann des Wortes, sondern auch ein Mann der Tat: Ab 1943 kümmerte er sich in Zusammenarbeit mit Himmler, der von der Kooperation von Nationalsozialisten und Muslimen begeistert war, persönlich um den Aufbau islamischer Einheiten der Wehrmacht und der Waffen-SS, die von speziell dafür ausgebildeten Imamen betreut wurden. Zu diesen Einheiten zählte unter anderem die mehr als 20 000 Mann starke muslimische SS-Division *Handschar* (benannt nach einem arabischen Krummsäbel), die durch besondere Grausamkeit gegenüber der Zivilbevölkerung von sich reden machte.[47]

In Gesprächen mit Hitler, Himmler, Ribbentrop oder Eichmann rief der Großmufti immer wieder dazu auf, die Ausrottung der Juden in erbarmungsloser Konsequenz durchzuführen. So verhinderte er 1943 durch persönliche Intervention bei Himmler die Freilassung von 5000 jüdischen Kindern, die auf Initiative des Roten Kreuzes gegen 20 000 gefangene Deutsche ausgetauscht werden sollten.[48] Es lässt sich heute kaum mehr entscheiden, ob al-Husseini die Nazigrößen tatsächlich zur »Endlösung der Judenfrage« inspiriert hat und einer der »leitenden Architekten der ›Endlösung‹« war, wie einige meinen.[49] Unbestritten ist aber, dass er zu den entschiedensten Befürwortern des Völkermordes zählte und frühzeitig in die Vernichtungspläne der Nazis eingeweiht war.

Nach dem Krieg wurde al-Husseini in mehreren Ländern als NS-Kriegsverbrecher gesucht, aber letztlich doch nicht angeklagt. Die Alliierten schreckten aus diplomatischen Gründen davor zurück, den zur damaligen Zeit wohl bekanntesten

Repräsentanten des Islam auf die Anklagebank zu setzen. Ein verhängnisvoller Fehler, denn so konnte der Großmufti noch drei weitere Jahrzehnte den Virus des Judenhasses unter den Gläubigen verbreiten.

Als al-Husseini 1946 nach kurzer Haft in Frankreich in Ägypten eintraf, wurde er nicht als Kriegsverbrecher, sondern als strahlender Held empfangen. *Hassan al-Banna,* der Gründer der Muslimbruderschaft, die im Krieg ebenfalls von den Nazis unterstützt worden war, ehrte den Mufti mit überschwänglichen Worten: »O Amin! Was bist Du doch für ein großer, unbeugsamer, großartiger Mann! Hitlers und Mussolinis Niederlage hat Dich nicht geschreckt. Was für ein Held, was für ein Wunder von Mann. (...) Deutschland und Hitler sind nicht mehr, aber Amin al-Husseini wird den Kampf fortsetzen.«[50]

Unzweifelhaft war Hassan al-Banna neben Amin al-Husseini die zweite große Leitfigur des modernen Islamismus. Wie der Großmufti war auch der Chef der Muslimbrüder ein glühender Verehrer Hitlers und Mussolinis. In einem Artikel, den al-Banna in den 1940er-Jahren schrieb, kommt diese Verehrung klar zum Vorschein: »Hitler und Mussolini führten ihre Länder in Richtung Einheit, Disziplin, Fortschritt und Macht. (...) Sie vereinigten die Zerstrittenen unter einer Fahne, unter einem Herrscher. Und wann immer der Führer oder der Duce sprachen, horchte die Menschheit, ja das Universum, in Ehrfurcht.«[51]

Eben diese Ehrfurcht, diese Einheit und Disziplin unter *einer* Fahne, *einem* Führer, wünschte sich al-Banna auch für die Muslime. Um diesem Ziel näher zu kommen, orientierte er sich nicht nur an der Ideologie, sondern auch an den Organisationsstrukturen der Faschisten. So schuf al-Banna einen »geheimen Apparat« innerhalb der Bruderschaft, der dem Vorbild der Gestapo folgte, und brachte Terrormilizen auf die Straße, die nach dem Vorbild der SA für Verunsicherung in der Bevölkerung sorgten. Das faschistische Motto »Ein Volk, ein Reich, ein Führer« münzte er in ein islamistisches Motto um, das die Ausrichtung seiner Bruderschaft bis zum heutigen Tag prägt: »Der 41

Koran ist unsere Verfassung, der Prophet ist unser Führer, der Dschihad ist unser Weg, und der Tod für Allah ist unser höchstes Ziel.«[52]

Hassan al-Banna war es nicht vergönnt, seinen Traum vom islamisch-faschistischen Gottesstaat in die Realität umzusetzen. Dies gelang erst drei Jahrzehnte später einem Mann, der neben al-Husseini und al-Banna als die dritte große Leitfigur des modernen Islamismus genannt werden muss: *Ajatollah Khomeini*. Wie man heute weiß, verfolgte Khomeini die faschistischen Botschaften des Großmuftis über *Radio Zeesen* im Iran der 1940er-Jahre ebenso begeistert, wie es der Chef der Muslimbrüder in Ägypten tat.[53] Und der schiitische Geistliche erwies sich dabei als ein mindestens ebenso gelehriger Schüler.[54]

Sofort nach seiner Machtergreifung im Iran setzte Khomeini alle wesentlichen Elemente des islamischen Faschismus um, u. a. Ausrichtung des Staatsapparats auf den »Führer der Bewegung« (Khomeini selbst), Gleichschaltung aller gesellschaftlichen Institutionen (einschließlich der Presse), Ersetzung des säkularen Rechtssystems durch die Scharia, Verfolgung und Ermordung der weltanschaulichen und politischen Gegner, Einschüchterung der Bevölkerung durch radikale Milizen in der Öffentlichkeit und einen übermächtigen Geheimdienstapparat im Verborgenen sowie Aufbau einer gigantischen Propagandamaschinerie zur multimedialen Verbreitung der Ideologie (radikales Freund-Feind-Denken, eliminatorischer Judenhass, Glorifizierung des Märtyrertodes usw.).

Obgleich Khomeini der verhassten Minderheit der Schiiten angehörte (85 Prozent der Muslime weltweit sind Sunniten), löste er einen weltweiten Boom islamistischer Bewegungen aus. Hamed Abdel-Samad schreibt zu Recht: »Die iranische Revolution des Jahres 1979 war ein politisches Erdbeben, das damals den Nahen Osten und die ganze Welt erschütterte.«[55]

Die Revolution im Iran war ein Weckruf für Islamisten weltweit. Schließlich hatte Khomeini bewiesen, dass der Traum des islamischen Faschismus, die Errichtung eines totalitären Gottesstaates in einer zuvor eher säkular geprägten Gesellschaft,

Wirklichkeit werden kann. Außerdem hatte er in Zusammenarbeit mit der Hisbollah aufgezeigt, wie leicht es ist, die »Ungläubigen« mit Selbstmordattentaten in Panik zu versetzen.[56] Denn die »Ungläubigen« besitzen im Unterschied zu den »Märtyrern des Glaubens« eine empfindliche »Schwäche«, die sich im Dschihad wunderbar ausnutzen lässt: *Sie lieben das Leben sehr viel mehr als den Tod.*[57]

Halten wir fest: Zwischen Islamismus und Faschismus gibt es nicht nur bemerkenswerte *ideologische Übereinstimmungen,* sondern auch vielfältige *historische Bezüge.* Alles in allem verbindet den deutschen Faschismus mit dem islamischen Faschismus sogar mehr als mit dem italienischen oder dem spanischen Faschismus (etwa in Hinblick auf den fanatischen Willen zur Ausrottung der Juden oder die kultische Verehrung der jeweiligen »Märtyrer der Bewegung«). Der Begriff des »islamischen Faschismus« ist daher keine »empörialistische Killerphrase«, sondern ein nützliches *Werkzeug der Erkenntnis,* das uns hilft, die komplexe Welt, in der wir leben, ein wenig besser zu verstehen.

## Der islamische Humanismus

Vor einer unsachgemäßen Verwendung des Begriffs »islamischer Faschismus« muss dennoch gewarnt werden. Aus der Tatsache, dass al-Husseini, al-Banna und Khomeini *Faschisten waren* und viele ihrer heutigen Verehrer *Faschisten sind,* lässt sich selbstverständlich nicht ableiten, dass *die* Muslime mehrheitlich faschistisch denken oder dass *der* Islam zwingend in einer faschistischen Weise interpretiert werden müsste.

Islamkritiker, die zu verschwörungstheoretischen Positionen neigen, sehen das natürlich anders. Sie legen zur Untermauerung ihrer These, dass *der* Islam an sich bereits inhuman, blutrünstig, genuin faschistisch sei, körbeweise Zitate aus dem Koran, den Hadithen (den Überlieferungen der Aussprüche und Handlungen des »Propheten« Mohammed) sowie aus den Schriften diverser muslimischer Rechtsschulen vor. Und es ist in der Tat verstörend, was man hier zu lesen bekommt. Viele dieser Texte quellen über vor Hass und Gewaltfantasien gegenüber *den* »Anderen«, den Andersdenkenden, Andersgläubigen. Bedauerlicherweise übersehen die allermeisten dieser alarmistischen Islamkritiker jedoch, dass sich ähnlich menschenverachtende Passagen auch in der Bibel finden lassen sowie in den Werken vieler Kirchenväter, Päpste und evangelischer Reformatoren.[58]

Erstaunen sollte uns dies nicht. Denn die Religionen entstanden nun einmal auf einer sehr viel früheren Zivilisationsstufe der Menschheit. Geprägt vom archaischen Stammesdenken ihrer Zeit konnten sich Moses, Jesus oder Mohammed[59] nicht einmal im Entferntesten vorstellen, dass es irgendwann »universelle Menschenrechte« geben würde, die jedem Individuum, unabhängig von seiner Herkunft, seinem Geschlecht, seiner Weltanschauung oder sexuellen Orientierung, das Recht auf freie Meinungsäußerung und körperliche Unversehrtheit garantieren. Zudem muss man beachten, dass Moses, Jesus oder Mohammed zu ihrer Zeit kaum etwas wussten über die empirischen Rahmenbedingungen unserer Existenz, etwa über die Stellung der Erde im Kosmos, über die evolutionäre Entwicklung der Arten oder über die Spiegelneuronen in unseren Köpfen, die uns zu Mitleid und Mitfreude befähigen. Aus heutiger Perspektive war das Weltbild der zentralen Gründungsgestalten der Religionen so unfassbar limitiert, dass leicht nachvollziehbar ist, warum die moralischen Gebote oder Verbote, die sie formulierten, nicht einmal im Entferntesten geeignet sind, den Anforderungen einer modernen, aufgeklärten Gesellschaft zu genügen.[60]

Moses, Jesus und Mohammed waren Kinder *ihrer* Zeit, nicht *unserer* Zeit. Deshalb führt eine *wortgetreue Interpretation* der Thora, der Bibel und des Korans notwendigerweise zu *reaktionären Vorstellungen*. Das fundamentalistische Beharren auf einer buchstabengetreuen Erfüllung der Vorgaben der religiösen Quellentexte ist daher keineswegs bloß ein Problem des 44 Islam, sondern auch eines des Judentums und des Christentums. Dennoch wird heute nahezu ausschließlich über *Islamis-mus* gesprochen, nicht aber über »*Christianismus*« – ein Begriff, den man vergeblich im Duden suchen würde.[61]

Dabei sollte eigentlich klar sein, dass die *Kriminalgeschichte des Christentums* nicht weniger scheußlich ist als die *Kriminalgeschichte des Islam*.[62] Warum also wird vor einer *schleichenden Islamisierung* Europas gewarnt, nicht aber vor einer *schleichenden Christianisierung?* Vor allem: Warum verweisen so viele Islamkritiker auf die blutrünstigen, menschenverachtenden Passagen im *Koran*, um zu belegen, dass gläubige Muslime niemals in der Lage sein werden, die Prinzipien der Freiheit und Gleichberechtigung aller Menschen zu achten? Und warum kommt im Gegenzug kaum jemandem in den Sinn, die blutrünstigen, menschenverachtenden Passagen der *Bibel* heranzuziehen, um zu belegen, dass gläubige Christen von einem totalitären Gottesstaat träumen, der jeden »Glaubensfrevler« verfolgt – so, wie es in früheren, »christlicheren« Zeiten gängige Praxis war?

Das auffällige Ungleichgewicht in der Argumentation hängt sicherlich nicht nur damit zusammen, dass viele Islamkritiker Christen sind und einen blinden Fleck bezüglich ihrer eigenen Tradition aufweisen. Es wird auch durch objektive Fakten gestützt: So sind nahezu alle Nationen, die in der Vergangenheit dem christlichen Kulturraum zuzuordnen waren, heute demokratisch verfasst und haben eine säkulare Rechtsordnung entwickelt, die die Einhaltung der Menschenrechte garantiert. Die meisten muslimischen Nationen hingegen sind entweder nicht-demokratisch verfasst oder weisen schwere Demokratie-Defizite auf, zudem orientieren sie sich mehrheitlich an einer engen Interpretation des Scharia-Rechts, was zwangsläufig mit einer Missachtung von Menschenrechten einhergeht.[63]

Doch lässt sich aus dieser Tatsache ableiten, dass das Christentum *an sich* eine größere Nähe zu Demokratie und Menschenrechten besitzt als der Islam? Selbstverständlich nicht! Dies wird schnell klar, wenn wir einen Blick ins 20. Jahrhundert werfen. In den 1930er- und 1940er-Jahren waren über 90 Prozent der Deutschen entweder Katholiken oder Protestanten (heute sind es unter 60 Prozent). Wäre das Christentum an sich eine Religion der Demokratie und Menschenrechte, hätte sich diese überwältigende christliche Mehrheit den Nationalsozialisten zweifellos entgegengestellt. Worin also liegen die Gründe dafür, dass die deutschen Christinnen und Christen – abgesehen von einigen wenigen rühmlichen Ausnahmen – der nationalsozialistischen Ideologie bis zum bitteren Ende gefolgt sind?

Die Antwort auf diese Frage ist relativ einfach: Das Christentum der damaligen Zeit war in seinem Kern selbst antidemokratisch, antijüdisch, antimodernistisch ausgerichtet, teilte also wesentliche Züge der faschistischen Ideologie. Deshalb auch kam es zwischen dem Naziregime und beiden christlichen Kirchen zu umfangreichen Kooperationen. Es war kein Zufall, dass Hitler die nötigen Stimmen zur Durchsetzung des Ermächtigungsgesetzes ausgerechnet von der *katholischen Zentrumspartei* erhielt, dass *katholische Bischöfe* noch bis in die letzten Kriegsmonate für den »Führer« beteten und zahlreiche NS-Kriegsverbrecher nach dem Krieg *über den Vatikan* nach Südamerika geschleust wurden.[64]

Es war ebenfalls kein Zufall, dass sich so viele Christen mit großem Engagement an der Verfolgung und Ausrottung der Juden beteiligten. Denn hieß es nicht schon im Neuen Testament, dass die Juden »den Teufel zum Vater«[65] haben und das »Blut Jesu« über sie und ihre Kinder kommen würde?[66] Dass sich dabei insbesondere *evangelische* Christen als Judenverächter hervortaten, muss uns ebenso wenig erstaunen, hatte doch schon *Martin Luther* das Niederbrennen von Synagogen, die Zerstörung jüdischer Häuser, die Zwangsunterbringung von Juden in Ställen und die radikale Ausbeutung ihrer Arbeitskraft empfohlen.[67] Nicht ohne Grund war der evangelische Landesbischof von Thüringen, Martin Sasse, begeistert, als Luthers »treuer Rat« endlich befolgt wurde: »Am 10. November 1938, an Luthers Geburtstag, brennen in Deutschland die Synagogen ... In dieser Stunde muss die Stimme des Mannes gehört

werden, der als der Deutschen Prophet im 16. Jahrhundert…
der größte Antisemit seiner Zeit geworden ist, der Warner seines Volkes wider die Juden.«[68]

Blickt man sich heute auf katholischen oder evangelischen Kirchentagen um, sieht man all die friedlichen, freundlichen Menschen, die sich als Christen für mehr Gerechtigkeit in der Welt und die Bewahrung der sogenannten »Schöpfung« einsetzen. Man kann sich kaum mehr vorstellen, dass *wenige Jahrzehnte zuvor* noch ein solch brutaler, antihumanistischer, antidemokratischer Ton in christlichen Kreisen vorherrschte. Allerdings: Wenn es *Christen* gelingen konnte, eine derartige Kehrtwende innerhalb solch kurzer Zeit zu vollziehen, warum – um alles in der Welt – sollte *Muslimen* das gleiche Kunststück nicht ebenfalls gelingen?

Wir beschäftigen uns heute zu Recht mit Hassan al-Banna, dem Gründer der Muslimbrüder, der mit seinem 1936 veröffentlichten Brief *Hin zum Licht* maßgeblich zur Entstehung und Verbreitung des islamischen Faschismus beigetragen hat. Allerdings sollten wir nicht übersehen, dass al-Banna einen Bruder hatte, der den Islam in einer völlig anderen Weise interpretierte: *Gamal al-Banna,* der 2013 im Alter von 92 Jahren verstarb (sein Bruder Hassan, der 1949 einem Attentat zum Opfer fiel, wurde nicht einmal halb so alt), vertrat in seinen zahlreichen Veröffentlichungen einen *humanistischen, liberalen, antiautoritären Islam,* der sich an den Erkenntnissen der Wissenschaft orientiert, das Scharia-Recht ablehnt, die konsequente Trennung von Staat und Religion fordert und Männer und Frauen gleichbehandelt.[69]

Zwei Brüder – zwei völlig konträre Vorstellungen von *dem* Islam. Gewiss: Hassan al-Banna hatte und hat noch immer die Mehrheit der islamischen Rechtsgelehrten auf seiner Seite. Doch ist es wirklich ausgeschlossen, dass sich dies einmal ändern wird und der Islam der Zukunft einem Gamal al-Banna sehr viel größere Beachtung schenkt als seinem reaktionären Bruder? Und: Wäre es heute nicht dringend geboten, die Aufmerksamkeit sehr viel stärker auf eben jene Theologen zu lenken, die dem dumpfen Scharia-Islam eine *moderne, zeitgemäße Islam-Interpretation* entgegenstellen?

Es sollte klar sein, dass wir ein sehr verzerrtes Bild des Islam entwickeln, wenn wir nur auf die Hassan al-Bannas oder Osama bin Ladens der Welt starren. Aus diesem Grund war ich hocherfreut, als im vergangenen Jahr ein Buch über den *islamischen Humanismus* erschien, das man als Gegenentwurf zu Hameds Analyse des *islamischen Faschismus* lesen kann. Geschrieben hat es der Münsteraner Islamkundeprofessor *Mouhanad Khorchide*, und schon der Titel seines Buches ist Programm: *Gott glaubt an den Menschen – Mit dem Islam zu einem neuen Humanismus.*[70]

Ein Jahr vor der Buchveröffentlichung hatte ich Khorchide erstmals getroffen. Wir beide waren eingeladen worden, unsere unterschiedlichen Haltungen zur Religion auf einem interreligiösen Symposium in der Nähe von Bern darzustellen. Offenkundig war mir der zweifelhafte Ruf des »Chefatheisten Deutschlands« vorausgeeilt,[71] sodass Khorchide wohl glaubte, ich sei ein besonders »militanter Religionskritiker«, der mit rabiaten Methoden auf Gläubige einprügelt. Jedenfalls wirkte er im Vorgespräch zur Veranstaltung recht zugeknöpft und angespannt. Umso überraschter war er, als er hörte, was ich zu sagen hatte.

In meinem Vortrag skizzierte ich die Gründe, warum ich den unerschütterlichen Glauben an heilige Schriften und unfehlbare Propheten für eine gefährliche Illusion halte. Zugleich zeigte ich aber auch auf, dass die bloße Kritik an religiösen Heilserzählungen kaum jemanden überzeugen kann, da nur die allerwenigsten Menschen ein Interesse daran haben, *hoffnungsvolle Illusionen* durch *trostlose Wahrheiten* zu ersetzen. Aus diesem Grund bekannte ich mich – trotz aller Religionsskepsis – ebenfalls zu einer Art »Glauben«, nämlich zum *humanistischen Glauben an den Menschen*. Als Humanist, so führte ich aus, dürfe man die Hoffnung nicht aufgeben, dass die Menschheit das Potenzial habe, lebensfreundlichere, gerechtere Verhältnisse zu schaffen, als wir sie heute vorfinden. Um diesen Glauben zu unterstreichen, trug ich zum Schluss meines Referats das »humanistische Credo« vor, das ich ans Ende meines Buches *Hoffnung Mensch* gesetzt hatte.[72]

Nach dem Vortrag kam Mouhanad Khorchide auf mich zu und machte mir ein verblüffendes Kompliment: Mein humanistisches Glaubensbekenntnis, meinte er, sei eine »wunderbare Darlegung der *Kernbotschaft des Islam*«. Ich musste lachen, denn so etwas bekommt man als »militanter Religionskritiker« nun wirklich nicht alle Tage zu hören. Aber ich war natürlich interessiert zu erfahren, was Khorchide zu dieser Einschätzung brachte. Und so erklärte er mir, warum er Gott bzw. Allah als »absoluten Humanisten« versteht, der bedingungslos an den Menschen glaubt. Selbstverständlich meldete ich an dieser Stelle Widerspruch an, indem ich auf die vielen Koran-Passagen hinwies, in denen sich der Allmächtige nicht gerade als großer Humanist erweist. Khorchide antwortete darauf, dass man solche Stellen im historischen Kontext betrachten müsse und nicht eins zu eins in die heutige Zeit übertragen dürfe. Es komme auf die *eigentliche Botschaft* an, die sich *hinter* den Worten verberge – und diese Botschaft könne man theologisch sehr wohl in einer humanistischen Weise deuten.

Solche Argumente sind mir aus Gesprächen mit christlichen Theologen wohlbekannt. Weist man sie auf problematische Stellen im Neuen Testament hin, deuten sie diese im Handumdrehen um. Sie bürsten die alten religiösen Quellentexte mitunter so sehr gegen den Strich, dass einem schwindlig werden kann. Genau darin liegt jedoch der eigentliche Kniff der Theologie: Da die Quellentexte seit vielen Jahrhunderten feststehen, kann es Weiterentwicklung auf religiösem Gebiet nur unter der Voraussetzung geben, dass man das Alte auf neue Weise interpretiert. *Theologische Exegese*, so habe ich einmal scherzhaft definiert, *ist die Kunst, aus einem alten Text bei Bedarf das komplette Gegenteil von dem herauszulesen, was er ursprünglich meinte.*

Dabei ist die Raffinesse, mit der Theologen ihre Umdeutungs-Sprachspiele durchführen, faszinierend, vor allem wenn man sich vor Augen führt, wie konträr die Schlussfolgerungen sind, die Theologen aus ein und demselben Bibelzitat ziehen können. Offenkundig sind nicht nur die »Wege des Herrn« unergründlich, sondern auch die Wege der Damen und Herren, die sich mit ihm beschäftigen.

Für einen analytisch denkenden Philosophen wie mich, der sich um begriffliche Klarheit bemüht, ist die fehlende Stringenz theologischer Denkweisen einigermaßen verstörend. Daher habe ich früher viel Zeit damit verbracht, die offenkundige Beliebigkeit theologischer Argumentationsmuster zu kritisieren, bis ich endlich begriff, dass es darum gar nicht geht. Theologen lesen ihre »heiligen Schriften« nun einmal nicht als *Sachbuchtexte*, aus denen man eindeutige Aussagen ableiten könnte, sondern sehr viel eher als *expressionistische Gedichte*, die erst in der Interpretation des Betrachters Sinn ergeben.

Und auf diese Sinnzuschreibung kommt es an: So beliebig die Wege auch immer erscheinen mögen, über die Theologen zu ihren Schlussfolgerungen gelangen – lebenspraktisch betrachtet ist es natürlich alles andere als beliebig, welche Schlussfolgerungen dies sind. Selbstverständlich macht es einen großen Unterschied aus, ob man mit Khomeini an einen *faschistischen* oder mit Khorchide an einen *humanistischen* Gott glaubt. Während die eine Lesart des Islam in den totalitären Gottesstaat führt, stärkt die andere die Prinzipien der offenen Gesellschaft.

Zwar könnte man behaupten, dass Khomeinis Islaminterpretation sehr viel eher die Vorstellungen wiedergibt, die die ersten Muslime im 7. Jahrhundert hatten. Aber ein gewiefter Theologe wie Khorchide kann dieses Argument leicht umdrehen: Wenn Khomeinis Islaminterpretation tatsächlich die Vorstellungen der ersten Muslime wiedergeben sollte, dann heißt das nur, dass seine Interpretation im 7. Jahrhundert stehen geblieben ist. Genau dies verstößt aber nach Khorchide gegen den dynamischen Charakter des Islam, der auf stete Weiterentwicklung ausgerichtet sei, was sich seiner Meinung nach nicht nur durch viele Koransuren untermauern lässt, sondern auch durch den berühmten Ausspruch Mohammeds, Gott schicke der Gemeinschaft der Muslime alle hundert Jahre jemanden, um ihre Religion zu erneuern.[73] Zudem sei es ein zentrales islamisches Gebot, nichts zu glauben, was der Vernunft widerspreche – und etwas Unvernünftigeres, als die Welt des 21. Jahrhunderts mit den Augen des 7. Jahrhunderts zu betrachten, könne man sich kaum vorstellen.

All die vielen Zitate, die besorgte Islamkritiker gesammelt haben, um zu belegen, dass der Islam an sich inhuman und gewaltverherrlichend sei, prallen an Khorchides Islamkonzeption ab. Dabei bestreitet er keineswegs, dass es inhumane, gewaltverherrlichende Islaminterpretationen in Hülle und Fülle gibt. Khorchide gehört nicht zur Fraktion derer, die behaupten, der islamistische Terror habe nichts mit dem Islam zu tun. Im Gegenteil: Er weist nach, dass der abgrundtiefe Hass gegenüber »den Anderen« in der Tradition des Islam tief verankert ist. Genau hierin sieht er das fundamentale Problem des Islam in der Gegenwart. Denn heutige Extremisten können sich zur Legitimation ihrer Taten nicht bloß auf Autoren berufen, die als besonders radikal oder fundamentalistisch gelten, sondern auch auf Rechtsgelehrte, die gemeinhin dem Mainstream des Islam zugerechnet werden.[74]

Khorchide ist sich sehr bewusst, dass seine Vorstellung von einem humanistischen Gott, »der an den Menschen glaubt, der ihm vertraut und ihn daher mit Freiheit ausstattet«,[75] nur *eine* mögliche Interpretation des Islam darstellt. Andere Muslime leiten aus den Quellentexten die entgegengesetzte Vorstellung eines antihumanistischen Gottes ab, »dem es um die eigene Verherrlichung durch die Menschen geht und der sie zu seinen Marionetten machen will, deren Rolle lediglich darin besteht, Instruktionen zu empfangen, die sie unhinterfragt ausführen müssen«.[76]

Khorchide beleuchtet die vielfältigen Probleme, die sich aus diesem autoritären Gottesbild ergeben. Dass er dabei deutlich macht, dass der Islam in vielen seiner Varianten eben nicht *Frieden* bedeutet (wie so oft behauptet wird), sondern vielmehr *kriegerische Unterwerfung der Ungläubigen,* ist ein Zeichen seiner intellektuellen Redlichkeit – eine Eigenschaft, die man nicht allen Vertretern seiner Zunft zuschreiben kann.

Als wir 2014 in der Schweiz miteinander diskutierten, schlug ich Khorchide vor, ein Buch über den *islamischen Humanismus* zu schreiben – gerade auch vor dem Hintergrund, dass wenige Monate zuvor *Der islamische Faschismus* von Hamed Abdel-Samad erschienen war. Natürlich zielte mein Vorschlag nicht darauf ab, Hamed in den Rücken zu fallen. Vielmehr ging es mir darum, die öffentliche Aufmerksamkeit auf eine Islamkonzeption zu lenken, die den Anforderungen einer modernen, offenen Gesellschaft in vollem Umfang gerecht wird – nicht zuletzt auch, um der Gefahr einer zunehmenden Muslimfeindlichkeit entgegenzuwirken.

Mit Nachdruck versuchte ich daher, Khorchide zu überzeugen, wie wichtig ein solches Buch wäre, das religiösen Muslimen die Prinzipien des Humanismus näher bringt bzw. Nichtmuslimen klarmacht, dass Humanismus und Islam nicht notwendigerweise im Widerspruch zueinander stehen. Ich gebe zu: Es mag seltsam erscheinen, wenn sich ein entschiedener Religionskritiker wie ich so sehr für ein theologisches Projekt einsetzt, aber wie gesagt: Im Laufe der Zeit ist mir immer klarer geworden, dass wir uns weniger über *Worte* streiten sollten als über die *praktischen Konsequenzen,* die aus unseren Worten resultieren.

Zwar bin ich noch immer der Meinung, dass es theoretisch sehr viel eleganter ist, direkt »an den Menschen zu glauben«, statt den Umweg über »Gott« zu nehmen, also »an einen Gott zu glauben, der an den Menschen glaubt«. Allerdings bin ich Realist genug, um zu wissen, dass das *theoretisch* elegante Argument des religionsfreien Humanismus *lebenspraktisch* nur wenige Gläubige erreichen wird. Selbstverständlich können wir nicht erwarten, dass die vielen Milliarden Gläubigen weltweit alle zu Agnostikern oder gar Atheisten werden. Zum Glück ist dies aber auch gar nicht nötig, da es völlig ausreicht, wenn sie ihren Glauben in einer humanistischen Weise leben (was viele ja auch längst tun). In diesem Punkt sehe ich in Mouhanad Khorchide einen wichtigen Verbündeten. Dass er seinen Humanismus *religiös* begründet, ich dagegen *areligiös*, ist demgegenüber zweitrangig.

In der Schlussrunde der Schweizer Podiumsdiskussion, auf der ich erstmals mit Khorchide debattierte, brachte ich diese Einsicht zum Ausdruck, indem ich den letzten Satz des *Kommunistischen Manifests* »Proletarier aller Länder, vereinigt euch!«[77] in »HumanistInnen aller Konfessionen, vereinigt euch!« umwandelte. Dies hat, wie erhofft, einige Lacher hervorgerufen – die ironische Formulierung sollte aber nicht darüber hinwegtäuschen, dass der dahinter stehende Gedanke ernst gemeint ist.

Nach unserem Treffen in der Schweiz tauschten Khorchide und ich noch einige Mails darüber aus, wie ein Buch über den islamischen Humanismus aussehen könnte, wodurch wir uns auch persönlich etwas näher kamen. Danach hörte ich längere Zeit nichts mehr von ihm und befürchtete schon, er hätte das Projekt wieder aufgegeben. Umso erfreuter war ich daher, als *Gott glaubt an den Menschen* 2015 im Herder-Verlag erschien (auch wenn Mouhanad in dem Buch mit Kritik an meiner Philosophie nicht geizte).[78]

Kurz nach der Veröffentlichung des Buchs kam es zu öffentlichen Diskussionen zwischen Hamed Abdel-Samad und Mouhanad Khorchide. Darauf hatte ich gehofft, allerdings war ich mir nicht sicher gewesen, ob sich Mouhanad darauf einlassen würde. Denn die meisten Verteidiger des Islam suchen nicht gerade den Gedankenaustausch mit einem Autor, der faschistische Denkstrukturen in islamischen Traditionen nachweist. Mouhanad ließ sich davon nicht abschrecken. Damit bewies er, dass er sein theoretisches Konzept von Humanismus auch in der Praxis vertritt. Denn Humanismus bedeutet für ihn in erster Linie eine Haltung des »Sich-Öffnens«, des Aufgeschlossen-Seins gegenüber alternativen Standpunkten, Antihumanismus hingegen eine Haltung des »Sich-Verschließens«, des starren Beharrens auf althergebrachten Sichtweisen.[79]

Eines der Streitgespräche zwischen Hamed und Mouhanad erschien Anfang 2016 auch in Buchform[80] – und es ist ein wahrer Genuss zu verfolgen, wie die beiden im Verlauf des Gesprächs die Unterschiede und Gemeinsamkeiten ihrer Sichtweisen immer klarer herausarbeiten. Natürlich stehen dabei die Unterschiede zunächst im Vordergrund, wie es auch zu erwarten ist, wenn ein Vertreter der These des islamischen Faschismus auf einen Vertreter der These des islamischen Humanismus trifft.

Hamed und Mouhanad streifen in ihrem Gespräch viele verschiedene Aspekte der Islamdebatte, wobei sich ein wiederkehrendes Wechselspiel beobachten lässt: Hamed führt aus, dass antihumanistische Denkweisen bereits im Koran verankert sind, weshalb sich Dschihadisten und Salafisten zu Recht auf ihn berufen können. Mouhanad entgegnet, dass dies nur auf eine bestimmte Lesart des Korans zutrifft, der man eine andere Sichtweise entgegensetzen kann und muss. Trotz der markanten Unterschiede wird in dem Gespräch deutlich, in wie vielen Punkten die beiden miteinander übereinstimmen. So sind beide der Meinung, dass eine offene Debatte über das Gewaltproblem des Islam erforderlich ist und grundlegende Reformen eingeleitet werden müssen, um zu verhindern, dass Muslime ihren Glauben als Opposition zur modernen, offenen Gesellschaft erleben. Hamed räumt in diesem Zusammenhang sogar ein, dass er »der Erste« wäre, der sich freuen würde, wenn Mouhanads Konzept des islamischen Humanismus erfolgreich wäre. Doch um als legitime Lesart des Islam gelten zu können, müsse die humanistische Islaminterpretation noch sehr viel mehr Anhänger gewinnen. Hamed zeigt die starken Widerstände auf, die diesem Projekt entgegenstehen, sichert Mouhanad aber zu, ihn in dieser Hinsicht unterstützen zu wollen.[81]

Letzteres ist bemerkenswert, weil Hamed seine religionskritische Position zu keinem Zeitpunkt aufgibt. Er bleibt der *islamkritische Humanist,* der er am Anfang des Gesprächs war, wie auch Mouhanad sich weiterhin als *islamischer Humanist* versteht. Keiner kann den anderen mit seinen Argumenten voll und ganz überzeugen. Und doch haben sich beide für die Perspektive des anderen geöffnet und Gemeinsamkeiten entdeckt, mit denen am Anfang der Debatte wohl kaum jemand gerechnet hätte.

Obwohl man auf den ersten Blick meinen könnte, Hamed und Mouhanad seien mit ihren so unterschiedlichen Thesen zum Islam (islamischer Faschismus versus islamischer Humanismus) die schärfsten Antipoden, die man sich überhaupt vorstellen kann, gelangten sie über die Diskussion zu der Einsicht, dass sie in wesentlichen Punkten gemeinsame Ziele verfolgen und sich gegenseitig unterstützen sollten. Hamed Abdel-Samad und Mouhanad Khorchide haben dadurch etwas Wichtiges aufgezeigt, nämlich: dass es sehr wohl gelingen kann, trotz schärfster Differenzen ein *gutes, produktives Streitgespräch* zu führen, das beide Parteien weiterbringt, indem sie voneinander lernen. Eine Kunst, die in unserer Zeit leider rar geworden ist.

## Die verhinderte Streitkultur und ihre Folgen

Manchmal könnte man verzweifeln, wenn man sich vor Augen führt, wie oft selbst die simpelsten Grundregeln einer rationalen Argumentation in der öffentlichen Debatte missachtet werden. Ein markantes Beispiel dafür bot die Reaktion der Medien und der Politik auf die Ankündigung der AfD, Islamkritik zu einem Schwerpunkt ihres Parteiprogramms zu machen (inoffiziell war dies längst so, denn die AfD hatte schon in den Vorjahren vor allem solche Wählerinnen und Wähler angezogen, die eine »schleichende Islamisierung Europas« befürchten).

Nun bin ich wahrlich kein Freund der AfD,[82] aber die Art, in der Politiker und Journalisten seit April 2016 über den angeblichen Schwenk der Partei in Richtung Islamkritik herziehen, hat mit den Prinzipien einer rationalen Streitkultur nicht mehr viel zu tun. So wurde die AfD-Vizevorsitzende Beatrix von Storch u. a. für den Satz »Die größte Bedrohung für Demokratie und Freiheit geht heute vom politischen Islam aus« von allen Seiten verrissen. Derartige Kommentare, so hieß es in der Politik und den Medien beinahe unisono, seien eine »Schande für Deutschland«.[83]

Natürlich kann man darüber streiten, ob vom politischen Islam wirklich die *größte* Bedrohung für Demokratie und Freiheit ausgeht – und nicht etwa von der zunehmenden Ungleichverteilung der Vermögen oder den Folgen der Umweltzerstörung. Unzweifelhaft aber dürfte sein, dass der politische Islam *eine* der größten Bedrohungen darstellt, denen sich Demokratien heute zu stellen haben. Doch selbst dies wurde – oft wohl auch wider besseres Wissen – einhellig bestritten, um sich nur klar genug von der AfD abgrenzen zu können.

Mitunter wurde als Abwehr der Storch'schen Äußerung sogar behauptet, dass es den »politischen Islam« gar nicht gebe, obwohl der Begriff leicht zu definieren ist:

*Definition »Politischer Islam«*

Der Begriff »politischer Islam« (bzw. »Islamismus«) kennzeichnet Ideologien bzw. politische Bewegungen, die darauf ausgerichtet sind, *Staat und Gesellschaft auf der Basis islamischer Prinzipien zu organisieren,* welche aus einer bestimmten Lesart des Koran, der Hadithe und der islamischen Rechtstradition (Scharia) abgeleitet werden.[84] Das Spektrum des politischen Islam reicht dabei von eindeutig faschistischen Formen (wie in Khomeinis Iran) bis hin zu gemäßigteren Varianten, die man als »autoritär gelenkte Demokratien« bzw. als »demokratisch kaschierte Diktaturen« bezeichnen könnte (etwa die Türkei unter Erdoğan). Mit den Prinzipien der offenen Gesellschaft sind – hier muss man Beatrix von Storch zustimmen – selbst die harmloseren Varianten des politischen Islam nicht zu vereinbaren, wie man an der Einschränkung der Meinungs-, Kunst- und Pressefreiheit in der Türkei erkennen kann.

Wie unredlich die Auseinandersetzung mit den islamkriti-schen Positionen der AfD verlief, verraten nicht nur die regel-mäßig verwendeten empörialistischen Killerphrasen wie »kul-tureller Rassismus« oder »religiöser Rassismus«, sondern auch die (relativ wenigen) Versuche, die AfD-Positionen argumen-tativ zu entkräften. Symptomatisch ist in diesem Zusammen-hang ein sogenannter »Faktencheck«, der über die *Deutsche Presseagentur* (dpa) verbreitet und von zahlreichen Medien aufgegriffen wurde.[85]

Der Text, der sich auf Susanne Schröter (die Leiterin des Forschungszentrums *Globaler Islam* an der Frankfurter Goe-the-Universität) beruft, »widerlegt« zunächst Storchs Hinweis auf den »politischen Islam« mit dem kontrafaktischen Argu-ment, dass es diesen gar nicht gebe. Danach wendet er sich einer anderen Formulierung der AfD-Vizevorsitzenden zu, nämlich der Behauptung, dass der Islam »eine politische Ideo-logie« sei, »die mit dem Grundgesetz nicht vereinbar ist«. Dagegen könnte man mit Fug und Recht einwenden, dass der Islam sehr viel mehr als nur eine politische Ideologie ist und dass das Argument bloß auf *bestimmte Lesarten* des Islam zutrifft. In dem vermeintlichen »Faktencheck« wird stattdessen jedoch ein atemberaubender Vergleich bemüht, um die Gefah-ren, die von der islamistischen Ideologie ausgehen, kleinzu-reden: »Der Wahhabismus, der in Saudi-Arabien Staatsreli-gion ist, steht in einigen Punkten im Widerspruch zu unserem Grundgesetz. Das Gleiche lässt sich allerdings auch für die Gesetze von US-Bundesstaaten sagen, in denen die Todesstrafe zulässig ist.«[86]

Nun ist es zwar wahr, dass die in einigen US-Bundesstaaten praktizierte Todesstrafe gegen das deutsche Grundgesetz ver-stößt, aber es ist natürlich absurd, dies auch nur im Entferntes-ten mit dem saudischen Wahhabismus auf eine Stufe stellen zu wollen. Denn dieser widerspricht nicht nur in »*einigen* Punk-ten«, sondern in nahezu *allen* Punkten der deutschen Verfas-sung. Nur zur Erinnerung: In Saudi-Arabien gibt es keine Re-ligions-, Meinungs- und Pressefreiheit; wer Überzeugungen äußert, die im Widerspruch zur Scharia stehen, wird inhaftiert, gefoltert, ausgepeitscht, ermordet; das öffentliche Leben wird von einer eigenen Religionspolizei, dem sogenannten *Komitee für die Verbreitung von Tugendhaftigkeit und Verhinderung von Lastern* überwacht; Frauen dürfen Rechtsgeschäfte nur mit Zustimmung ihrer männlichen Vormünder tätigen und müssen sich in der Öffentlichkeit hinter bodenlangen Gewändern, Schleiern und Kopftüchern verstecken. Etwas annähernd Vergleichbares ist selbst aus den allerkonservativsten US-Bundesstaaten nicht bekannt. Wer dennoch behauptet, man müsse ihnen letztlich »das Gleiche« vorwerfen wie Saudi-Arabien, nimmt die Welt offenkundig aus einer reichlich verzerrten Perspektive wahr und trägt nicht unwesentlich dazu bei, Vorurteile gegenüber der sogenannten »Lügenpresse« zu bestätigen.

Welch absurde Formen die Zwangsvorstellung angenommen hat, der AfD nie und nimmer recht geben zu können, selbst dort, wo sie recht hat, zeigte sich in markanter Weise, als Hamed Abdel-Samad am 18. April 2016 im *ARD-Nachtmagazin* zu den islamkritischen Positionen der AfD interviewt wurde. Hamed erklärte am Anfang des Gesprächs, dass die Behauptung, Islam und Demokratie seien miteinander nicht vereinbar, »grundsätzlich nicht falsch« sei. Zur Erläuterung wollte er hinzufügen, dass dies nur auf die politische Ideologie und die tradierte Rechtsordnung des Islam zutreffe, nicht aber auf die Religion an sich, als er mitten im Satz von der Moderatorin unterbrochen wurde: »Stopp, Entschuldigung, an diesem Punkt muss ich bleiben: Sie haben ja gerade eben das gesagt, was auch die AfD gesagt hat! Sie bestätigen das?!«

Man merkte dem Tonfall der Frage an, dass es offenbar eine absolute Ungeheuerlichkeit darstellen muss, der AfD in einzelnen Punkten recht zu geben. Hamed reagierte mit einer Gegenfrage: »Wo liegt das Problem?« Wenn die AfD sagen würde, dass heute die Sonne scheint, würde er dem auch nicht widersprechen. Hamed kritisierte in diesem Zusammenhang die zwanghafte Neigung, alle Aussagen der AfD abstreiten zu wollen, und plädierte dafür, die islamkritische Debatte nicht der AfD zu überlassen, sondern diese in die »Mitte der Gesellschaft« zu holen.

Denn nur auf diese Weise, so das Fazit seiner Ausführungen, könnte ein längst überfälliger Diskussionsprozess unter Muslimen angestoßen werden über die Frage, welche Elemente (oder wie Mouhanad Khorchide präzisieren würde: welche Lesarten) ihres Glaubens tatsächlich demokratiefeindlich sind. Zudem könnte so auch verhindert werden, dass rechtspopulistische Gruppierungen bzw. Parteien wie die AfD politisches Kapital daraus schlagen, dass sie als die einzigen Kräfte im parlamentarischen Raum wahrgenommen werden, die bereit sind, sich den Herausforderungen des politischen Islam zu stellen.

Obwohl Hamed im *ARD-Nachtmagazin* deutlich machte, dass er die AfD nie wählen würde, wurde am nächsten Morgen die Nachricht verbreitet, er habe der AfD den Rücken gestärkt.[87] Kurz darauf gingen bei mir Dutzende von Mails ein, die mich, teils unter wüsten Beschimpfungen, dazu aufforderten, den »Faschisten« Hamed Abdel-Samad mit sofortiger Wirkung aus dem Beirat der *Giordano-Bruno-Stiftung* zu entlassen.[88] Ähnliche Mails hatte ich bereits einige Monate zuvor erhalten, nachdem bekannt geworden war, dass Hamed auf Veranstaltungen der AfD auftreten würde. Viele leiteten daraus ab, dass er ein »Freund der AfD« sei.[89] Tatsächlich aber ist Hamed ebenso wenig ein »Freund der AfD« wie ich ein »Freund der katholischen Kirche« bin, bloß weil ich hin und wieder auf Veranstaltungen der katholischen Kirche referiere. Allerdings sind wir beide *entschiedene Freunde einer offenen Streitkultur,* was bedeutet, dass wir gerade auch mit solchen Menschen diskutieren, mit denen wir in vielen Punkten nicht übereinstimmen.[90]

Natürlich kam ich gar nicht erst auf den Gedanken, Hamed wegen seiner Ausführungen im *ARD-Nachtmagazin* aus dem Beirat der *Giordano-Bruno-Stiftung* zu entlassen. Schließlich hatte er mit allem, was er vorgetragen hatte, recht. Denn es ist nun einmal so: *Eine Wahrheit wird nicht zur Lüge, nur weil Lügner sie gebrauchen* (wobei man Beatrix von Storch der Lüge nicht einmal bezichtigen kann, da sie ihre reaktionären Ansichten meist in verstörender Offenheit preisgibt). Selbstverständ-lich wird ein Argument auch nicht schon allein dadurch falsch, dass es von der AfD vertreten wird. Die zwanghafte Neigung, Aussagen der AfD prinzipiell abzustreiten, kann man nur als »irrational« bezeichnen.

Allerdings ist diese Neigung nicht nur *irrational*, sie ist auch *politisch gefährlich*: Die Verweigerung einer fairen, inhalt-lichen Auseinandersetzung hat die AfD nämlich keineswegs *geschwächt*, sondern *gestärkt*. Es sollte doch allmählich einsich-tig sein: Wer etwas so Offenkundiges wie die *Realität des poli-tischen Islam* leugnet, wer wider alle Vernunft den *Zusam-menhang von Islam und Islamismus* bestreitet, wer meint, man müsse bloß *Terroristen* bekämpfen, nicht aber die *Ideologien*, die sie zum Terror motivieren, der treibt die Wählerinnen und Wähler geradewegs in die Arme von Politikern, die ihre anti-aufklärerischen Ziele unter dem Denkmantel einer »aufgeklär-ten Islamkritik« wunderbar verbergen können.

Mehr noch: Indem man es zugelassen hat, dass sich die AfD als *die* politische Kraft inszeniert, die dem politischen Islam entgegentritt, ist völlig aus dem Blick geraten, dass die AfD in ihren gesellschaftspolitischen Positionen mit ultrakonservati-ven Muslimen *sehr viel mehr verbindet als trennt*. Hierauf hat Mina Ahadi zu Recht in ihrem Brief an Frauke Petry hingewie-sen: »Mit ihrem traditionell-patriarchalen Familienbild, ihrer Aversion gegen eine fortschrittliche Sexualerziehung und ihrer rückständigen Haltung zu Menschenrechten und Wissenschaft träumt Ihre Partei den gleichen fundamentalistischen Traum wie die Islamisten. Sie beide reduzieren Menschen auf Grup-penidentitäten, statt einzelne Menschen als Individuen in ihrer Unterschiedlichkeit ernst zu nehmen.«[91]

Mina hat in diesem Zusammenhang ausgeführt, dass die AfD an den Islam völlig andere Maßstäbe anlegt als an das Christentum und dass maßgebliche Vertreter der Partei wie Beatrix von Storch zwar den *islamischen Fundamentalismus* kritisieren, selbst aber den Positionen des *christlichen Funda-mentalismus* folgen. Tatsächlich verfügt Beatrix von Storch über beste Kontakte zu (mitunter sehr finanzstarken) rechts-katholischen und evangelikalen Gruppierungen. Sie ist tief ver-ankert in der *christlichen Lebensschützer-Szene,* die seit Jahren u. a. mit dem *Marsch für das Leben* gegen Schwangerschaftsab-bruch, Präimplantationsdiagnostik und Sterbehilfe agitiert, sowie in der *christlichen Familienschützer-Szene,* die u. a. mit der *Demo für alle* gegen eine »Übersexualisierung der Jugend«, »Genderismus« und eine Auflösung des »Leitbilds der tradi-tionellen Familie« protestiert.

Es ist in der Tat bemerkenswert, wie sehr sich *rechte Christen,* die von der AfD hofiert werden, und *ultraorthodoxe Muslime,* die von der AfD ausgegrenzt werden, in ihren Vorstellungen von »moralischer Sittlichkeit« gleichen: Für beide gibt es eine »heilige«, angeblich »gottgewollte«, »natürliche« Geschlechter-ordnung, in der Männer und Frauen klaren Rollenmodellen folgen, selbstverständlich strikt heterosexuell veranlagt sind und ihre jeweilige Gemeinschaft durch Zeugung möglichst vie-ler Kinder stärken. Beide Gruppen fühlen sich durch Feminis-tinnen und die sogenannte »Schwulenlobby« bedrängt, fürch-ten eine »Übersexualisierung« ihrer Kinder (sprich: eine freie Sexualaufklärung) und fordern »Keuschheit vor der Ehe« – vor allem von den Töchtern, die ihre »Jungfräulichkeit« bis zur Hochzeitsnacht erhalten müssen. Letztlich verfolgen beide Gruppen dezidiert antiliberale Ziele, weshalb sie sich sehr darum bemühen, den Emanzipationserfolgen der letzten Jahr-zehnte entgegenzuwirken. Mit einem Wort: Beide wollen die Zeit zurückdrehen, wobei man den AfD-Christen immerhin zugutehalten kann, dass sie die Gesellschaft nur in die Ade-nauer-Republik der 1950er-Jahre zurückbefördern möchten – und nicht ins Osmanische Reich vor 1924 oder gar ins 7. Jahr-hundert.

Auch wenn nur eine kleine Minderheit der AfD-Funktionäre christlich-fundamentalistischen Positionen zuneigt, ist die Par-tei auf diese Klientel in besonderer Weise angewiesen. Nur dadurch ist es zu erklären, dass das AfD-Parteiprogramm sich nicht nur *abstrakt* auf »unsere abendländische christliche Kul-    61 tur« beruft,[92] sondern auch die *konkreten Forderungen* der christlichen Lebens- und Familienschützer (in leicht abgemilderter Form) aufgreift. So findet man im Grundsatzprogramm der AfD ein ausdrückliches »Bekenntnis zur traditionellen Familie als Leitbild«,[93] ein »Nein zu ›Gender-Mainstreaming‹ und Frühsexualisierung«[94] sowie eine »Willkommenskultur für Neu- und Ungeborene« (womit die AfD auf adrette Weise umschreibt, dass sie sich »gegen alle Versuche [wendet], Abtreibungen zu bagatellisieren, staatlicherseits zu fördern oder sie gar zu einem Menschenrecht zu erklären«).[95]

Die spannende Frage in diesem Zusammenhang lautet: Warum tragen so viele areligiöse, häufig sogar von liberalen Ideen ausgehende Funktionäre und Wähler der AfD einen politischen Kurs mit, der sich auf einen rigiden, christlich-konservativen Wertekatalog stützt, mit dem sie persönlich kaum übereinstimmen können? Antwort: Dies ist wohl in erster Linie auf die in neokonservativen Kreisen verbreitete Annahme zurückzuführen, dass eine »geistig-moralische Aufrüstung« im Sinne alter, tradierter Werte erforderlich sei, um die deutsche bzw. europäische Kultur vor »Wertezerfall«, »Multikulturalismus« und »Islamisierung« zu schützen.[96]

Der Rückgriff auf »alte christliche Werte« zur Rettung der nationalen Identität ist dabei keineswegs nur ein *deutsches,* sondern ein *internationales Phänomen.* Wohin man auch schaut, ob nach Polen oder Ungarn, in die Schweiz oder nach Österreich, nach Frankreich, Russland oder in die USA: In nahezu jedem nichtmuslimischen Land kam es in den letzten Jahren zu einem Schulterschluss von Nationalisten und christlichen Rechten. Die einzelnen Bewegungen gleichen sich so sehr in ihrer rückwärtsgewandten Identitätspolitik, dass es fast schon egal ist, ob ihre politischen Galionsfiguren Donald Trump, Wladimir Putin, Viktor Orbán, Jarosław Kaczyński, Marine Le Pen, Christoph Blocher oder Frauke Petry heißen.

Auf europäischer Ebene haben diese nationalreligiösen Kräfte unter der Formel »Europa der Nationen« bzw. »Europa der Vaterländer« zusammengefunden – eine Formulierung, die nicht ohne Grund im AfD-Grundsatzprogramm auftaucht.[97] Unter dem gemeinsamen Nenner der »Wahrung der nationalen Identität« ist den rechtsnationalen Bewegungen das Kunststück einer internationalen Zusammenarbeit gelungen, sowohl auf parlamentarischer Ebene (etwa im Rahmen der Fraktion *Europa der Nationen und der Freiheit* im EU-Parlament) als auch auf außerparlamentarischer Ebene. So wurde das Konzept der französischen Massenbewegung *La Manif pour tous*, die Hunderttausende gegen die »Homo-Ehe« und den »Genderismus« auf die Straßen brachte, eins zu eins in das Konzept der von Beatrix von Storch mit organisierten *Demo für alle* übertragen, bei der allerdings »nur« einige Tausend Rechtskonservative gegen den Bildungsplan der damaligen grün-roten Landesregierung in Baden-Württemberg protestierten.

Kennzeichnend für die Denkfigur der »nationalen Identität«, die man in ihrer Reinkultur bei der sogenannten *Identitären Bewegung* findet,[98] ist die Betonung angeblich wesenseigener Merkmale eines Kollektivs. Diese können *zum einen* biologistisch definiert werden, insofern bestimmten Ethnien (*den* Deutschen, *den* Franzosen, *den* Türken, *den* Arabern etc.) aufgrund ihres unterschiedlichen Genpools unterschiedliche Eigenschaften zugeschrieben werden (hier docken rassistische Argumentationen an, die man auch am rechten Rand der AfD vorfindet). Sie können *zum anderen* aber auch kulturalistisch definiert werden, indem man unterstellt, dass die Nationen und »Völker« aufgrund ihrer unterschiedlichen Geschichte unterschiedliche Wertekataloge ausgebildet haben, die für die jeweiligen Gesellschaften identitätsstiftend sind.

Zur Rettung der nationalen Identität vor den Angriffen ihrer potenztiellen Gefährder (insbesondere sind das angeblich: *die* Muslime, in abgeschwächter Form aber auch *die* Multikulturalisten, *die* Genderistinnen, *die* Linken, *die* Schwulen, *die* Transsexuellen etc.) muss der Kampf *an beiden Fronten*, also der biologischen wie der kulturellen, geführt werden. Auch dies wird im AfD-Grundsatzprogramm beherzigt: So will die Partei *zum einen* mit gezielten Maßnahmen verhindern, dass die 63

»Biodeutschen« aussterben (»Mehr Kinder statt Massenein-
wanderung«),[99] und *zum anderen* die »deutsche Kultur« mit
ihren tradierten »christlich-abendländischen Werten« stärken
(»Deutsche Leitkultur statt Multikulturalismus«).[100]

Beides steht, um es mit den Worten von Mouhanad Khorchide auszudrücken, sehr viel eher für eine *antihumanistische
Haltung des »Sich-Verschließens«* als für eine *humanistische
Kultur des »Sich-Öffnens«.* Vor allem aber wiederholt es exakt
die Muster, die man auf der anderen Seite des identitären
Grabens, nämlich bei den *Vertretern des politischen Islam* beobachten kann. Im Grunde wäre der türkische Präsident *Recep
Tayyip Erdoğan,* der in seiner Politik Nationalismus und Religion (hier: Türkentum und islamische Werte) in ähnlich auf-
dringlicher Weise miteinander verbindet, ein heißer Anwärter
für die rechtspopulistische »Internationale der Nationalisten«
und ihre Formel vom »Europa der Vaterländer« – würde er
nicht fatalerweise die *falsche* Ethnie und vor allem die *falsche*
Religion vertreten. So aber wird er zum erbitterten Feind, dem
sich die europäischen Identitätswahrer mit aller Kraft entgegenstellen.

Wir sehen: Die offene Gesellschaft wird heute von zwei
Lagern unter Druck gesetzt, die auf den ersten Blick unterschiedlicher kaum sein könnten, obwohl sie auf den zweiten
Blick ähnlichen Denkmustern folgen. Denn beide richten sich
mit ihren gruppenbezogenen Identitätskonzepten gegen einen
Wesenszug der Moderne, nämlich die fortschreitende *Emanzipation des Individuums,* das sich von tradierten Rollenvorgaben
befreit und über seinen Lebensweg selbst bestimmt.[101] Beide
wehren sich in einem antimodernistischen Reflex gegen die
*Pluralisierung der Gesellschaft,* die daraus resultiert, dass sich
die zunehmend unkonventioneller werdenden Individuen
ihren Lebenssinn selbst zusammenbasteln.[102]

Neokonservative erleben Individualisierung und Pluralisierung als »Werteverfall«, der die »abendländische Identität«
gefährdet, während Islamisten sie als Ausdruck eines »amora-
lischen Liberalismus« empfinden, der die »muslimische Identi-

tät« untergräbt. Und so versuchen beide Lager, den vermeintlichen »Verfallserscheinungen« zu begegnen, indem sie stabile Gruppenidentitäten (*die* Deutschen, *die* Türken, *die* Christen, *die* Muslime) konstruieren, mit denen sich die »Insider« (die Mitglieder der eigenen Gruppe) gegenüber den »Outsidern« (*den* Anderen, *den* Fremden, *den* Abweichlern) abgrenzen können.

Derartigen Identitäts-Zuschreibungen ist zweierlei entgegenzuhalten: *Erstens:* Sie sind *empirisch falsch,* da die Unterschiede, die *innerhalb* einer Gruppe (etwa *unter* Deutschen bzw. *unter* Türken) existieren, in der Regel größer sind als die Unterschiede, die *zwischen* den Gruppen (etwa *zwischen* Deutschen und Türken) existieren.[103] *Zweitens:* Sie schüren in gefährlicher Weise das *Misstrauen gegenüber* »*den Anderen*« und tragen dazu bei, eine ohnehin in uns verankerte Neigung zu verstärken, die das friedliche Zusammenleben der Menschen seit Jahrhunderttausenden schon gefährdet,[104] nämlich die Neigung zu »*gruppenbezogener Menschenfeindlichkeit*«.[105]

Auch wenn der eliminatorische Charakter dieser Menschenfeindlichkeit bei Islamisten sehr viel deutlicher zutage tritt, ist das Grundmuster doch sehr ähnlich: In dem *einen* Fall richtet sich der (über eine entsprechende Identitäts- und Abgrenzungspolitik erzeugte) Hass gegen *die* Muslime, im *anderen* Fall gegen all jene, die *keine* Muslime sind oder aber der *falschen muslimischen Konfession* angehören. (Wie der Syrien-Krieg wieder einmal verdeutlicht hat, hassen fanatische *Sunniten* Schiiten und fanatische *Schiiten* Sunniten noch sehr viel mehr als »*die* Ungläubigen«. Nur »*die* Juden« scheinen bei beiden islamischen Konfessionen – aufgrund der erfolgreichen Propaganda des Großmuftis von Jerusalem – ein noch besseres Feindbild abzugeben.)

Führt man sich vor Augen, mit welchem Aufwand Gruppenidentitäten in den letzten Jahren gestärkt wurden, muss man sich nicht wundern, dass die Zahl sowohl der *muslimischen* als auch der *antimuslimischen Übergriffe* in Deutschland (wie in vielen anderen Ländern der Welt) zugenommen hat.[106]

Die überwältigende Mehrheit der Bevölkerung verurteilt zwar beides, weiß aber nicht so recht, wie sie sich zwischen den verfeindeten Lagern verorten soll. Hin- und hergeworfen zwischen *Willkommenskultur* und *Terrorangst* scheint es keine sinnvolle Richtschnur zu geben, an der man sich orientieren könnte. Ist man ein »unverbesserlicher Gutmensch«, wenn man kulturelle Vielfalt wertschätzt? Ist man »intolerant«, wenn man Zwangsheiraten unter Muslimen kritisiert? Die Lage ist verworren: »Keine Toleranz der Intoleranz!«, rufen die *Patriotischen Europäer gegen die Islamisierung des Abendlandes* (Pegida) – und meinen damit die Vertreter des politischen Islam. »Keine Toleranz der Intoleranz!«, erwidern die *Anti-Pegida-Demonstranten* auf der Gegenseite – und meinen jene, die vor dem politischen Islam warnen.

Allem Anschein nach hat zumindest eine der beiden Seiten nicht verstanden, was »Toleranz« bedeutet. Oder trifft dies gar auf beide Seiten zu? Ist es wirklich in jeder Hinsicht positiv, »ein toleranter Mensch« zu sein? Oder ist »Toleranz« am Ende nur eine freundliche Umschreibung für Opportunismus, Feigheit und Ignoranz? Offenkundig müssen wir den schillernden Begriff der Toleranz etwas genauer unter die Lupe nehmen.

# DIE SPIELREGELN DES ZIVILISIERTEN WIDERSTREITS
## Eine kurze Geschichte der Toleranz

*Toleranz ist die Fähigkeit zur Erduldung einer Last.* Dies verrät schon die etymologische Herkunft des Wortes über das lateinische Verb »tolerare«, das man mit »ertragen«, »durchstehen«, »aushalten« oder »erdulden« übersetzen kann. Politisch gewendet meint Toleranz die Fähigkeit, *störende bzw. verstörende Formen des Andersseins ertragen zu können.* Wer tolerant ist, der nimmt es hin, dass andere Menschen in unangenehmer Weise anders denken, handeln, empfinden.

Auch wenn der Begriff der Toleranz erst vor zwei Jahrtausenden geprägt wurde, dürfte das dahinterstehende Phänomen sehr viel älter sein. Man könnte behaupten, dass die Toleranz, wie auch ihr Gegenstück *die Intoleranz,* so alt ist wie die Menschheit. Und wenn man es genau nimmt, müsste man sogar noch tiefer in die Vergangenheit zurückgehen. Denn auch im nichtmenschlichen Tierreich, etwa bei Schimpansenkulturen, können wir feststellen, dass manche Formen des Andersseins innerhalb einer Gruppe toleriert werden, andere jedoch nicht.

Für die großen Imperien der Antike war eine gewisse Form der Toleranz schon aus Gründen der politischen Klugheit geboten, um den inneren Frieden nicht zu gefährden. So tolerierte das Römische Reich die religiösen Vorstellungen und Gebräuche der Völker, die es unterworfen hatte – solange diese Kulte dem römischen Herrschaftsanspruch nicht im Wege standen. Allerdings wurde in diesem Zusammenhang der Begriff der Toleranz, römisch »tolerantia«, zunächst nicht gebraucht, man sprach vielmehr von »Religionsfreiheit« *(libertas religionis)* oder von »erlaubter Religion« *(religio licita).*

Das Wort *tolerantia* tauchte erstmals im Jahr 46 vor unserer Zeitrechnung auf – und zwar bei Marcus Tullius Cicero (106–43), dem wir als »Urvater des Humanismus« auch den schönen Begriff der *humanitas* zu verdanken haben.[107] Cicero nutzte die Wortschöpfung *tolerantia*, um eine Besonderheit der stoischen Philosophie zu charakterisieren. Mit *tolerantia* beschrieb er nämlich die stoische Tugend, die Härten des Lebens – Schmerzen, Ungerechtigkeit, Unglück – würdevoll zu ertragen. In diesem Sinne verwendete später auch Seneca (1–65)[108] den Begriff. Ursprünglich bezeichnete Toleranz also *das Verhältnis des Einzelnen zu sich selbst*, seine subjektive Fähigkeit, Leid aushalten zu können, und weniger *das Verhältnis zu Anderen* – ein Aspekt, der auch heute noch von Bedeutung ist.

Über Cicero und Seneca fand die *tolerantia* schließlich Eingang in die Texte früher christlicher Autoren wie Tertullian (150–220) oder Cyprian (200–258). Bei ihnen erscheint *tolerantia* als eine Tugend, durch die sich Christen in besonderem Maße auszeichnen sollten, da sie die Nachfolge Jesu antreten, Schmerz und Folter ertragen und gegebenenfalls das »Kreuz der Verfolgung« auf sich nehmen müssen. Allerdings erhält *tolerantia* bei diesen frühen Theologen schon eine zweite Bedeutung: Mit *tolerantia* beschreiben sie die Haltung, die Christen gegenüber all jenen »Ungläubigen« zeigen sollten, die noch nicht zur »einzig wahren Religion« gefunden haben.

So sprach Cyprian, auf den die Formel von der »alleinseligmachenden Kirche« zurückgeht, vom »Ertragen der Juden« (»in Iudaeis tolerandis«). Und er erklärte auch, worin die spezifisch christliche Form der *Duldsamkeit* begründet sei, nämlich in der *Geduld*, die Christen allein deshalb aufbringen könnten, weil sie fest mit der Ankunft des »Jüngsten Gerichts« rechneten. Nur aus diesem Grund, meinte der »heilige« Cyprian,[109] könnten Christen, die »den Verfolgungen der Juden oder Heiden und sogar der Häretiker ausgesetzt sind, mit Geduld den Tag der Rache abwarten und nicht mit ungeduldiger Klage auf eilige Vergeltung unseres Schmerzes dringen«.[110]

68   Dass die frühen christlichen Autoren den Toleranzbegriff

der stoischen Philosophie aufgriffen, ist also nicht allein darauf zurückzuführen, dass sie das Erdulden von Leid als Nachfolge Jesu priesen. Es hängt vor allem damit zusammen, dass Christen schon das *bloße Vorhandensein anderer Glaubensüberzeugungen als Leid interpretierten* – ein Leid, das sie wohl oder übel ertragen mussten, da sie (noch) nicht die Macht besaßen, die Ungläubigen zur Rechenschaft zu ziehen, und der heiß ersehnte Tag des Jüngsten Gerichts schmerzlich auf sich warten ließ.

Aus Sicht der traditionellen römischen Kultur war dies schwer nachvollziehbar. Im Gegensatz zu den *monotheistischen* Christen betrachteten die *polytheistischen* Römer *religiöse Vielfalt* keineswegs als Leid. Sie hatten sich bestens damit arrangiert, dass in unterschiedlichen Regionen unterschiedliche Götter verehrt wurden. Statt die fremden Götter als Bedrohung zu begreifen, wurden diese dazu eingeladen, ihren Sitz auch in Rom einzunehmen, sodass sich das Imperium auch ihres Schutzes sicher sein konnte. Im Zuge der sogenannten *Interpretatio Romana* wurden die fremden Gottheiten oft auch als römische Götter identifiziert und in die römische Kultur einverleibt. Auf diese Weise wurde zum Beispiel aus dem griechischen Poseidon der römische Neptun, aus Aphrodite Venus, aus dem germanischen Thor Jupiter, aus Odin Merkur, aus dem keltischen Teutates Mars und aus dem ägyptischen Ra Apollo.

Beim jüdischen Glauben an den *einen* allmächtigen Gott, der nicht einmal abgebildet werden durfte, stieß die *Interpretatio Romana* allerdings an ihre Grenzen. Dem ersten der Zehn Gebote, das den Gläubigen untersagte, fremde Götter zu verehren, standen die Römer verständnislos gegenüber. Die rigorose Ablehnung der Götter, die von anderen Bürgern verehrt wurden, empfanden sie als »unsozial«, doch das verhinderte nicht, dass sie auch den Juden das Recht zubilligten, ihre Religion frei auszuüben. Gleiches galt für die ersten Christen, die zunächst nicht als Vertreter einer eigenständigen Religion, sondern als Mitglieder einer jüdischen Sekte wahrgenommen wurden.

Rom war zum Zeitpunkt der Entstehung des Christentums eine multireligiöse Stadt, in der viele Tempel nichtrömischen

Gottheiten geweiht waren. Daher wurde die allmähliche Verbreitung des christlichen Glaubens zunächst nicht als Gefahr für die öffentliche Ordnung empfunden. Dieser Eindruck erhärtete sich erst, als immer offensichtlicher wurde, wie sehr die Christen die religiöse Vielfalt ihrer Umgebung attackierten, was nicht nur die römischen Gebräuche, sondern auch die Stabilität des Imperiums bedrohte.

In der römischen Oberschicht wuchsen daher die Aversionen gegen das Christentum, das – im Unterschied zum Judentum – nicht nur den Kaiserkult ablehnte, sondern die Welt missionieren wollte, was zwangsläufig auf eine Abschaffung der multireligiösen römischen Kultur hinauslaufen musste. Bereits in den ersten beiden Jahrhunderten unserer Zeitrechnung entluden sich diese Aversionen in Christenverfolgungen, die allerdings zunächst – wie unter Kaiser Nero (37 – 68) – zeitlich und örtlich begrenzt waren. Zu systematischen Verfolgungen kam es erst Mitte des 3. Jahrhunderts unter den Kaisern Decius (200 – 251), Valerian (200 – 260), Diokletian (240 – 312) und Galerius (250 – 311). Kurz vor seinem Tod sah Galerius allerdings das Scheitern seiner Politik ein und erklärte das Christentum zur erlaubten, gesetzlich anerkannten Religion *(religio licita)*.

Unter Kaiser Konstantin I. (280–337) erhielt das Christentum zwar einige zusätzliche Privilegien, zu einer wirklichen Wende in der Geschichte kam es jedoch erst 50 Jahre nach Konstantins Tod, als Kaiser Theodosius I. (347 – 395) das Christentum zur Staatsreligion erhob. Ab sofort herrschte ein anderer Ton: In seinem Edikt *Cunctos populos* (»An alle Völker«) vom 28. Februar 380 erklärte Theodosius alle, die die Lehre von der »heiligen Dreifaltigkeit« des »Vaters, Sohnes und Heiligen Geistes« ablehnten, »für wahrhaft toll und wahnsinnig«. Wer »die Schande ketzerischer Lehre« trage, müsse nicht nur »göttliche Vergeltung«, sondern auch die Härten der irdischen »Strafgerechtigkeit« fürchten.[111]

## Die mühsame Wiedergeburt der Toleranz

Mit Theodosius begann die lange Zeit der christlichen Ketzerverfolgungen. Dabei richtete sich die »Strafgerechtigkeit« der
christlichen Herrscher keineswegs nur gegen »Glaubensket-
zer«. So erließ Theodosius Anfang der 390er-Jahre ein Verbot
sämtlicher heidnischen Kulte und Zeremonien, darunter auch
der *Olympischen Spiele,* was das Ende einer 1000-jährigen Tradition bedeutete, die erst eineinhalb Jahrtausende später, im
Jahr 1896, wieder zum Leben erweckt wurde.

Mit der Erhebung zur Staatsreligion änderte sich auch die
christliche Toleranzdebatte. Hieß es zuvor, dass man fremde
Bekenntnisse ertragen müsse, da ein *erzwungener* Glaube kein
*wahrer* Glaube sei, setzte sich nun mehr und mehr die Überzeugung durch, dass bestimmte Auffassungen niemals toleriert
werden dürften, da sie die Einheit des Glaubens gefährdeten.
Der »heilige Zwang« richtete sich dabei allerdings vorrangig
gegen Abtrünnige, die den »Segen« des Glaubens erfahren hatten und vom »rechten Weg« abgekommen waren. Juden und
Heiden wurden in ihren Rechten zwar massiv beschnitten, eine
gewaltsame Bekehrung wurde jedoch von den meisten Theologen abgelehnt.

Erst unter Karl dem Großen (747–814) kam es zu Zwangs-
Christianisierungen in großem Stil. In seinem über 30 Jahre
währenden, selbst für die damalige Zeit ungewöhnlich brutal
geführten Feldzug gegen die heidnischen Sachsen setzte Karl
auf das Prinzip der »Schwertmission«: Wer sich weigerte, ge-
tauft zu werden, hatte sein Leben verwirkt.[112]

In den meisten Geschichtswerken wird Karl, der als »aller-
christlichster Herrscher« im Jahr 1165 heiliggesprochen wurde,
bis heute als »Vater Europas« gepriesen. Tatsächlich sieht seine
Bilanz jedoch düster aus, wenn man das karolingische und
nachkarolingische Europa mit den damaligen Zentren des arabischen Kulturraums vergleicht.[113] Denn trotz des aggressiven
Monotheismus, den Mohammed vorgegeben hatte, konnte sich
im islamischen Herrschaftsraum vom 8. bis 11. Jahrhundert eine
bemerkenswerte Form von Pluralität und Weltoffenheit entwi-

ckeln. In Bagdad, Damaskus sowie den Städten von al-Anda-lus[114] kamen Wissenschaft, Philosophie und Kunst zu neuer Blüte. Theologische und philosophische Debatten konnten dort sehr viel freier geführt werden als in Europa. Und obwohl es auch in al-Andalus keine wirkliche Gleichberechtigung unter den Konfessionen gab, fand doch ein reger Austausch unter Muslimen, Christen, Juden und Heiden statt, der die Kultur enorm befruchtete.[115]

Die islamischen Kulturzentren der damaligen Zeit hatten den Vorteil, dass sie das Erbe der griechisch-römischen Antike nicht nur pflegten, sondern mithilfe von syrischen, persischen, indischen und asiatischen Einflüssen erweiterten, während das Vermächtnis der antiken Hochkulturen in Europa nach Theo-dosius mehr und mehr zerstört und durch eine eng interpre-tierte, christliche Monokultur ersetzt wurde. Dies hatte einen nachhaltigen zivilisatorischen Niedergang zur Folge, von dem sich Europa erst in der Renaissance (15. bis 16. Jahrhundert) erholte, als die Antike wiederentdeckt und die Rolle des Indivi-duums gestärkt wurde.

In dieser Zeit der kulturellen »Wiedergeburt« wurde auch der Begriff der *tolerantia* erstmals eingedeutscht – und zwar von Martin Luther (1483–1546), der in der Geschichte der Toleranz eine zentrale, wenn auch höchst ambivalente Rolle gespielt hat: Denn zum einen stand Luther wie kaum ein ande-rer für die »Freiheit des Christenmenschen«, der seinem eige-nen Gewissen folgen muss und sich daher dem katholischen Klerus nicht mehr in blindem Gehorsam unterwerfen kann. Zum anderen aber war Martin Luther selbst alles andere als eine Quelle der Toleranz, wie seine verheerenden Angriffe ge-gen Ketzer, »Hexen«, aufständische Bauern und (vor allem) gegen Juden zeigen.

Wie dem auch sei: Durch Luthers Infragestellung der abso-luten Wahrheits- und Geltungsansprüche des katholischen Klerus wurde der Frage nach der Toleranz eine neue poli-tische Dimension verliehen, denn plötzlich gab es statt der *einen* Mutterkirche zwei große christliche Konfessionen, die sich unversöhnlich gegenüberstanden. Die Spannungen zwischen Katholiken und Protestanten führten sehr bald zu heftigen kriegerischen Auseinandersetzungen, die 1555 für kurze Zeit durch den »Augsburger Religionsfrieden« unterbrochen wurden.

Unter der Formel »Cuius regio, eius religio« (Wer das Land regiert, soll auch über den Glauben bestimmen) duldeten die katholischen und protestantischen Fürsten zwar noch nicht die Glaubensfreiheit ihrer Untertanen, aber immerhin versprachen sie untereinander, die unterschiedlichen Glaubensauffassungen zu tolerieren. Der Friede hielt allerdings nur für kurze Zeit: Nach einigen Scharmützeln im Vorfeld brach 1618 der Dreißigjährige Krieg aus, in dessen Folge etwa ein Drittel der Gesamtbevölkerung des »Heiligen Römischen Reichs« umkam. Im »Westfälischen Frieden« von 1648, der dieses grausige Abschlachten beendete, wurde neben der katholischen und der lutherisch-protestantischen Konfession zusätzlich noch die reformiert-protestantische (auf Ulrich Zwingli und Johannes Calvin zurückgehende) Konfession als gleichberechtigt anerkannt, wodurch die Fürsten noch mehr Gelegenheit erhielten, sich in Toleranz zu üben.

Das galt auch für die Bevölkerung in den Reichsstädten, in denen verschiedene Konfessionen nebeneinander existierten. Auf diesem städtischen Nährboden einer zunehmenden kulturellen Vielfalt entwickelte sich später der Toleranzgedanke der Aufklärung, den der preußische König Friedrich der Große (1712–1786) auf die schöne Formel brachte, jeder solle »nach seiner Façon selig werden«.

Ausgelöst durch die starken politischen und konfessionellen Konflikte war es allerdings schon lange zuvor zu einem bemerkenswerten Boom der Toleranz-Literatur gekommen. Erasmus von Rotterdam (1466–1536) hatte bereits Anfang des 16. Jahrhunderts versucht, die Spannungen zwischen den Konfessionen abzumildern, indem er allzu rigide religiöse Dogmen als »Torheiten des Glaubens« auswies.[116] Sein Freund Thomas Morus entwarf 1516 die fiktive Gesellschaft Utopia, die sich auf säkulare (weltliche) Grundsätze stützte, um eine weitgehende religiöse Toleranz zu ermöglichen (welche sich freilich nicht auf »Atheisten« erstreckte, denen, so Morus, moralische Grundsätze »keinen Pfifferling« wert seien, da sie ja nicht befürchten müssten, von Gott für ihre Vergehen bestraft zu werden).[117]

150 Jahre später entwickelte Thomas Hobbes (1588 – 1679) die Idee eines *Gesellschaftsvertrags*, von der er hoffte, dass sie die Feindseligkeiten unter den Religionen beseitigen könne. Hobbes' Grundgedanke dabei war, dass die Gesellschaftsmitglieder ihre Rechte vernünftigerweise an einen aufgeklärt-absolutistischen Herrscher abtreten sollten, um ihm die Macht und Autorität zu verleihen, den Frieden zu sichern und die Bürger vor gegenseitigen Übergriffen zu schützen.[118] Schon bald darauf unternahm Baruch de Spinoza (1632 – 1677) einen ersten Versuch, die Idee des Gesellschaftsvertrags zu *demokratisieren*, indem er das Volk zum Souverän machte und die Freiheit des Individuums (nicht zuletzt auch in Glaubensfragen) als vorrangiges Ziel des Staates bestimmte.[119]

John Locke (1632 – 1704) vertrat als Verfechter der konstitutionellen Monarchie eine Art »Mittlerposition« zwischen Hobbes und Spinoza. In seinem viel zitierten *Brief über Toleranz* führte er aus, dass es die vornehme Aufgabe der Regierung sei, Leben, Freiheit und Eigentum aller Gesellschaftsmitglieder gleichermaßen zu schützen, dass sie jedoch nicht in das religiöse Leben ihrer Bürger eingreifen dürfe, ohne ihre Kompetenzen zu überschreiten. Interessanterweise nahm Locke von seinem Plädoyer für die Toleranz nicht nur *Atheisten* aus, sondern auch *Katholiken*, da er eine Machtübernahme der katholischen Kirche befürchtete, was, wie er meinte, zwangsläufig zu einer Verfolgung Andersgläubiger führen würde.[120]

Im 18. Jahrhundert wurde der Toleranzgedanke von aufklärerischen Philosophen und Schriftstellern wie Voltaire (1694 – 1778), Rousseau (1712 – 1778), Lessing (1729 – 1781) und Kant (1724 – 1804), aber auch von politischen Intellektuellen wie Thomas Paine (1737 – 1809) und Thomas Jefferson

(1743–1826) weiterentwickelt. So fand er schließlich Eingang in die wichtigen politischen Dokumente dieser Zeit, etwa die Amerikanische Unabhängigkeitserklärung von 1776 oder die französische Erklärung der Menschen- und Bürgerrechte von 1789.

Im 19. und 20. Jahrhundert kam es – wenn auch unterbrochen durch die Zeit des Totalitarismus – allmählich zu einer Erweiterung des Anwendungsbereichs der Toleranz. Hatte sich die Debatte zuvor vorrangig um die Frage gedreht, ob abweichende religiöse oder weltanschauliche Überzeugungen geduldet werden konnten, ging es nun sehr viel allgemeiner darum, welche Formen der »Andersartigkeit« auf anderen Gebieten, etwa im sexuellen Bereich, toleriert wurden und welche nicht.

Es musste noch viel Zeit vergehen, bis die westlichen Gesellschaften auch hier zu einer toleranteren Haltung fanden. So wurden in Westdeutschland von 1950 bis in die späten 1960er-Jahre etwa 100 000 Strafverfahren gegen Homosexuelle angestrengt, weil man davon ausging, dass die Duldung gleichgeschlechtlicher Liebe die »sittlich-moralische Grundordnung« gefährden könne, was unzählige Existenzen vernichtete und nicht wenige Betroffene in den Suizid trieb.[121] Der Straftatbestand des sogenannten Anti-Schwulen-Paragrafen 175 StGB wurde zwar in den Folgejahren entschärft, doch es dauerte noch bis 1994, bis er gänzlich aus dem Strafgesetzbuch verschwand.

## Die Grenzen der Toleranz

Ende des 20. Jahrhunderts hatte der positive Gebrauch des Wortes »Toleranz« seinen Höhepunkt erreicht. Westeuropäern erschien Toleranz beinahe als ein Wert an sich, das heißt als eine in jeglicher Hinsicht begrüßenswerte Tugend. Die Erweiterung der Toleranzräume, die in den vorangegangenen Jahrzehnten und Jahrhunderten stattgefunden und zu einer bemerkenswerten Aufhebung von Diskriminierungen geführt hatte, wurde selbst von konservativeren Bevölkerungsteilen als Zeichen des gesellschaftlichen Fortschritts interpretiert. Dies änderte sich jedoch nachhaltig mit den *Terroranschlägen des 11. September 2001*. Immer häufiger stand nun die bange Frage im Raum, ob eine freie, tolerante Gesellschaft genug Widerstandskraft aufbringen könne, um sich gewaltbereiten Islamisten entgegenzustellen. War es denn nicht so, dass die offene Gesellschaft hier eine »offene Flanke« bot, dass sie ihren Feinden viel zu viele Freiheiten einräumte, um die Freiheit zu untergraben?

Neu war diese Frage freilich nicht. Karl Popper (1902 – 1994) hatte sie bereits 1945 vor dem Hintergrund des Faschismus aufgeworfen. In seinem berühmten Buch *Die offene Gesellschaft und ihre Feinde* beschrieb er das »Paradoxon der Toleranz«, das er darin sah, dass »uneingeschränkte Toleranz ... mit Notwendigkeit zum Verschwinden der Toleranz« führt. Und so rief er, um die offene Gesellschaft zu schützen, dazu auf, »im Namen der Toleranz das Recht für uns in Anspruch [zu] nehmen, die Unduldsamen nicht zu dulden«.[122]

Ganz in diesem Sinne wurde in den Jahren nach 2001 der Ruf nach den *Grenzen der Toleranz* immer lauter, was durch die regelmäßig aufflackernden Debatten um islamistische Bombenattentate und Menschenrechtsverletzungen, um antidemokratisch strukturierte Parallelgesellschaften, Hasspredigten, Ehrenmorde und Zwangsheiraten verstärkt wurde. Der allgemeine Aufruf zu mehr Toleranz, der wenige Jahre zuvor noch als Ausdruck einer progressiven Gesinnung verstanden worden war, wurde nun zunehmend angegriffen als eine versteckt reaktionäre Haltung, die von Opportunismus, Kulturrelativismus, Feigheit und Ignoranz gekennzeichnet ist.

Dabei zählten viele dieser Kritiker der »falschen Toleranz« nicht zu den üblichen Verdächtigen, denen man prinzipiell intolerantes und rückwärtsgewandtes Denken unterstellen könnte.[123] Ihnen ging es weder um die »Rettung des christlichen Abendlandes« noch um eine (wie auch immer geartete) »deutsche Leitkultur«, sondern um die Wahrung der Prinzipien der offenen Gesellschaft, die, wie schon Popper gezeigt hatte, Toleranz dauerhaft nur unter der Voraussetzung ermöglichen kann, dass bestimmte Formen der Intoleranz nicht toleriert werden.

Wo aber liegt die Grenze zwischen dem, was *toleriert werden muss*, und dem, was *nicht mehr toleriert werden darf*? Zur Beantwortung dieser Frage ist es zweckmäßig, für einen kurzen Moment die komplexen philosophischen, religiösen und politischen Definitionen von Toleranz[124] auszublenden und stattdessen den nüchternen technologischen Sprachgebrauch heranzuziehen: Ingenieure definieren Toleranz als *zulässige Abweichung vom Nennmaß*. In einem technischen System bezeichnet Toleranz den Freiheitsspielraum, innerhalb dessen eine Abweichung vom Normzustand unproblematisch ist, das heißt keine Gegenregulierung erforderlich macht.

Was kann man darunter verstehen? Nun, nehmen wir an, der Normwert eines Bauteils innerhalb eines technischen Systems beträgt 10,5 Zentimeter, wobei *über* dem oberen Grenzwert von 10,6 Zentimeter ebenso Probleme entstehen wie *unter* dem unteren Grenzwert von 10,4 Zentimeter. Der *Toleranzraum* für die Bauteile beträgt also insgesamt 0,2 Zentimeter ein Millimeter nach oben, ein Millimeter nach unten. Um herauszufinden, ob ein bestimmtes Bauteil tolerabel ist, muss also bestimmt werden, wo die Grenzen der Belastbarkeit eines Systems liegen. Irrt man sich in dieser Einschätzung, kann es passieren, dass einem das gesamte System, im schlimmsten Fall vielleicht ein Atomkraftwerk, um die Ohren fliegt.

Im Grunde lässt sich dieses Beispiel aus dem Bereich der Technik leicht auf die politisch-weltanschauliche Debatte übertragen: Auch hier gilt, dass Toleranz nur über die *Grenzen der Belastbarkeit eines Systems* definiert werden kann. Wenn wir bewerten wollen, ob etwas tolerabel ist oder nicht, müssen wir die *Grenzwerte* bestimmen, die nicht überschritten werden dürfen, ohne die Funktionalität des Gesamtsystems zu gefährden.

Wo diese Grenzwerte liegen, ist natürlich *abhängig von dem System*, dessen Funktionalität geschützt werden soll – was wiederum erklärt, warum die Grenzen der Toleranz im Verlauf der

Geschichte so unterschiedlich gezogen wurden: *John Locke* zum Beispiel ging es um die Aufrechterhaltung der konstitutionellen Monarchie in England und der eng mit ihr verknüpften anglikanischen Staatskirche, was dazu führte, dass der große Theoretiker der Toleranz weder Atheisten noch Katholiken tolerieren konnte. Die *Regierung Adenauer* wollte in den 1950er- und 1960er-Jahren eine an alten christlichen Werten orientierte »sittliche Grundordnung« schützen, weshalb sie meinte, homosexuelle Handlungen unter Männern nicht dulden zu dürfen. Das *Regime in Saudi-Arabien* wiederum versucht, die herrschaftsstabilisierende Kooperation zwischen wahhabitischem Klerus und saudischem Königshaus aufrechtzuerhalten, weshalb es unter keinen Umständen tolerieren kann, dass liberale Denker wie Raif Badawi für Menschenrechte, Säkularismus und eine offene Streitkultur eintreten.

Aus der *Binnenlogik der jeweiligen Systeme* ist es durchaus nachvollziehbar, warum die Grenzen der Toleranz so und nicht anders gezogen wurden. Heißt das aber nun, dass Toleranz und Intoleranz *nur in Relation zu spezifischen Systemen* betrachtet werden können und dass man *unabhängig davon* gar nicht sagen kann, welche Gesellschaftsform toleranter bzw. intoleranter ist? Könnte man also beispielsweise behaupten, dass *Saudi-Arabien an sich gar nicht intoleranter ist als Deutschland*, sondern nur eine *andere Form von Toleranz* aufweist, ja, dass sich die jeweiligen Ausprägungen von Toleranz und Intoleranz sogar gegenseitig aufheben, da Liberale militante Wahhabiten ebenso wenig dulden können wie diese Liberale?

Nun, ein solcher strikt relationistischer Toleranzbegriff würde das Wesentliche übersehen, nämlich den *höchst unterschiedlichen Spielraum des Tolerablen innerhalb eines Systems*. Um im Bild der eben gebrauchten technologischen Metapher zu bleiben, könnte man sagen, dass die tolerierbare Normabweichung in Saudi-Arabien allenfalls bei *einem Millimeter* liegt, in Deutschland hingegen bei *einem Meter*. Daher können, ja: müssen, Liberale sehr viel eher in der Lage sein, Wahhabiten zu tolerieren als Wahhabiten Liberale.

Offene Gesellschaften zeichnen sich dadurch aus, dass sie ihren Mitgliedern nicht nur einen größeren Toleranzraum *gewähren*, sondern ihnen auch ein höheres Maß an Toleranz *abverlangen*. Ob eine bestimmte Denkhaltung den eigenen Überzeugungen entspricht, kann in einer offenen Gesellschaft daher nicht die Richtschnur für ihre Duldung sein. Im Gegenteil: Gerade deshalb, weil sie *nicht* mit der eigenen Überzeugung übereinstimmt, muss sie ja *toleriert*, also *ertragen* werden. Aus diesem Grund war die Schwulenverfolgung unter Adenauer auch in einem objektiven Sinne *intolerant*. Denn in ihr zeigte sich ein erstaunliches Unvermögen der damaligen Politiker, Verhaltensweisen und Lebensstile aushalten zu können, die den eigenen (zeitbedingten) Vorstellungen von »Sittlichkeit« widersprachen.

Man kann es gar nicht deutlich genug betonen: Für die Frage der Toleranz ist es in einer offenen Gesellschaft völlig unerheblich, ob bestimmte Haltungen oder Handlungen als »unmoralisch«, »unsittlich« oder »irrational« eingestuft werden – entscheidend ist vielmehr, ob sie geschützte Rechtsgüter verletzen oder nicht. In diesem Sinne muss man auch die »Große Strafrechtsreform« in Westdeutschland verstehen, in deren Folge Ende der 1960er-, Anfang der 1970er-Jahre die damals noch existierenden »Sittlichkeitsparagrafen« (u. a. »Ehebruch«, »Kuppelei«, »Unzucht zwischen Männern«, »Verbreitung unzüchtiger Schriften«) aus dem Strafgesetzbuch gestrichen wurden.

Die Reform stieß natürlich auf erbitterten Widerstand konservativer Kreise, aber sie war ein wichtiger Schritt hin zu einer offeneren Gesellschaft, in der sich der Rechtsstaat nicht mehr als *Moralwächter* begreift, sondern als *ethischer Schiedsrichter*, dessen Aufgabe es nicht mehr ist, für »Zucht und Ordnung« zu sorgen, sondern die Einhaltung der für das Zusammenleben erforderlichen Spielregeln sicherzustellen. Im Sinne von Willy Brandts Aufruf »Mehr Demokratie wagen!« stärkte der Staat damals die individuellen Selbstbestimmungsrechte und erweiterte den Toleranzrahmen, gerade auch in sexueller Hinsicht.

Auf diese Weise konnte sich das für die offene Gesellschaft konstitutive *Prinzip des Liberalismus* durchsetzen, welches besagt, *dass mündige Bürgerinnen und Bürger tun und lassen dürfen, was sie wollen, solange es ihnen nicht mit guten rechtsstaatlichen Gründen verboten werden kann.*[125]

Wie gesagt: Moralische Vorbehalte, aber auch weltanschauliche Differenzen oder politische Aversionen zählen *nicht* zu den guten rechtsstaatlichen Argumenten. Die Rechte des Einzelnen können in einer offenen Gesellschaft nur dann eingeschränkt werden, wenn die Rechte anderer verletzt werden. Hierbei ist peinlich genau darauf zu achten, dass alle Gesellschaftsmitglieder gleichen Zugang zum Recht haben. Denn für die offene Gesellschaft ist auch das *Prinzip des Egalitarismus* konstitutiv. Dieses verlangt, dass *gleiche Interessen gleich berücksichtigt* werden, weshalb Diskriminierungen, etwa aufgrund von Geschlecht, Alter, Herkunft, Weltanschauung oder sexueller Orientierung, aufzuheben sind.[126]

Hinter diese *Prinzipien der Liberalität* und *Egalität* darf eine offene Gesellschaft nicht zurückfallen, sonst beschädigt sie sich selbst. Zwar mag es uns schwerfallen, Rassisten, Faschisten, Islamisten als gleichberechtigte Gesellschaftsmitglieder zu betrachten, aber gerade darin liegt ja das Wesen der Toleranz: *Sie ist eine Last, die es zu ertragen gilt.*

Zu ihrem eigenen Schutz hat die offene Gesellschaft Rechtssysteme entwickelt, die regeln, welche Verhaltensweisen geduldet werden können und welche nicht. Man könnte es sich also einfach machen und formulieren: Wer sich ein Bild von den Grenzen der Toleranz machen möchte, braucht nur in das Strafgesetzbuch zu schauen, denn dort steht ja schwarz auf weiß geschrieben, was noch zu tolerieren ist und was nicht mehr toleriert werden darf.

Ganz so einfach ist die Sache aber nicht. Denn *zum einen* gibt es neben dem Rechtssystem einige weitere Institutionen mit eigenen Normen, die wir nicht über Gebühr strapazieren dürfen. Hierzu zählt zum Beispiel das öffentliche Bildungssystem, auf das ich später noch eingehen werde.[127] *Zum anderen* sollten wir erkennen, dass die Fokussierung auf die Unterscheidung zwischen dem Tolerierbaren und dem Nicht-Tolerierbaren unsere Perspektive unzulässig verengt, was dazu führt, dass wir den Grenzverlauf der Toleranz höchst unvollständig wahrnehmen.

Denn es gibt nicht nur *eine*, sondern *zwei* Grenzen der Toleranz: Die *erste Grenze* verläuft, wie wir gesehen haben, zwischen dem, was *toleriert werden muss,* und dem, was *nicht mehr toleriert werden darf.* Die *zweite Grenze* hingegen markiert den Unterschied zwischen dem, was *toleriert werden muss,* und dem, was *akzeptiert werden kann.* Scheidet die erste Grenze das *Tolerierbare* vom *Nicht-mehr-Tolerierbaren,* trennt die zweite Grenze *Toleranz* von *Akzeptanz.*

## Toleranz versus Akzeptanz

Bedauerlicherweise wird diese zweite Grenze in der Regel kaum beachtet, obwohl sie für das Funktionieren einer offenen Gesellschaft essenziell ist. Schärfen wir daher unser Begriffsverständnis: Das Wort »Akzeptanz« leitet sich vom lateinischen »accipere« ab, das »annehmen«, »übernehmen«, »gutheißen« bedeutet. Die Differenz zur Toleranz liegt auf der Hand: Was man *akzeptiert,* das *toleriert* oder *duldet* man nicht bloß, man ist mit ihm *einverstanden,* es ist keine Last, die man ertragen müsste, kein Leid, dem man entfliehen möchte. Das Akzeptierte heißt man gut, man erweist ihm *Respekt,* was gegenüber dem bloß Tolerierten nur um den Preis der Selbstverleumdung möglich wäre.

Nimmt man beide Grenzen der Toleranz in den Blick, wird klar, dass die Grenzziehung sowohl hier wie dort misslingen kann. Das heißt: Manchmal, wenn auch das Nicht-Tolerierbare geduldet wird, geht Toleranz *zu weit,* manchmal jedoch reicht sie nicht aus, nämlich dann, wenn etwas, das eigentlich *akzeptiert* werden sollte, bloß *geduldet* wird. Eben dies hatte auch Johann Wolfgang von Goethe (1749–1832) im Sinn, als er in seinen *Maximen und Reflexionen* schrieb: »Toleranz sollte nur eine vorübergehende Gesinnung sein: sie muss zur Anerkennung führen. Dulden heißt beleidigen.«[128]

Anders als Goethe war den Verantwortlichen der *ARD-Themenwoche Toleranz* diese *Differenz von Toleranz und Akzeptanz* offenbar nicht bewusst. Denn nur so kann man sich erklären, warum sie 2014 zur Bewerbung ihrer Toleranz-Themenwoche Großplakate einsetzten, die u. a. einen dunkelhäutigen Mann, ein schwules Paar und einen Rollstuhlfahrer zeigten.[129] Sicherlich war es anders gemeint, doch die Plakate stellten in der Tat eine Beleidigung für Schwarze, Schwule und Behinderte dar, die selbstverständlich ein Anrecht darauf haben, nicht bloß *toleriert*, sondern *akzeptiert* zu werden. Wer sie bloß toleriert, also als *Last* begreift, die man *ertragen* müsste, missachtet den *Gleichheitsgrundsatz,* auf dem die offene Gesellschaft gründet.

Heißt das aber nun, dass man Goethes Maxime, Toleranz in Akzeptanz zu überführen, immer und überall beachten müsste? Keineswegs, denn auch dies würde die Streitkultur gefährden. Warum? Weil ein *fruchtbarer Widerstreit der Ideen* nur unter der Voraussetzung möglich ist, dass es unterschiedliche Meinungen gibt, die sich gegenseitig *nicht akzeptieren,* sondern allenfalls *tolerieren.*

So kann ich es als rational denkender Mensch zwar *tolerieren,* dass Hardcore-Kreationisten meinen, die Erde sei zu einem Zeitpunkt entstanden, als unsere Vorfahren bereits das erste Bier brauten,[130] doch *akzeptieren,* also *gutheißen,* kann ich solche Wahnideen nicht. *Akzeptieren kann und muss* ich hingegen sehr wohl, dass jede Bürgerin und jeder Bürger das Recht hat, solche seltsamen Dinge zu glauben und diesen Glauben auch öffentlich zu artikulieren. Umgekehrt müssen natürlich auch Kreationisten *akzeptieren,* dass ich das Recht habe, ihre Glaubensüberzeugungen zu kritisieren, selbst wenn sie meine Aussagen als schlimme Beleidigung verstehen und insofern nur *tolerieren* können.

Damit ist ein wichtiges Stichwort gefallen: Dass irgendjemand irgendetwas als *Beleidigung* empfindet, kann in einer offenen Gesellschaft, für sich genommen, kein vernünftiges

Gegenargument sein, *denn Beleidigungen sind nun einmal der Preis der Toleranz.* Wir alle müssen damit leben, dass unsere Auffassungen von anderen nicht akzeptiert, sondern als »irrational«, »inhuman« oder »gottlos« verworfen und daher bloß geduldet werden. Wer nicht in der Lage ist, diese Last zu ertragen, beweist damit nur, dass ihm das für die offene Gesellschaft erforderliche Maß an Toleranz fehlt.

Aus diesem Grund wäre es ein verhängnisvoller Fehler, würde die Politik der immer wieder erhobenen Forderung nachgeben, *verletzbaren »religiösen Gefühlen«* mit größerem Respekt zu begegnen. Diese Forderung untergräbt nämlich wie kaum eine andere die Grundlagen einer offenen Streitkultur. Sie verhindert nicht nur den freien Austausch der Argumente und reduziert die Chancen, alternative Sichtweisen kennenzulernen, sondern nimmt tragischerweise gerade jenen Kräften, die sich besonders schwer damit tun, andere Auffassungen zu ertragen, eine wunderbare Gelegenheit, sich in Toleranz zu üben. Wem also ernsthaft daran gelegen ist, die Tugend der Toleranz zu stärken, der sollte religionskritische Satiren nicht verbieten, sondern sie aktiv fördern.[131]

*Respekt* ist in unserer Gesellschaft an einer völlig anderen Stelle geboten: Selbstverständlich sollten wir *jedem einzelnen Menschen* mit Respekt begegnen, denn das gebietet die Menschenwürde. Dies bedeutet jedoch keineswegs, dass wir die *Überzeugungen und Handlungen* eines jeden Menschen respektieren, also achten und wertschätzen müssten. Schließlich hat vieles, was Menschen tun, aus einer aufgeklärten Sicht keinerlei Respekt verdient – und genau das muss in einer Streitkultur auch klar und ohne Furcht vor verletzten Gefühlen artikuliert werden können.

Man sollte es sogar als Ausdruck des *besonderen Respekts* gegenüber dem Mitmenschen begreifen, wenn man ihm keinen *falschen Respekt* vorgaukelt. Derjenige nämlich, der den Mut hat, dem anderen *respektlos* seine Meinung zu sagen, zeigt gerade dadurch, dass er ihn als *gleichwertigen Diskussionspartner respektiert* – statt ihn wie ein kleines Kind zu behandeln, von dem man glaubt, dass man ihm gewisse Dinge vorenthalten muss.

## Die Kunst der zivilisierten Verachtung

Der Philosoph Carlo Strenger (*1958) hat die Grundhaltung, um die es mir geht, auf den schönen Begriff »zivilisierte Verachtung« gebracht. Unter »zivilisierter Verachtung« versteht Strenger »die Fähigkeit, zu verachten, ohne zu hassen oder zu dehumanisieren«.[132] Voraussetzung dafür ist, dass sich die Verachtung nur »gegen Meinungen, Glaubensinhalte oder Werte« richtet und nicht »gegen die Menschen, die sie vertreten«.[133]

Damit löst sich ein scheinbarer Widerspruch auf, der dem einen oder anderen vielleicht aufgefallen ist: *Einerseits* hatte ich dargelegt, dass das bloße Beleidigtsein in einer Streitkultur kein Argument, sondern der Preis der Toleranz sei. *Andererseits* hatte ich die Plakate der ARD-Themenwoche dafür kritisiert, dass sie Schwarze, Schwule und Behinderte beleidigten. Der entscheidende Punkt dabei ist natürlich, dass sich die Herabsetzung in diesem Fall auf die *Menschen selbst* bezog, statt auf die *Werte oder Meinungen,* die sie vertreten.

Verboten ist Letzteres jedoch nicht. Die offene Gesellschaft geht in ihren Freiheitsgarantien so weit, dass sie ihren Bürgerinnen und Bürgern auch das Recht einräumt, Schwarze, Schwule oder Behinderte *als Menschen zu verachten.* Allerdings: Eine solche Verachtung ist keineswegs *zivilisiert.* Sie widerspricht dem Wesenskern der offenen Gesellschaft. Aus einer freiheitlichen Perspektive ist daher festzuhalten: Wer zum Beispiel Schwule (aus welchen Gründen auch immer) nicht *akzeptiert,* sondern bloß *toleriert,* der vertritt eine Haltung, die ihrerseits bloß *toleriert,* aber nicht *akzeptiert* werden kann. Ebenso klar sollte sein: Wer homosexuelle Menschen so tief verachtet, dass er ihre Existenz *nicht einmal tolerieren kann,* der vertritt eine Haltung, die in einer offenen Gesellschaft *nicht einmal toleriert werden darf,* sondern mit allen rechtsstaatlichen Mitteln bekämpft werden muss.

Ich hatte diesen letzten Satz gerade geschrieben, als die Medien die Nachricht verbreiteten, dass ein islamistischer Einzeltäter in einem bei Lesben und Schwulen beliebten Szene-Club in Orlando ein fürchterliches Blutbad angerichtet hat. Der Attentäter Omar Mateen, ein US-Bürger mit afghanischen Vorfahren, erschoss am frühen Morgen des 12. Juni 2016 49 Menschen und verletzte 53 weitere teils schwer. An seinen »heiligen« Motiven wollte der Terrorist keinen Zweifel aufkommen lassen, weshalb er kurz vor dem Eingreifen der Polizei, bei dem er selbst ums Leben kam, einen Treueeid auf Abu Bakr al-Baghdadi, den Anführer der Terrororganisation *Islamischer Staat* (IS), ablegte.

Mit seinem Anschlag folgte Mateen einer unmissverständlichen Anweisung des IS. Drei Wochen bevor der Amerikaner den Pulse-Club in Orlando stürmte, hatte IS-Sprecher Abu Muhammad al-Adnani dazu aufgerufen, den Fastenmonat Ramadan zu nutzen, um durch gezielte Angriffe auf Zivilisten Angst und Schrecken unter den »Ungläubigen« zu verbreiten: »Wisst, dass wir eure Angriffe auf sogenannte ›Zivilisten‹ noch mehr lieben, weil sie effektiver sind. Weil sie mehr Schmerz und Schaden verursachen und weil sie abschrecken. Also, macht weiter, ihr Monotheisten überall. Es könnte sein, dass ihr eine große Belohnung oder sogar den Märtyrertod im Ramadan findet.«[134]

Dass sich Mateen ausgerechnet Schwule und Lesben als Opfer aussuchte, entsprach ebenfalls der Ideologie der IS-Terroristen, die in ihren Herrschaftsgebieten früh dazu übergegangen sind, Schwule von hohen Gebäuden in den Tod zu stoßen. Leider steht der IS mit diesem eliminatorischen Schwulenhass keineswegs alleine da. In den Ländern und Regionen, in denen der politische Islam von besonderer Bedeutung ist, werden homosexuelle Männer mit der Todesstrafe bedroht (in Brunei erst seit 2014, im Iran, in Jemen, Mauretanien, Nord-Nigeria, Saudi-Arabien, Nord-Sudan und den Vereinigten Arabischen Emiraten schon seit geraumer Zeit).

In den meisten muslimisch geprägten Staaten müssen homosexuelle Männer mit Gefängnisstrafen (mitunter sogar mit Auspeitschungen) rechnen. Selbst in den Ländern, in denen homosexuelle Handlungen gesetzlich erlaubt sind (wie der Türkei), sind homophobe Einstellungen stark verbreitet. Diese Haltungen bleiben offenkundig auch dann stabil, wenn Muslime in Gesellschaften leben, die homophobe Vorurteile weitestgehend überwunden haben. So empfinden es mehr als Zweidrittel der in Deutschland lebenden Türken als »schlimm«, wenn ein Mann eine homosexuelle Beziehung zu einem anderen Mann eingeht, die Mehrheit hält Homosexualität für eine »Krankheit«.[135] Fast 60 Prozent der in Westeuropa lebenden Muslime mit türkischem oder marokkanischem Migrationshintergrund lehnen es ab, mit Schwulen befreundet zu sein – bei der einheimischen Vergleichsgruppe liegt die Quote bei zehn Prozent (hier sind es vor allem fundamentalistische Christen, die mit Homosexuellen nicht befreundet sein wollen, aber auch bei ihnen liegt die Ablehnungsquote »nur« bei 30 Prozent).[136]

Wie kann man die besonders hohen Homophobie-Werte unter Muslimen erklären? An den religiösen Quellentexten scheint es nicht zu liegen. Denn wie das Christentum bezieht sich auch der Islam in diesem Punkt vor allem auf die Erzählung von *Sodom und Gomorra,* jenen sagenhaften Städten, von denen das Alte Testament berichtet, sie seien wegen der übermäßigen »Sündhaftigkeit« ihrer Bewohner, insbesondere ihrer homosexuellen Praktiken, von Gott dem Erdboden gleichgemacht worden. (In Anspielung auf diese Geschichte wird Homosexualität in streng religiösen Kreisen noch immer als »Sodomie« bezeichnet.)

Der Koran nimmt in verschiedenen Suren Bezug auf diese Geschichte, und tatsächlich haben sämtliche Rechtsschulen des Islam Homosexualität als »Sünde« eingestuft. Dennoch »fehlte« der islamischen Welt lange Zeit jener eliminatorische Schwulenhass, der für das Christentum über viele Jahrhunderte charakteristisch war. (Schon der erste christliche Kaiser Theodosius, der Verfasser des Edikts *Cunctos populos,* hatte die öffentliche Verbrennung Homosexueller angeordnet, zu konsequenten Schwulenverfolgungen kam es allerdings erst mit Beginn der »Heiligen Inquisition« im 13. Jahrhundert.)

Der deutsche Arabist Thomas Bauer hat darauf hingewiesen, dass man in der arabisch-islamischen Kulturgeschichte zwischen 800 und 1800 »keine Spur von Homophobie« feststellen könne. In tausend Jahren Islamgeschichte sei kein einziger Fall bekannt geworden, in dem ein Mann aufgrund von einvernehmlichem Sex mit einem anderen Mann angeklagt worden sei.[137] Dazu sei es erst 1979 gekommen – dem Jahr der islamischen Revolution im Iran, die nicht nur dem muslimischen Judenhass neuen Auftrieb gab, sondern auch die Schwulenfeindlichkeit in mörderischer Weise befeuerte. Dass im Iran in den letzten knapp 40 Jahren etwa 4000 Homosexuelle hingerichtet wurden,[138] hatte in der Tat großen Einfluss auf das Denken vieler Muslime weltweit, selbst auf diejenigen, die – wie die Anhänger des Islamischen Staats – in schiitischen Geistlichen nur »Teufelsanbeter« erkennen mögen.

Nach dem Anschlag in Orlando veröffentlichte der Lesben- und Schwulenverband in Deutschland (LSVD) eine Pressemitteilung, in der er nicht nur sein Entsetzen angesichts des Blutbads zum Ausdruck brachte, sondern vor allem auch dazu aufrief, »jeder Ideologie der Ungleichwertigkeit entgegenzutreten«, die »in letzter Konsequenz immer wieder zu Gewalt und tödlichem Hass« führe.[139] Dies ist zweifellos richtig. Wer den islamistischen Terror verhindern will, darf sich keineswegs darauf beschränken, Terroristen und ihre Netzwerke zu bekämpfen, sondern muss mit aller Entschlossenheit der Ideologie entgegentreten, die sie zu ihren Taten motiviert. Denn die etablierten Methoden der Terrorabwehr müssen notwendigerweise versagen, wenn die Täter (wie im Fall von Omar Mateen) keinen direkten Zugang zu den Terrornetzwerken haben, sondern die eliminatorische Logik des islamischen Fundamentalismus auf eigene Faust in die Tat umsetzen.

Was aber bedeutet es, der islamistischen »Ideologie der Ungleichwertigkeit« in aller Entschlossenheit entgegenzutreten?

Machen wir uns an dieser Stelle noch einmal die *doppelte Grenze der Toleranz* bewusst: Wie wir gesehen haben, trennt sie auf der einen Seite das *Tolerierbare* vom *Nicht-mehr-Tolerierbaren* und auf der anderen Seite das *Bloß-Tolerierbare* vom *Akzeptierbaren.* Wir haben es also mit drei unterschiedlichen Bereichen zu tun, denen wir jeweils unterschiedlich begegnen sollten:[140]

*Das Akzeptierbare, das Tolerierbare und das Nicht-mehr-Tolerierbare*
Aus der Perspektive der offenen Gesellschaft gibt es *erstens* Haltungen, die in jeglicher Hinsicht zu *akzeptieren,* also *gutzuheißen* sind, weil sie den Prinzipien der offenen Gesellschaften in vollem Umfang entsprechen. Diese Haltungen gilt es zu *verstärken.* Es gibt *zweitens* Haltungen, die *nur zu tolerieren* sind, da sie den Prinzipien der offenen Gesellschaft zwar widersprechen, sie aber in ihrer Funktionstüchtigkeit nicht akut gefährden. Diese Haltungen müssen mit den Mitteln der *zivilisierten Verachtung bestritten* werden, da sie, falls sie die Oberhand gewinnen sollten, eine ernsthafte Gefahr für die offene Gesellschaft darstellen würden. *Drittens* gibt es Haltungen, die *unter keinen Umständen toleriert werden dürfen,* da sie die Prinzipien der offenen Gesellschaft akut bedrohen. Diese Haltungen müssen nicht nur zivilisiert verachtet, sondern mit allen Mitteln *bekämpft werden.* Hier gilt in der Tat die Losung »Null Toleranz!«.

Was heißt dies nun bezogen auf die schwulenfeindliche, islamistische Ideologie, die Omar Mateen zu seiner Gewalttat motivierte? Beginnen wir mit dem *Nicht-mehr-Tolerablen:* Es sollte klar sein, dass Aufrufe zu schwulenfeindlicher Gewalt unter keinen Umständen zu dulden sind. Die Verbreitung derartiger Aufrufe muss daher gestoppt und die Unterstützer solcher Aufrufe müssen – sofern sie greifbar sind – bestraft werden.

In dieser Hinsicht sind in der Vergangenheit leider gravierende Fehler gemacht worden. So hat das Online-Magazin des *Spiegel* Ende 2015 aufgedeckt, dass der IS nicht zuletzt dank europäischer Technik ins Internet kommt und seine Propaganda verbreiten kann.[141] Technisch gesehen wäre es ein Leichtes, diese Internetverbindungen zu kappen. Dass dies bislang nicht geschehen ist, ist wohl nicht nur auf das ökonomische Interesse der Hersteller entsprechender Satellitenanlagen zurückzuführen, sondern auch auf das Interesse der Geheimdienste, die diesen Zugang nutzen, um die Kommunikation innerhalb des IS zu verfolgen. Allerdings geht dieses strategische Konzept längst nicht mehr auf, da die führenden Köpfe des IS zwei wesentliche Dinge begriffen haben, nämlich *erstens*, dass sie auf anderen Wegen in ihre Terrornetzwerke hinein kommunizieren müssen, und *zweitens*, dass eine offensiv-aggressive Internetpropaganda völlig ausreicht, um Extremisten wie Mateen zu verheerenden Anschlägen zu motivieren.

Ein Fehler war es auch, dass die Verbreitung von Gewaltaufrufen gegen Lesben, Schwule und Transsexuelle in den sozialen Netzwerken nicht systematisch unterbunden wurde. Hierzu müssten wohl die Mittel der sogenannten *Cyberpolizei* stark aufgestockt werden. Deren Aufgabe sollte freilich nicht in der Generalüberwachung der Bürgerinnen und Bürger bestehen, die – wie Sascha Lobo in einem wunderbar klaren Kommentar aufgezeigt hat – die absolut falsche Strategie im Kampf gegen den islamischen Terrorismus ist,[142] sondern in der Identifikation jener Teile der Bevölkerung, die Gewaltaufrufe unterstützen oder entsprechende Gewalttaten legitimieren.

Denn so wichtig es auch ist, den *freien Meinungsaustausch* im Internet zu schützen, darf das Netz nicht zu einem *rechtsfreien Raum* verkommen. Deshalb sollte sichergestellt werden, dass diejenigen, die öffentlich zu Gewalt aufrufen oder entsprechende Taten begrüßen, die *Härte des Gesetzes* zu spüren bekommen[143] und (nach entsprechender Verurteilung) als

»potenzielle Gefährder« von den Sicherheitskräften überwacht werden. Der damit verbundene Mehraufwand für Justiz und Polizei könnte zum Teil durch Einschränkungen auf anderen Gebieten ausgeglichen werden, da es mitunter kaum mehr nachvollziehbar ist, welche »Delikte« von den Behörden verfolgt werden und welche nicht. Rationale Maßstäbe scheinen dabei keine allzu große Rolle zu spielen. Denn ein Staatsapparat, der mit höchstem administrativem Aufwand harmlose Haschisch-Raucher oder -»Dealer« kriminalisiert, es jedoch zulässt, dass lebensgefährliche Gewaltaufrufe ungestraft verbreitet werden können, setzt offenkundig Prioritäten, die den Bezug zur Wirklichkeit verloren haben.

Selbstverständlich muss der Rechtsstaat seine Prinzipien nicht nur *online*, sondern auch *offline* verteidigen. Daher sollte er islamische Zentren, die bekanntermaßen islamistische Botschaften verbreiten, noch sehr viel genauer unter die Lupe nehmen. Auch hier darf er es keineswegs dulden, dass Gewaltaufrufe verbreitet oder theologisch legitimiert werden. Er darf es nicht zulassen, dass *Religionsfreiheit* als *Freibrief zur Legitimation von Gewalt* interpretiert wird, sondern muss in derartigen Fällen mit sehr viel größerer Entschiedenheit einschreiten, um intolerante, gewaltverherrlichende Ideologien bereits im Ansatz zu unterbinden.

Freilich: Es ist im Einzelfall nicht leicht zu unterscheiden, ob die homophobe Predigt eines Imams als illegaler, »volksverhetzender« Gewaltaufruf zu werten ist oder als eine in der offenen Gesellschaft zwar illegitime, aber nicht strafbare Äußerung schwulenfeindlicher Ressentiments. Hier stoßen wir an die Grenze, die das *Nicht-mehr-Tolerable* vom *Gerade-Noch-Tolerablen* trennt.

Diese Grenze ist leider sehr durchlässig: Wer gerade-noch-tolerable Ressentiments gegen Schwule vertritt, kann im Zuge eines Radikalisierungsprozesses schnell die Schwelle zum Nicht-mehr-Tolerablen überschreiten. Deshalb darf aus der Tatsache, dass eine offene Gesellschaft schwulenfeindliche Ressentiments *erdulden* muss, keineswegs geschlossen werden, dass sie diese in irgendeiner Weise *akzeptieren*, also widerspruchslos hinnehmen sollte.

Denn wie bereits gesagt: *Eine Verstärkung inakzeptabler Haltungen würde die offene Gesellschaft selbst gefährden.* Schwulenfeindliche Ressentiments bieten dafür ein gutes Beispiel: Einer aktuellen Umfrage zufolge würde die Hälfte der Muslime in Großbritannien Homosexuelle am liebsten hinter Gittern sehen.[144] Bei Muslimen in Deutschland müssen wir anhand der vorliegenden Daten von einer ähnlich hohen Zustimmungsquote für ein Verbot der Homosexualität ausgehen, was in deutlichem Kontrast zur Haltung der nichtmuslimischen Bevölkerungsmehrheit steht.[145] Sollten sich derartige Einstellungen durchsetzen, wäre die offene Gesellschaft schnell Geschichte, da eine Gesellschaft, die Menschen aufgrund ihrer sexuellen Orientierung bestraft, nicht mehr als »offen« zu bezeichnen ist.

Die Gefahr, dass Muslime in Deutschland einen solchen zivilisatorischen Rückschritt in absehbarer Zeit hervorrufen könnten, ist jedoch gering. Immerhin sind nicht einmal fünf Prozent der deutschen Bevölkerung Muslime, von denen wiederum »nur« die Hälfte als homophob einzustufen ist. Es besteht also kein Grund zur Panikmache. Allerdings ist die Situation auch nicht so, dass wir die Hände beruhigt in den Schoß legen könnten. Denn es ist nur schwer abzuschätzen, wie viele der zwei Millionen homophoben Muslime in Deutschland die Grenze vom gerade-noch-tolerierbaren Ressentiment zum nicht-mehr-tolerierbaren Schwulenhass bereits überschritten haben oder in Zukunft überschreiten werden.

Klar ist nur, dass die Verbreitung solcher Ressentiments den Nährboden und die Legitimationsbasis für den islamistischen Hass bildet, weshalb man, wie der LSVD zu Recht darlegte, an der zugrunde liegenden »Ideologie der Ungleichwertigkeit« ansetzen muss, wenn man Gewalttaten gegen Lesben, Schwule, Transsexuelle effektiv verhindern will. Und eben deshalb kann man es gar nicht deutlich genug betonen: Dass zwei Millionen Muslime in Deutschland nicht in der Lage sind, Homosexuelle oder Transsexuelle *als gleichwertige Menschen zu achten,* verdient in einer offenen Gesellschaft keinerlei *Respekt,* sondern *zivilisierte Verachtung.*

Bedauerlicherweise ist zivilisierte Verachtung jedoch eine Kunst, die in unserer Gesellschaft nicht allzu stark verbreitet ist. Während viele Bürgerinnen und Bürger sich überhaupt nicht dafür zu interessieren scheinen, welche Denkhaltungen die offene Gesellschaft bedrohen (was ich im Vorwort als »egozentrischen Tunnelblick« bezeichnet habe), zeigen diejenigen, die es tun, gegenüber Muslimen in der Regel Haltungen, die man entweder als *»unzivilisierte Verachtung«* oder aber als *»unzivilisierte Achtung«* charakterisieren kann.

Dies lässt sich gut an dem unproduktiven Streit zwischen antimuslimischen »Islamkritikern« und promuslimischen »Islamkritik-Kritikern« verdeutlichen: Während die einen ihren *Muslimenhass* nähren, indem sie problematische Positionen, die unter Muslimen überproportional verbreitet sind, unverhältnismäßig *aufbauschen,* neigen die anderen dazu, solche Positionen in fahrlässiger Weise zu *verharmlosen,* um ihre *Wertschätzung* gegenüber Muslimen zu bekunden. Beides verhindert, dass die Kunst der zivilisierten Verachtung eingeübt werden kann. Begehen *die einen* den Fehler, *Muslime als Menschen zu verachten,* was *nicht zivilisiert ist,* begehen die *anderen* den Fehler, selbst *solche Überzeugungen von Muslimen zu achten,* die *nicht zivilisiert sind.*

## Vorsicht vor falscher Nachsicht

Da wir uns in den vorangegangenen Kapiteln mit dem ersten Lager, der Fraktion der Antimuslimisten, bereits ausführlich beschäftigt haben, soll hier noch einmal ein Licht auf die Fraktion der »notorischen Muslimenversteher« geworfen werden, die die *Wertschätzung von Menschen* mit einer *Wertschätzung ihrer Positionen* verwechseln.

Betrachtet man die historischen Hintergründe, kann man leicht nachvollziehen, warum linksliberal denkende Menschen *gerade in Deutschland* für eine solche Verwechslung anfällig sind. Schließlich hatte das Nazi-Regime in kaum mehr steigerungsfähiger Grausamkeit demonstriert, welche Konsequenzen es hat, wenn sich eine Bevölkerungsmehrheit gegen die Interessen von Minderheiten richtet. Eine zentrale Lehre aus der Nazi-Barbarei schien daher zu sein, mit allem Nachdruck dafür zu sorgen, dass derartige Übergriffe im Sinne des Mottos »Wehret den Anfängen!« bereits im Ansatz gestoppt werden.

Dieser an sich begrüßenswerte Einsatz für den *Schutz von Minderheitenrechten* wurde im Laufe der Zeit jedoch so sehr dogmatisiert, dass jede noch so berechtigte *Kritik an Minderheitenpositionen* als *chauvinistischer Angriff der Mehrheitskultur,* kurz: als Ausdruck von *Fremdenfeindlichkeit,* interpretiert wurde. Diese Denkschablone war letztlich verantwortlich dafür, dass in linksliberalen Kreisen lange Zeit kaum jemand wahrhaben wollte, wie stark autoritäre, antisemitische, frauenverachtende oder homophobe Normen in bestimmten muslimischen Communities verankert sind.

Folglich wurden an die nichtmuslimische Mehrheit völlig andere Maßstäbe angelegt als an die muslimische Minderheit: Während Linksliberale Antisemitismus und Schwulenfeindlichkeit in der nichtmuslimischen Bevölkerung in aller gebotenen Schärfe kritisierten, verloren sie meist kein Wort darüber, dass solche Formen der gruppenbezogenen Menschenfeind lichkeit unter Muslimen sehr viel häufiger anzutreffen sind. Mitunter wirkte es beinahe so, als sei es eine politisch progressive Haltung, reaktionäre Normen zu verteidigen, sofern diese nur von einer hinreichend »schutzbedürftigen« Bevölkerungsminderheit vertreten werden.

Zivilisierte Verachtung macht Schluss mit dieser *kulturrelativistischen Betrachtungsweise,* die Schwulenfeindlichkeit unter Muslimen anders bewertet als Schwulenfeindlichkeit unter Christen. Homophoben Muslimen sollte daher ebenso wie homophoben Christen vor Augen geführt werden, dass ihre Haltung in einer offenen Gesellschaft niemals *akzeptiert,* sondern bloß *geduldet* werden kann. Die »Beleidigung«, die mit einer solchen Duldung einhergeht (siehe das Goethe-Zitat »Dulden heißt beleidigen!«), sollte dabei keineswegs kaschiert werden. Im Gegenteil: Wer nicht in der Lage ist, seine Ressentiments gegenüber Schwulen zu überwinden, sollte wissen, dass er für diese Unzulänglichkeit in einer offenen Gesellschaft keinerlei *Respekt* erwarten darf, sondern die *schonungslose Offenlegung der zivilisatorischen Rückständigkeit,* mit der er sich und seinen Glauben blamiert.

Bei all dem muss sich zivilisierte Verachtung, wie bereits geschildert, gegen inakzeptable *Positionen* richten – nicht gegen die *Personen,* die sie vertreten. Diese Unterscheidung fällt vielen schwer. Denn natürlich fühlen sich Menschen oft persönlich angegriffen, wenn Überzeugungen kritisiert werden, zu denen sie sich bekennen. Trotzdem besteht zwischen der *Verachtung von Menschen* und der *Verachtung von Meinungen* ein kategorialer Unterschied. So kann man eine *Ideologie* sehr wohl als Ausdruck tiefster Menschenverachtung verwerfen, ohne deshalb die *Menschen zu verachten* oder gar zu hassen, die dieser Ideologie folgen.

Diejenigen, die diese Differenzierung nicht nachvollziehen können, unterstellen in der Regel, wir könnten uns mit unserem »freien Willen« unabhängig von allen Ursachenzusammenhängen dazu entscheiden, dieser oder jener Überzeugung zu folgen. Tatsächlich aber spricht nichts für diese weitverbreitete Annahme. Denn nach allem, was wir aus der (neuro-)wissenschaftlichen Forschung wissen, gibt es kein feststehendes »Ich«, das als »unbewegter Beweger« über den körperlichen Prozessen schweben und losgelöst von natürlichen Ursachen Entscheidungen treffen könnte.[146] (Dies erklärt auch, warum Menschen bei einer degenerativen Hirnerkrankung wie Alzheimer ihre Persönlichkeit verlieren und nicht mehr in der Lage sind, die Entscheidungen zu treffen, die sie vor dem Beginn der Erkrankung getroffen hätten.[147])

Die Art und Weise, wie wir denken, empfinden, urteilen, die Welt wahrnehmen, ist nun einmal ein Produkt von biologischer Anlage und kultureller Erfahrung. Das heißt auch: Wer es nie gelernt hat, homosexuelle Menschen als gleichwertige Gesellschaftsmitglieder zu verstehen, sondern bereits mit der kulturellen Muttermilch schwulenfeindliche Ressentiments in sich aufgenommen hat, ist gar nicht in der Lage, seine Vorurteile zu überwinden. Wir alle können eben nur *so klug, so human, so weltoffen sein*, wie wir es aufgrund unserer jeweiligen Anlagen und Erfahrungen *sein müssen*. Albert Einstein sah in dieser Erkenntnis eine »unerschöpfliche Quelle der Toleranz«[148] – und hatte damit zweifellos recht. Denn der moralische Vorwurf, den wir gegenüber jenen erheben, die uns als »inhuman« oder »borniert« erscheinen, verliert sofort an Impetus, wenn wir erkennen, dass die derart Kritisierten vor dem Hintergrund ihrer Lebensgeschichte gar nicht die Möglichkeit besaßen, anders zu sein, als sie es *de facto* sind.[149]

Wer sich dieser Tatsache bewusst ist, dem fällt es sehr viel leichter, die Kunst der zivilisierten Verachtung zu praktizieren, also *Nachsicht gegenüber Menschen* walten zu lassen, deren *Einstellungen keinerlei Nachsicht verdienen*. Nachsicht statt Hass ist aus dieser Perspektive selbst jenen Menschen gegenüber geboten, die ihrem Hass in so brutaler Weise Ausdruck verleihen wie der Attentäter von Orlando. Werfen wir, um dies zu verdeutlichen, einen Blick auf die existenziellen Nöte des jungen Mannes, der in den frühen Morgenstunden des 12. Juni 2016 49 Menschen ums Leben brachte.[150]

Omar Mateen fiel schon in der dritten Klasse durch extreme Unruhe und Aggressivität auf. Vier Jahre später wurde er in eine separate Klasse versetzt, um Konflikte mit Mitschülern zu vermeiden. Auf der *Highschool* erhielt er einen Schulverweis, nachdem der Vierzehnjährige eine Schlägerei im Unterricht angefangen hatte. Als Zehntklässler besuchte er eine Schule für verhaltensauffällige Jugendliche, wo er sich unter anderem dadurch hervortat, dass er die Anschläge des 11. September feierte und behauptete, sein »Onkel« Osama bin Laden habe ihm beigebracht, eine AK-47 (das berühmte, von den Taliban in Afghanistan eingesetzte Kalaschnikow-Gewehr) zu bedienen. Auf der Berufsschule, auf der Mateen seine Schulkarriere im Jahr 2003 abschloss, wurde er insgesamt 48 Tage suspendiert, weil er Mitschüler geschlagen und verletzt hatte.

Dass bei Mateen die »Störung des Sozialverhaltens« schon in so frühen Jahren auftrat und sich später möglicherweise zu einer handfesten »antisozialen Persönlichkeitsstörung« entwickelte,[151] deutet auf eine entsprechende biologische Veranlagung hin (fehlende Empathiefähigkeit verbunden mit geringer Impulskontrolle und einer Neigung zu Hyperaggressivität), der man wohl hätte entgegenwirken können, wenn sie durch das Elternhaus nicht zusätzlich noch verstärkt worden wäre. So wurde Mateen von seinem Vater nach den Sympathiebekundungen für Osama bin Laden vor der versammelten Klasse so heftig geschlagen, dass der spätere Attentäter fünf Tage lang der Schule fernblieb.

Es spricht einiges dafür, dass Mateen zumindest bisexuell veranlagt war, was er gegenüber dem streng religiösen Vater, der als Unterstützer der Taliban gilt und sich über den Satellitensender *Payam-E-Afghan* als potenzieller Präsident Afghanistans ins Spiel brachte, nicht eingestehen konnte. Verschiedene Zeugen, u. a. Mateens Ex-Frau Sitora Yusufiy, gaben an, dass Mateen heimlich Schwulenclubs besuchte und in Familienkreisen als »Schwuler« diffamiert wurde. Sollte dies stimmen, muss man davon ausgehen, dass Omar Mateen, der zusammen mit seinem Vater mehrmals wöchentlich die Moschee besuchte, mit dem Massenmord im Pulse-Club versucht hat, seine »inneren Dämonen« zu bekämpfen und als »geläuterter Märtyrer« ins Paradies zu gelangen, statt auf immer und ewig in der Hölle gepeinigt zu werden.

Mit dieser Höllenangst ist Omar Mateen von frühester Jugend an infiziert worden. Dies erklärt auch, warum sein Vater kurz nach dem Anschlag von Orlando eine Videobotschaft verbreitete, in der er die Welt wissen ließ, dass allein Gott das Recht habe, Lesben und Schwule zu bestrafen – nicht aber die Diener Gottes. Mateen senior verstand dies als *klare Abgrenzung* von dem Terrorakt seines Sohnes – dabei war es *gerade diese Denkhaltung,* die Mateen junior dazu veranlasste, wie ein Tollwütiger auf Lesben und Schwule zu schießen.

Der Fall Mateen zeigt in dramatischer Weise, wie eng gerade-noch-tolerierbare Ressentiments gegen Schwule und nicht-mehr-tolerierbarer Schwulenhass miteinander verbunden sind. Selbstverständlich widerspricht nicht nur der militante Schwulenhass des Sohnes, sondern auch das Ressentiment des Vaters fundamental der Idee der Gleichwertigkeit aller Menschen, die für die offene Gesellschaft konstitutiv ist. Denn wie auch könnte Vater Mateen Lesben und Schwule als gleichwertig erachten, wenn er felsenfest davon ausgeht, dass sie nach ihrem Tod *zu Recht* einer ewigen Folter unterworfen werden?!

Die »Toleranz«, die Vater Mateen in seiner Videobotschaft gegenüber Schwulen und Lesben demonstrierte, ähnelt stark der »Toleranz«, die der »heilige« Cyprian im dritten Jahrhundert an den Tag legte. Es handelt sich dabei eben nicht um *echte Toleranz,* die den Anderen als *gleichwertigen Menschen akzeptiert* und sein Anderssein auf ebendieser Grundlage erträgt, sondern um eine *vergiftete Toleranz,* die dem Anderen von vornherein *jegliche Akzeptanz verweigert* und ihn daher auch nur so lange *ertragen kann,* so lange man ihn *ertragen muss.*

Das fromme Ressentiment, das bei Cyprian ebenso deutlich zum Ausdruck kommt wie bei Vater Mateen, ist durch einen unterschwelligen Hass gekennzeichnet, der den Zeitpunkt der Vergeltung bloß ein wenig nach hinten verlagert (spätestens im »Jenseits« soll dann mit der Toleranz endgültig Schluss sein!). Es ist evident, dass diese Form der *vergifteten Toleranz* schnell in *Intoleranz* umschlagen kann, wenn sich die passende Gelegenheit dafür bietet, also das eigentlich Unerträgliche nicht weiter ertragen werden muss. Die Ketzerverfolgungen im mittelalterlichen Christentum und die Schwulenverfolgungen im modernen Islam sind dafür nur zwei Beispiele unter vielen.

Deshalb sollte klar sein: Wer – wie so viele fromme Schwulenverächter weltweit – »die Anderen« nur deshalb erdulden kann, weil er geduldig auf den »Tag der Rache« wartet, an dem »Gott« die »Sünder« erbarmungslos zur Rechenschaft zieht, *der unterschreitet mit seinem Ressentiment den ethischen Mindeststandard jeder halbwegs zivilisierten Gesellschaft.* Angesichts der Tatsache, dass man zu einer solch verqueren Weltsicht nur durch systematische Indoktrination gelangen kann, sollten wir zwar *Nachsicht gegenüber den Personen* walten lassen, die meist von frühester Kindheit an in einer solchen ideologischen Zwangsjacke gefangen sind – die *Haltungen* aber, die sie vertreten, haben *keinerlei Nachsicht verdient.*

## Die Grundlagen einer rationalen Debatte

Bis zu diesem Punkt haben wir uns mit *einem* Aspekt beschäftigt, der nach Carlo Strenger für *zivilisierte Verachtung* kennzeichnend ist. Strenger weist jedoch zu Recht auf einen *zweiten Aspekt* hin, der nicht weniger entscheidend ist: Zivilisierte Verachtung muss nämlich »auf Argumenten beruhen, die zeigen, dass derjenige, der sie vorbringt, sich ernsthaft darum bemüht hat, den aktuellen Wissensstand in relevanten Disziplinen zu reflektieren«.[152] Strenger bezeichnet dies als »Prinzip der verantwortlichen Meinungsbildung«.

Mit der Anforderung, »den aktuellen Wissensstand in relevanten Disziplinen zu reflektieren«, ist natürlich nicht gemeint, dass nur Fachexperten oder »Universalgelehrte« an einer Debatte teilnehmen dürften. Es reicht völlig aus, wenn sich derjenige, der sich mit seinen Argumenten in eine Debatte einbringt, »ernsthaft darum bemüht hat«, einen Überblick über den »aktuellen Wissensstand« zu gewinnen. Denn eine solche ernsthafte Bemühung ist schon ein hinreichender Beleg dafür, dass ein Debattenteilnehmer die Grundlagen der rationalen Streitkultur respektiert. Irrt er sich dennoch in seinen Schlussfolgerungen, ist *freundliche Korrektur* angesagt – nicht *zivilisierte Verachtung.*

*Zivilisierte Verachtung ist nur in jenen Fällen geboten, in denen das Prinzip der verantwortlichen Meinungsbildung selbst missachtet wird,* in denen Debattenteilnehmer sich in Grund und Boden kritisieren, ohne sich um einen halbwegs soliden

Überblick über die Problemlage zu bemühen. Die Verbreitung solch unzivilisierter Diskussionsstile führt zu einer »Streitun-kultur«, in der emotional aufgeladene Stimmungen (»Shit-storms«) sehr viel mehr Gewicht erhalten als empirische Fak-ten, in der Informationen einseitig ausgewählt, Gegenargumente ignoriert und mitunter alle Kriterien vernachlässigt werden, mit denen wir sinnvollerweise zwischen rationalen Hypothe-sen und irrationalen Ideologien unterscheiden können.

In früheren Zeiten, in denen nur wenige Menschen Zugang zum »aktuellen Wissensstand« hatten, hätte man Strengers Grundanforderung an eine rationale Debatte vielleicht noch als Ausdruck eines elitären Denkens kritisieren können. Heute aber, in einer Zeit, in welcher der »aktuelle Wissensstand« oft nur noch einen Mausklick entfernt ist und es zudem sehr viel einfacher geworden ist, sich Literatur zu einem bestimmten Diskussionsthema zu besorgen, ist es keineswegs mehr eine eli-täre Anmaßung, wenn man denjenigen, die in einer Debatte mitreden wollen, abverlangt, sich nach allen Seiten hin zu informieren.

Ebenso wenig sollte man es als elitäre Anmaßung verstehen, wenn man den Teilnehmern einer Debatte abverlangt, dass sie sich über die Gefahr von kognitiven Verzerrungen klar wer-den und entsprechende Maßnahmen einleiten, um derartigen Wahrnehmungstrübungen entgegenzuwirken. Entsprechende Aufrufe verhallen leider oft ungehört im Raum, obwohl sie wesentlich dazu beitragen könnten, die Qualität unserer Dis-kussionskultur zu verbessern.[153]

Dazu nur ein Beispiel unter vielen: Eine der bekanntesten und wirkmächtigsten Ursachen von Fehlwahrnehmungen und Fehleinschätzungen ist der sogenannte Confirmation Bias (zu Deutsch: Bestätigungsfehler). Dieser resultiert aus der Neigung, Informationen so auszuwählen und zu interpretieren, dass die eigenen Vorerwartungen erfüllt werden. Das Problem, das sich daraus ergibt, ist offensichtlich: Die selektive Informations-auswahl verstärkt bereits bestehende Fehlannahmen und ver-hindert, dass sie korrigiert werden können. Wir sind diesem

Fehler bereits begegnet, als wir die Argumente von Islamkriti-kern und Islamkritik-Kritikern untersucht haben. In beiden Gruppen lässt sich nämlich eine starke Tendenz feststellen, nur solche Informationen in der Argumentation zu berücksichti-gen, die mit der eigenen Überzeugung übereinstimmen, was zwangsläufig zu Fehleinschätzungen und ideologischen Einsei-tigkeiten führt.

Erfreulicherweise gibt es im Fall des *Confirmation Bias* ein probates Gegenmittel: Man kann diesen Wahrnehmungsfehler deutlich abmildern, indem man aktiv nach alternativen Infor-mationen sucht und sich darum bemüht, zu jedem Argument, das für die eigene Position X spricht, möglichst starke Gegen-argumente zu finden, die X entkräften. Wer es sich zur Routine macht, für jedes Pro-Argument ein entsprechendes Contra-Argument zu entwickeln, ist sehr viel eher in der Lage, dem *Confirmation Bias* zu entgehen und die eigenen Schlussfolge-rungen auf eine solidere, rationalere Weise zu begründen.

Leider aber kann man nicht jeder kognitiven Verzerrung so einfach entgegenwirken wie dem *Confirmation Bias*. Außer-dem ist zu beachten, dass gerade solche Menschen, die kogniti-ven Verzerrungen am stärksten unterliegen, oft am wenigsten in der Lage sind, diesen Verzerrungen auf die Spur zu kommen. Ein wesentlicher Grund dafür ist der sogenannte *Dunning-Kru-ger-Effekt*.[154] Dieser besagt, dass diejenigen, die sich durch *besondere Inkompetenz* auf einem Gebiet auszeichnen, oftmals auch nicht die *Kompetenz* besitzen, ihre eigene *Inkompetenz* zu erkennen. Man denke etwa an den Orlando-Attentäter Omar Mateen, dessen Weltbild so limitiert war, dass er nicht einmal im Ansatz erkennen konnte, wie limitiert es war.

Was kann man dagegen tun? Nun, man kann es drehen und wenden, wie man will: Gegen den selbstverstärkenden *Dun-ning-Kruger-Effekt* hilft nur die *systematische Irritation von außen*. Offenkundig wurde den Mateens in den drei Jahrzehn-ten, die sie in den USA lebten, ihre verheerende *weltanschau-liche Inkompetenz* niemals vor Augen geführt – vermutlich aus *falschem Respekt* gegenüber ihren reaktionären religiösen

Überzeugungen. Folglich blieben Vater und Sohn Mateen in ihrem *intellektuell beschränkten Bonsai-Universum* gefangen, was sie zu dem tragischen Fehlschluss verleitete, sie besäßen die Kompetenz, über das postmortale Schicksal von Lesben und Schwulen urteilen zu können.

Allem Anschein nach hat niemand ernsthaft den Versuch unternommen, Omar Mateen aus der ideologischen Zwangs-jacke zu befreien, die sein Vater ihm schon im Kindesalter an-gelegt hatte. In den mehr als zehn Jahren, die Mateen auf ame-rikanischen Schulen verbrachte, wurde es offenbar versäumt, ihm das Wissen zu vermitteln, das er so dringend gebraucht hätte, um ein freieres, erfüllteres, von weniger Gewaltfanta-sien geprägtes Leben zu führen. So konnte Omar Mateen nie-mals erfahren, dass es nicht *religiös*, sondern einfach nur *dumm* ist, die Welt des 21. Jahrhunderts aus der Perspektive des 7. Jahr-hunderts zu betrachten.[155] Dass Homosexualität weder eine »Krankheit« noch eine »Sünde« ist, sondern eine biologische Veranlagung, die man sich ebenso wenig aussuchen kann wie eine heterosexuelle Orientierung.[156] Dass Homosexualität nicht nur unter Menschen verbreitet ist, sondern auch unter nichtmenschlichen Tieren (wäre »Allah« wirklich der »Schöp-fer allen Lebens«, müsste man ihm ein gesteigertes Interesse an »sexueller Vielfalt« unterstellen – warum sonst hätte er trans-sexuelle Skorpionsfliegen oder bisexuelle Bonobos erschaf-fen?).[157]

Tragischerweise wurde Omar Mateen auch nicht vermittelt, dass die islamisch-arabische Kultur gegenüber Homosexuellen wesentlich toleranter eingestellt war als das christliche Europa, dass sie eine große Fülle an homoerotischer Literatur hervorge-bracht hat und dass diese Epoche der sexuellen Freizügigkeit erst in der Zeit des Kolonialismus endete, als im 19. Jahrhundert rigorose Moralvorstellungen christlicher Prägung vermehrt in den arabischen Kulturraum vordrangen. Wahrscheinlich hätte Mateen niemals auf Lesben und Schwule geschossen, wenn er gewusst hätte, dass der eliminatorische Schwulenhass, der seit vier Jahrzehnten unter Muslimen grassiert, sehr viel weniger originären »islamischen Wurzeln« geschuldet ist als dem prägenden Einfluss »christlicher Kreuzzügler«.[158]

Diese Erkenntnisse und viele andere mehr, die seinem Leben eine völlig andere Richtung hätten geben können, wurden Omar Mateen niemals nahegebracht. Sein Amoklauf war daher nicht nur das Ergebnis einer gewalttätigen Veranlagung, psychischer Instabilität, ideologischer Indoktrination und autoritärer Erziehung. Die Ursachen lagen auch nicht nur in der leichten Verfügbarkeit schwerer Waffen in den USA oder in der irrsinnigen Nahostpolitik des Westens, die wesentlich zur Entstehung und Verbreitung des Islamismus beigetragen hat. Dass Omar Mateen am 12. Juni 2016 den bisher größten Terroranschlag eines Einzeltäters in den USA verübte, ist nicht zuletzt auch auf das Versagen des amerikanischen Bildungssystems zurückzuführen, das unsinnigerweise einen weiten Bogen macht um wissenschaftliche Erkenntnisse, die überkommene religiöse Weltbilder aus den Angeln heben könnten.

Dies freilich ist keine amerikanische Spezialität. Weltweit wird man kaum Schulen finden, die sich ernsthaft der Aufgabe widmen, *Kinder und Jugendliche dazu zu befähigen, die Weltbilder, die sie von zu Hause mitbringen, mit dem »aktuellen Wissensstand in den relevanten Disziplinen« abzugleichen.* Wir werden zu einem späteren Zeitpunkt analysieren, worin dieses Defizit begründet ist und wie es sich beheben lässt.[159] Allerdings muss man den Schulen nicht nur vorwerfen, dass sie ihren Schülerinnen und Schülern den *Zugang zu jenen Wissensquellen* verwehren, die für ihre Weltorientierung von besonderer Bedeutung wären. Nicht minder dramatisch ist, dass sie ihren Schülerinnen und Schülern zudem auch nicht die *Basiskompetenz* vermitteln, die für eine produktive Streitkultur erforderlich ist, nämlich die *Fähigkeit, sinnvolle von weniger sinnvollen bzw. komplett unsinnigen Aussagen unterscheiden zu können.*

Die Vernachlässigung dieser Basiskompetenz hat die postmoderne Unterstellung genährt, dass es gar keine *Wahrheiten* gäbe, über die man sich *intersubjektiv verständigen könnte*, sondern nur noch *Meinungen*, die von den jeweiligen Subjekten vertreten werden und die man (solange sie sich innerhalb der Rechtsordnung bewegen) irgendwie *tolerieren müsse*. Nun ist es zwar richtig, dass wir in einer offenen Gesellschaft in der Lage sein sollten, viele unterschiedliche Meinungen zu *tolerieren*, aber das heißt natürlich nicht, dass diese Meinungen unter dem Maßstab der Vernunft gleichermaßen zu *akzeptieren* wären.

Der postmoderne Imperativ »Ich bin o. k., du bist o. k.! Lass dem Anderen seine Meinung! Hör auf, zu bewerten!« tritt zwar gerne als *Aufruf zur Toleranz* auf, ist in Wahrheit aber nur ein *Aufruf zur Ignoranz*. Es ist wichtig, sich diesen Unterschied bewusst zu machen. Denn *Ignoranz verhindert Toleranz*. Wer *ignorant* ist, kann gar nicht *tolerant* sein, da er gar nicht um die Lasten weiß, die er womöglich zu erdulden hätte. Durch seine Weigerung, Unterscheidungen anhand klarer rationaler Prinzipien vorzunehmen, ist der Ignorante überhaupt nicht in der Lage zu erkennen, was zu tolerieren ist, was keine Toleranz erfahren darf und was in einer offenen Gesellschaft von allen akzeptiert werden sollte. Mit einem Wort: Er entzieht der rationalen Debatte über Toleranz und Akzeptanz jegliche Grundlage.

Dies allerdings ist eine Haltung, die wir uns auf der Stufe der Zivilisation, die wir mittlerweile erreicht haben, nicht mehr leisten können. Warum? Weil die *rigide Abwehr von Rationalitätskriterien fatalerweise nur den weltanschaulich-politischen Bereich betrifft, aber niemals den Bereich der Technik.* Selbst die größten Propagandisten der Irrationalität verlassen sich, sobald es um technologische Fragen geht, auf die strikte Einhaltung rationaler, wissenschaftlicher Prinzipien. Man denke etwa an die geistliche und politische Elite des Iran – eines Landes, dessen verfassungsmäßiges Staatsoberhaupt (der »12. Imam«) angeblich schon seit dem Jahr 941 (!) »im Verborgenen lebt« und das trotz der himmelschreienden Irrationalität seiner religiös-politischen Ideologie ein hochwissenschaftliches Atomprogramm auf die Beine gestellt hat.[160] Oder an Omar Mateen, der seinen Treueschwur auf den IS über ein Smartphone übermittelte, das nie gebaut worden wäre, wenn sich die beteiligten Ingenieure in ihrer Arbeit von ähnlich irrationalen Prinzipien hätten leiten lassen wie der Besitzer des Handys, der wenige Minuten später im Kugelhagel starb.

Vor etwas mehr als zehn Jahren habe ich das Problem der *halbierten Aufklärung*, das hier zum Ausdruck kommt (Einhaltung rationaler Prinzipien im technologischen Bereich, Missachtung derselben Prinzipien im weltanschaulich-politischen Bereich), folgendermaßen skizziert: »Während wir technologisch im 21. Jahrhundert stehen, sind unsere Weltbilder noch von Jahrtausende alten Legenden geprägt. Diese Kombination von höchstem technischem Know-how und naivstem Kinderglauben könnte auf Dauer fatale Konsequenzen haben. *Wir verhalten uns wie Fünfjährige, denen die Verantwortung über einen Jumbojet übertragen wurde.*«[161]

Es ist in der Tat ein hochgefährliches Spiel, Atome zu spalten und über Satelliten zu kommunizieren, ohne die dafür erforderliche intellektuelle Reife zu besitzen. *Denn je höher der technologische Entwicklungsstand einer Kultur ist, desto größer ist auch ihr Selbstzerstörungspotenzial.*[162] Aus diesem Grund sollten wir heute alle Anstrengungen unternehmen, um dafür zu sorgen, dass die *rationalen Prinzipien, die wir in der Technologie* (unabhängig von Weltanschauungen und politischen Meinungen) *ganz selbstverständlich akzeptieren, auch auf anderen Gebieten berücksichtigt werden.*

Ebendies sollte auch im Zentrum einer zukunftsfähigen Bildungspolitik stehen. Denn die Beachtung von Rationalitätskriterien muss von der Pike auf gelernt und immer wieder neu aufgefrischt werden, damit sie in der täglichen Kommunikation nicht verloren geht. Meines Erachtens sollten dabei die folgenden zehn Grundprinzipien in besonderer Weise berücksichtigt werden:[163]

## Die 10 Gebote der Rationalität

1. *Interne Widerspruchsfreiheit:* Begriffe, Aussagen, Theo-
rien sollten logisch schlüssig (konsistent) sein. Sind sie
in sich widersprüchlich, spricht das gegen ihre Qualität. Uns ist eine solche Widersprüchlichkeit u. a. im Fall
des Begriffs »Kulturrassismus« begegnet, der einander
widersprechende Kategorien, nämlich Diskriminierung
aufgrund von ethnischer Herkunft und Diskriminierung
aufgrund von Kulturmerkmalen, in unzulässiger Weise
miteinander vermischt. Ein solch inkonsistenter Begriff
führt schnell zu fehlerhaften (irrationalen) Anwendun-
gen. So haben wir gesehen, dass Islamkritikerinnen wie
Mina Ahadi als »Rassisten« beschimpft werden, obwohl
sie die Kriterien eines begründeten Rassismus-Ver-
dachts gar nicht erfüllen.[164]

2. *Externe Widerspruchsfreiheit:* Manche Aussagen sind
zwar in sich schlüssig, widersprechen aber der empirischen Faktenlage oder maßgeblichen Erkenntnissen
anderer Forschungsgebiete. So steht die Behauptung,
Homosexualität sei »widernatürlich«, im Widerspruch
zur empirischen Erkenntnis, dass Homosexualität in
der Natur weit verbreitet ist; die Aussage von islamkritischen Verschwörungstheoretikern, alle Muslime
träumten vom Dschihad, im Widerspruch zu empirischen Umfragen; die Mutmaßung von Vorurteilsforschern, es gäbe keinen islamischen Faschismus, im
Widerspruch zu den Ergebnissen der historischen Forschung, usw.

3. *Sparsamkeit des Erklärungsmodells:* Welterklärungs-
modelle sollten elegant sein, das heißt, sie sollten auf
unnötige, ihrerseits erklärungsbedürftige Zusatzannahmen verzichten. Solche Zusatzannahmen werden immer wieder gerne verwendet, um Behauptungen als
»denkmöglich« auszuweisen, die empirisch längst widerlegt sind (also am obigen zweiten Rationalitätskrite-

rium scheitern). Ein Beispiel dafür ist der »Junge-Erde-Kreationismus«, der davon ausgeht, dass die Erde erst vor wenigen Tausend Jahren von »Gott« erschaffen wurde, was allen Befunden der Geologie und Evolutionsbiologie diametral widerspricht.[165] Um ihr Welterklärungsmodell aufrechterhalten zu können, behaupten einige Kreationisten daher, dass die Belege für die Evolution (etwa für die Existenz von Dinosauriern, die vor 66 Millionen Jahren ausgestorben sind) von »Gott« (wahlweise auch vom »Teufel«) nachträglich erschaffen und an die geeigneten Stellen platziert wurden, um den Glauben der Menschen auf die Probe zu stellen. »Denkmöglich« ist dies zweifellos, elegant (und damit rational) sicherlich nicht.[166]

4. *Kritisierbarkeit:* Wir können niemals vollkommen sicher sein, ob das, was wir als wahr erachten, tatsächlich der Realität entspricht. Daher sollten Aussagen so formuliert werden, dass sie überprüft und gegebenenfalls widerlegt werden können. Dieses Kriterium erfüllt der »Junge-Erde-Kreationismus« ebenso wenig wie die *Taqīya*-Verschwörungstheorie, der wir am Anfang des ersten Kapitels begegnet sind. Wer – wie die *Taqīya*-Verschwörungstheoretiker – behauptet, dass alle Muslime vom Dschihad träumen, selbst diejenigen, die dies bestreiten, stellt eine Behauptung auf, die nicht zu widerlegen ist. Ein ähnliches Problem stellt sich, wenn Theologen uns erklären, was »Gott« angeblich will. Denn wer hat recht? Khomeini? Khorchide? Papst Franziskus? Hans Küng? Keiner von ihnen? Es gibt kein rationales Kriterium, um dies zu entscheiden. Der Einzige, der zu diesem Thema ein vernünftiges Statement abgeben könnte, wäre »Gott« selbst. Doch der scheint entweder nicht zu existieren oder es vorzuziehen, sich in solche Streitigkeiten nicht einzumischen.

5. *Vermeidung logischer Zirkel:* Bei logischen Zirkeln dreht sich die Beweisführung im Kreis, was häufig auf eine

problematische Argumentation hindeutet.[167] Als Beispiel für logisch fehlerhafte Zirkel-Argumentationen bietet sich auch hier die *Taqīya*-Verschwörungstheorie an, deren Argumentationsmuster man etwa folgendermaßen rekonstruieren kann: *Aussage 1:* Alle Muslime träumen vom Dschihad, selbst diejenigen, die das Gegenteil behaupten. Warum ist das so? *Begründung 1:* Weil der Koran allen Muslimen den Dschihad abverlangt – und dies ist die einzig mögliche theologische Lesart, die alle Muslime teilen. Warum ist das so? *Begründung 2:* Weil alle Muslime vom Dschihad träumen, selbst diejenigen, die das Gegenteil behaupten – womit die Argumentation wieder an ihrem Anfang angelangt ist.

6. *Möglichst große Willkürfreiheit:* Die Ausrichtung der Argumentation und die Auswahl der Informationsquellen, die zur Untermauerung einer Position herangezogen werden, sollten nicht willkürlich, also nicht nach subjektivem Belieben erfolgen, sondern dem behandelten Thema entsprechen und zumindest ansatzweise die Breite der Debatte widerspiegeln, die zu diesem Thema erfolgt ist. Wer dieses Kriterium nicht beherzigt, gerät schnell in die Fänge des *Confirmation Bias*, wie wir u. a. am Beispiel antimuslimischer Islamkritiker und promuslimischer Islamkritik-Kritiker gesehen haben.

7. *Unparteilichkeit der Argumentation:* Wer rational argumentiert, ergreift Partei für die Stimme der Vernunft – und diese ist nicht unbedingt bei einer bestimmten gesellschaftlichen Gruppierung beheimatet. Rationalität setzt die Fähigkeit voraus, die Güte eines Arguments unabhängig davon beurteilen zu können, wer es äußert. Rational denkende Menschen schert es daher nicht, wenn sie »Beifall von der falschen Seite« bekommen, es sei denn, dies würde dazu beitragen, dass falsche Argumente in der gesellschaftlichen Auseinandersetzung

den Sieg davontragen.[168] Wer nicht in der Lage ist, un-
angenehmen Debattenteilnehmern recht zu geben, wo
sie recht haben, untergräbt die Grundlagen einer rationalen Streitkultur, was, wie wir am Beispiel der AfD
gesehen haben,[169] gerade jenen nutzt, die irrationale
Standpunkte vertreten.

8. *Theoretisches Problemlösungspotenzial*: Manchmal führt
nicht nur *ein* Weg, sondern führen *mehrere* Wege zum
Ziel. In diesen Fällen ist es sinnvoll, *den* Weg einzuschlagen, der die größte Aussicht auf eine befriedigende
Problemlösung verspricht. Ein Beispiel dafür habe ich
im Kapitel *Der islamische Humanismus* angesprochen:
Man kann auf die Verbreitung antihumanistischer Gottesvorstellungen entweder mit einer religionsfreien,
humanistischen Philosophie antworten, die Gottesvorstellungen *per se* infrage stellt (mein Weg), oder mit
einer humanistischen Theologie, die eine alternative
Gottesvorstellung entwirft (der Weg von Mouhanad
Khorchide). Theoretisch scheint mir der philosophische Weg sehr viel rationaler zu sein, da er *erstens* eleganter ist (Kriterium 3), *zweitens* leichter kritisiert werden kann (Kriterium 4) und *drittens* antihumanistischen
Gottesvorstellungen sehr viel wirksamer den Boden
entzieht. Warum? Weil derjenige, der an einen humanistischen Gott glaubt, denjenigen, der an einen antihumanistischen Gott glaubt, zumindest in dem Anspruch
bestätigt, dass man etwas Gehaltvolles über »Gott« aussagen könne. Dies jedoch kann man mit einem ganzen
Arsenal von guten, rationalen Argumenten bestreiten.[170] So gesehen müsste man eigentlich zu der Einschätzung gelangen, dass man *unbedingt* dem philosophischen Weg folgen sollte – wäre da nicht noch ein
weiteres Kriterium …

9. *Praktische Erfüllbarkeit*: Immanuel Kant meinte zwar,
es sei Unsinn zu behaupten, etwas tauge in der Theorie, aber nicht in der Praxis.[171] Man sollte diese Einsicht

aber nicht überinterpretieren. Denn eine Sichtweise, die theoretisch elegant ist, muss real existierenden Menschen deshalb noch lange nicht einleuchten.[172] Dies war und ist der Grund dafür, weshalb ich meine, dass wir sowohl den philosophischen als auch den theologischen Weg zum Humanismus offen halten sollten. Die einen mögen *diesen* Weg bevorzugen, die anderen *jenen*, aber das sollte uns nicht stören, solange beide in etwa zum gleichen Ziel führen.

10. *Einsicht in die Begrenztheit rationaler Erkenntnis*: Wir können die Welt nicht wahrnehmen, wie sie losgelöst von unserer Wahrnehmung existiert. Selbst die ausgefeiltesten wissenschaftlichen Methoden erlauben uns nicht den Zugriff auf die Welt, wie sie »an sich« beschaffen ist. Rational ist daher eine *Erkenntnis, die um ihre eigene Beschränktheit weiß*. Mehr noch: Wer vernünftig denkt, sollte wissen, dass das rationale Denken keineswegs den einzig legitimen Zugang zur Welt darstellt, ja, dass es nicht einmal rational wäre, die Welt ausschließlich aus einer rationalen Perspektive zu betrachten. Da ich in dem Buch *Leibniz war kein Butterkeks* ein ganzes Kapitel darauf verwendet habe, zu begründen, *warum es nicht vernünftig ist, immer vernünftig zu sein*,[173] brauche ich das dort Gesagte nicht noch einmal zu wiederholen. Nur so viel: In vielen Bereichen des Lebens, etwa in der Kunst oder im Spiel, ist es ratsam, die miesepetrige Kontrollinstanz der Vernunft deutlich herunterzufahren. Dabei sollten wir lebensklug genug sein, einige der kognitiven Verzerrungen, die uns das Leben, insbesondere die Liebe, schenkt, mit allen Sinnen zu genießen, statt sie immer und überall zu hinterfragen und dadurch zu zerstören. Eine *partielle Befreiung vom rationalen Rigorismus* würde sicherlich auch einigen Religionskritikern guttun, die mit allergrößtem Argwohn die munteren *Sprachspiele* liberaler Theologen beobach-

ten, obwohl diese sehr viel erträglicher sind als der tödliche *Sprachernst* ihrer fundamentalistischen Kollegen.[174] Um es einmal aphoristisch auszudrücken: Es kann durchaus ein Zeichen von Weisheit sein, »alle fünfe gerade sein zu lassen«, wenn die einzige Alternative der Vernunft darin besteht, den fünften Finger zu amputieren, um den strengen Gesetzen der Mathematik Genüge zu tun.

Ich bin überzeugt: Wenn diese *10 Gebote der Rationalität* in den gesellschaftlichen Debatten stärkere Beachtung finden und in den Bildungsinstitutionen systematisch geschult würden, wären wir einen guten Schritt weiter in Richtung einer modernen, produktiven Streitkultur. Zweifellos bilden diese zehn Rationalitätskriterien auch einen wesentlichen Kern der *Spielregeln des zivilisierten Widerstreits*, von denen ich im Vorwort gesprochen habe. Die nachfolgende Zusammenfassung dieser Spielregeln kann in gewisser Weise auch als eine erste Zwischenbilanz dieses Buchs gelesen werden:

*Die 7 Spielregeln des zivilisierten Widerstreits*
1. *Akzeptiere*, was in einer offenen Gesellschaft unbedingt zu akzeptieren ist, nämlich dass alle anderen das gleiche Recht haben wie du, ihre Meinung zu artikulieren, selbst wenn du diese Meinungen nur schwer ertragen kannst.
2. Betrachte andere Meinungen nicht von vornherein als *Belästigung*, sondern als *Chance*, dein Denken zu erweitern. Glaube nicht, dass du schon allein deshalb im Recht bist, weil deine Meinung von einer Mehrheit geteilt wird. Schließlich haben sich Mehrheiten im Verlauf der Geschichte ebenso geirrt wie Minderheiten.
3. Überprüfe, ob deine Argumente *rationalen Ansprüchen* genügen. Hierzu solltest du infrage stellen, ob sie

intern und extern widerspruchsfrei, elegant, kritisier-
bar, zirkelfrei, willkürfrei, unparteilich, problemlösend,
praktisch erfüllbar und erkenntnistheoretisch bescheiden sind. Lege die gleichen Rationalitätsmaßstäbe an
die Argumente anderer an.

4. Habe *Nachsicht mit Personen*, die in irrationalen und/
oder menschenverachtenden Ideologien gefangen sind.
Denn unter anderen Umständen würde es dir ebenso
ergehen wie ihnen. Bedenke stets, dass keiner von uns
klüger, humaner, weltoffener sein kann, als es vor dem
Hintergrund seiner Anlagen und Erfahrungen möglich
ist.

5. Respektiere Menschen als Menschen, aber *respektiere
auf keinen Fall irrationale und/oder menschenverachtende Ideologien*. Behandle sie vielmehr mit *zivilisierter
Verachtung*, indem du ihre zivilisatorische Rückständigkeit und intellektuelle Beschränktheit in *schonungs-
loser Offenheit* aufzeigst. Denn nur wenn das Lächer-
liche in seiner genuinen Lächerlichkeit erkannt wird,
können diejenigen, die in ideologische Zwangsjacken
eingeschnürt wurden, den *falschen Respekt vor den eigenen Vorurteilen verlieren*.

6. Lerne, *zivilisierte Beleidigungen* zu ertragen und übe
dich in der Kunst, andere in zivilisierter Weise zu beleidigen. Denn Beleidigungen dieser Art sind kein *Ausdruck von Intoleranz*, sondern vielmehr der *Preis der
Toleranz*.

7. Verwechsle *Toleranz* nicht mit *Ignoranz*. Lerne zu
unterscheiden, was in einer offenen Gesellschaft *nicht
toleriert werden darf*, was *nur zu tolerieren ist* und
was *akzeptiert werden sollte*. Trage dazu bei, dass das
Nicht-Tolerierbare *verhindert*, das Nur-Tolerierbare *geschwächt* und das Akzeptierbare *gestärkt* wird.

Haben wir mit diesen *Spielregeln des zivilisierten Widerstreits* schon alles Wesentliche benannt, was für eine effektive Verteidigung der offenen Gesellschaft erforderlich ist? Ganz gewiss nicht. Denn bislang haben wir nur am Rande gestreift, was die offene Gesellschaft in ihrer Kernsubstanz ausmacht. In den kommenden Kapiteln werden wir daher einen etwas genaueren Blick auf die basalen Prinzipien werfen, für die es sich zu streiten lohnt.

# WOFÜR ES SICH ZU STREITEN LOHNT
## Die Prinzipien der offenen Gesellschaft

*Wer für alles offen ist, ist nicht ganz dicht; wer für nichts mehr offen ist, ist dogmatisch erstarrt.* Die offene Gesellschaft muss sich vor beiden Gefahren schützen. Sie muss die Kunst beherrschen, sich weiterzuentwickeln, ohne ihren Wesenskern zu verlieren, offen für Veränderungen zu bleiben, ohne ihre Prinzipien aufs Spiel zu setzen, größtmögliche Freiheit zu gewähren, ohne jenen Kräften Tür und Tor zu öffnen, die darauf hinarbeiten, die Fundamente aller Freiheit zu zerstören.

Als Karl Popper sein epochales Werk über die offene Gesellschaft verfasste, war Letzteres gerade geschehen. Die Nationalsozialisten hatten die Freiheiten, die ihnen die Weimarer Republik gewährte, dazu genutzt, die Demokratie von innen her zu untergraben und durch eine Diktatur zu ersetzen. Auch in Poppers Heimatland Österreich war 1933 die parlamentarische Grundordnung auf parlamentarischem Wege abgeschafft worden. Das klerikofaschistische Regime, das Engelbert Dollfuß in enger Anlehnung an Mussolini in Österreich etabliert hatte, stand zwar in Opposition zu den deutschen Nationalsozialisten (tatsächlich wurde Dollfuß im Juli 1934 auch von Nationalsozialisten ermordet), teilte aber alle wesentlichen Elemente der nationalsozialistischen Ideologie, wenn auch in einer strikt katholischen Variante.[175]

Karl Popper war früh bewusst, dass er als liberaler Philosoph mit jüdischen Wurzeln (seine Eltern waren vom Judentum zum Protestantismus konvertiert) in Österreich seines Lebens nicht mehr sicher war – zumal er fest mit einem Anschluss Österreichs an Nazi-Deutschland rechnete. Daher emigrierte Popper

1937 mit seiner Frau nach Neuseeland, wo er eine (mäßig be-
zahlte) Dozentenstelle an der University of Canterbury antrat.
Von Neuseeland aus versuchte er, Freunde und Verwandte bei
ihrer Flucht vor den Nazis zu unterstützen, konnte aber nicht
verhindern, dass 16 seiner Familienangehörigen dem Holo-
caust zum Opfer fielen.

Den Entschluss, ein Grundlagenwerk über den Unterschied
von totalitären und freiheitlichen Denkprinzipien zu schreiben, fällte Popper am 13. März 1938, dem Tag, an dem er von
Hitlers Einmarsch in Österreich erfuhr.[176] In den folgenden
vier Jahren nutzte er jede freie Minute, um an dem Manuskript
zu arbeiten – auch aus der Angst heraus, dass das mit Nazi-
Deutschland verbündete Japan Neuseeland erobern könnte.
Als Popper sein Werk im Herbst 1942 vollendete, hatte er durch
die ständige Tag- und Nachtarbeit seine Gesundheit gründlich
ruiniert.[177] Jedoch musste er feststellen, dass sich kein Verleger
fand, der dieses mit Blut, Schweiß und Tränen abgerungene
Buch herausbringen wollte. Erst drei Jahre später – ein halbes
Jahr nach dem Ende des Zweiten Weltkriegs – erschien das
Werk, das Popper als seinen »Kriegsbeitrag« verstanden hatte.

Was waren die Gründe dafür, dass gleich mehrere renommierte Verlage ein Buch ablehnten, das heute als *der* Klassiker
der politischen Philosophie im 20. Jahrhundert gilt und das
Popper zu einem der einflussreichsten Intellektuellen weltweit
machte? Offenkundig hatte so mancher Verlag Schwierigkeiten
damit, dass Popper einige der bekanntesten Philosophen der
Geschichte, vor allem Platon, Aristoteles, Hegel und Marx, in
ungewohnter Schärfe attackierte.[178] Sehr viel entscheidender
war aber sicherlich, dass viele Lektoren die Aktualität des
Werks gar nicht erkannten. An dieser Stelle rächte sich, dass
Popper in seinem »Kriegsbeitrag« die eigentümliche Strategie
angewandt hatte, die Ideologien Hitlers und Stalins zu kritisieren, ohne deren Namen überhaupt zu erwähnen.

Statt auf Hitler ging Popper auf Platon ein, der das Konzept des totalitären Staates auf Basis einer anti-egalitären, anti-
demokratischen Klassen- und Rassenideologie bereits 2300

Jahre zuvor entwickelt hatte. Und statt Stalin anzugreifen, wandte er sich gegen Marx, der das Modell eines vorbestimmten Ablaufs der Geschichte propagiert, die Idee der »offenen Zukunft« untergraben und auf diese Weise die Legitimationsbasis für eine Herrschaftselite geschaffen hatte, die jede noch so barbarische Unmenschlichkeit damit begründen konnte, dass derartige »Kollateralschäden« auf dem Weg zum kommunistischen »Reich der Freiheit« unvermeidlich seien.[179]

Außerdem gab es wohl noch einen anderen Grund, der die bemerkenswerte Zurückhaltung der Verlage erklären kann. Denn Popper hatte sein Manuskript anfangs unter Titeln angeboten, die nicht gerade verkaufsförderlich wirkten. Zunächst trug sein Text den Titel *Falsche Propheten: Platon – Hegel – Marx*, nach einiger Zeit schwenkte er um zu *Eine Kritik der politischen Philosophie* und schließlich landete er bei *Eine Sozialphilosophie für jedermann*. Erst Ende 1943 kam Popper mit zwei Titelvorschlägen, die attraktiver klangen, nämlich *Die Flucht vor der Freiheit* und *Die offene Gesellschaft und ihre Feinde*.[180]

Der erste Titel, Poppers eigentlicher Favorit, war jedoch schon vergeben. 1941 hatte der deutsch-amerikanische Psychoanalytiker Erich Fromm (1900–1980) unter dem Titel *Escape from Freedom* eine viel beachtete Studie über die psychologischen Hintergründe des Faschismus vorgelegt (was Popper in Neuseeland allerdings nicht mitbekommen hatte).[181] Auch gegen den zweiten Titel wurden Bedenken vorgebracht. Poppers Freunde rieten davon ab, den Begriff der »offenen Gesellschaft« im Titel zu benutzen. Schließlich, so ihre Begründung, könne sich kaum jemand etwas unter einer »offenen Gesellschaft« vorstellen.[182]

Da Popper wusste, wie wichtig ein einprägsamer Titel für den Erfolg eines Buches sein kann, ließ ihm die Titelfrage keine Ruhe. Noch im Juni 1944 schlug er vor, zu seinem ersten Titel *Falsche Propheten* zurückzukehren. Doch als Poppers Brief in London eintraf, war der Verlagsvertrag bereits unter Dach und Fach.[183] So blieb es bei der »Verlegenheitslösung« *Die offene*

*Gesellschaft und ihre Feinde* – was sich später als wahrer Glücks-
fall erweisen sollte. Denn der Umstand, dass der Begriff der
»offenen Gesellschaft« zum Zeitpunkt der Veröffentlichung
unbekannt war, stand der Verbreitung des Buches ganz und gar
nicht im Wege. Im Gegenteil: Gerade *weil* der Begriff unbekannt war, musste sich praktisch jeder, der das Schlagwort verwendete, direkt oder indirekt auf Poppers Buch beziehen. (So
z. B. auch Bundespräsident Joachim Gauck in seinem Kommentar zum Terroranschlag auf *Charlie Hebdo*: »Die Attentate
haben gezeigt, wie verwundbar die offene Gesellschaft ist.«[184]
Wie populär der Begriff der »offenen Gesellschaft« inzwischen
ist, kann man daran ermessen, dass Google für »Open Society«
knapp vier Millionen Fundstellen ausweist.)

Was aber verstand Popper unter einer »offenen Gesellschaft«? Dies ist nicht so leicht zu beantworten, wie man vielleicht vermuten würde. Denn Popper hat den titelgebenden
Begriff seines Buches nicht exakt bestimmt. Erst im zehnten
und letzten Kapitel des ersten Bandes kam er überhaupt darauf
zu sprechen, was eine offene von einer geschlossenen Gesellschaft unterscheidet. Seine »Definition«, sofern man sie überhaupt als solche bezeichnen will, bestand dabei aus wenigen
Worten: Als »geschlossene Gesellschaft« bezeichnete Popper
die »magische, stammesgebundene oder kollektivistische Gesellschaft«, als »offene Gesellschaft« eine Gesellschaftsord-
nung, »in der sich die Individuen persönlichen Entscheidungen gegenübersehen«.[185]

Wer eine konzentrierte Bestimmung der Wesensmerkmale
einer offenen Gesellschaft sucht, wird in Poppers Werk nicht
fündig werden. Seine verschiedenen Hinweise dazu sind über
die knapp 1000 Seiten seines Werkes verteilt, oftmals versteckt
inmitten der Analysen der Texte von Platon, Hegel und Marx.
Dabei tauchen viele zentrale Aussagen im Haupttext des Buches nicht einmal auf, sondern in dem mehrere Hundert Seiten umfassenden Anmerkungsapparat (dies gilt u. a. auch für
Poppers Überlegungen zum »Paradoxon der Toleranz« und
seinen Aufruf zur »Unduldsamkeit gegenüber den Unduld-

samen«, den ich im Kapitel *Die Grenzen der Toleranz* zitiert habe).

Aus der Entstehungsgeschichte des Buches lässt sich dieses »Defizit« leicht nachvollziehen. Denn Popper war es bei der Abfassung des Manuskripts nicht darum gegangen, die Basisprinzipien einer offenen Gesellschaft zu bestimmen, er wollte vielmehr den Nachweis darüber führen, dass sich die Wurzeln des totalitären Denkens von Hitler und Stalin bereits bei Platon und Marx finden lassen. Letzteres sorgte auch dafür, dass das Buch in vielen Ländern der Welt heiß diskutiert wurde. Dabei konzentrierte sich die Debatte anfangs weitgehend auf den zweiten Band des Werkes, der »Hegel, Marx und die Folgen« behandelte. In einer Zeit, die wesentlich von dem Konflikt zwischen kommunistischen und kapitalistischen Systemen bestimmt war, schien dieser Teil sehr viel spannender und aktueller zu sein.[186]

Dies hat sich inzwischen geändert. Heute ist der erste Band, der sich mit Platon beschäftigt, von weit größerer Relevanz. Denn Popper zeigt hier nicht nur auf, welche Elemente das totalitäre Denken bis zum heutigen Tag charakterisieren, sondern er erklärt auch, weshalb Menschen für solche Denkmuster immer wieder anfällig sind. Seiner Analyse zufolge ist die rigide Orientierung an kollektivistischen Traditionen der Vergangenheit nämlich eine Reaktion auf gesellschaftliche Veränderungen, die auf eine Auflösung der engen Bindung an den Stamm, die Horde, die »organische Gemeinschaft« hinauslaufen. Das heißt: Wenn Gesellschaften von geschlossenen zu offeneren Formen übergehen, wenn Individualität und Pluralität an die Stelle einheitlicher, kollektivistischer Traditionen treten, ist stets damit zu rechnen, dass dies bei einigen Gesellschaftsmitgliedern starke Unsicherheit erzeugt und den Wunsch verstärkt, die »gute alte Ordnung« wiederherzustellen.

Popper hat dieses Phänomen im ersten Band der »offenen Gesellschaft« anhand von geschichtlichen Ereignissen demonstriert, die zwar vor zweieinhalb Jahrtausenden stattgefunden haben, aber verblüffende Parallelen zur Gegenwart aufweisen. 117

Denn schon damals gab es entschiedene Demokraten, die für Weltoffenheit, Toleranz, Humanität, Gleichberechtigung, für die Freiheit des Individuums und die Gewährleistung einer offenen Streitkultur eintraten. In einer der berühmten Reden des Athener Staatsmanns und Demokraten Perikles (490 – 429) heißt es dazu: »Die Gesetze gewähren allen in gleicher Weise Gerechtigkeit ... Die Freiheit, der wir uns erfreuen, erstreckt sich auch auf das gewöhnliche Leben ... Unsere Stadt steht der Welt offen, wir vertreiben nie einen Fremdling ... Wir halten die Diskussion nicht für einen Stein des Anstoßes, sondern für eine unentbehrliche Vorbereitung zum weisen Handeln.«[187]

Es gab aber auch eine reaktionäre Gegenseite, die dazu aufrief, fremden kulturellen Einflüssen mit aller Macht entgegenzutreten, »das Volk« vor Eindringlingen zu schützen und wieder zu den »guten alten Werten« zurückzukehren. Das zentrale Schlagwort dieser Bewegung lautete »Zurück zum Staat der Vorväter« bzw. »Zurück zum Vaterstaat!«, woraus der Begriff »Patriot« abgeleitet wurde. Karl Popper charakterisierte diese »patriotische Bewegung« des 5. Jahrhunderts vor unserer Zeitrechnung mit folgenden Worten: »Obgleich die ›patriotische Bewegung‹ teilweise der Ausdruck des Verlangens war, zu stabileren Lebensformen, zu Religion, Anstand, Gesetz und Ordnung zurückzukehren, war sie doch selbst moralisch angefault. Ihr alter Glaube war verloren; er wurde größtenteils durch eine heuchlerische und sogar zynische Ausbeutung religiöser Gefühle ersetzt.«[188]

Es ist verblüffend: Die Worte, die Popper vor 70 Jahren fand, um eine 2400 Jahre alte »patriotische Bewegung« zu beschreiben, klingen wie eine vorweggenommene Analyse der *Patriotischen Europäer gegen die Islamisierung des Abendlandes* (Pegida), die sich, wie wir gesehen haben, ebenfalls auf traditionelle »religiöse Werte« berufen (in diesem Fall auf die »Werte des christlichen Abendlands«), obwohl viele der weitgehend im konfessionsfreien Osten Deutschlands angesiedelten »Patrioten« kaum jemals einen persönlichen Bezug zu diesen »religiösen Werten« hatten. Karl Popper hätte sich über diese Parallele kaum gewundert. Schließlich war es eine der Hauptthesen seines Buches, dass die Rückbesinnung auf »alte Werte« gerade dann am lautstärksten artikuliert wird, wenn sich kaum noch jemand finden lässt, der diese Werte glaubhaft vertritt.

Poppers Analyse ist allerdings nicht nur im Hinblick auf die *rechtspopulistische Szene* erhellend, sondern auch und vor allem in Bezug auf deren Gegenseite, die Vertreter des *politischen Islam*. Schließlich wurde Platons totalitäre Staatsidee, in der »Tugendwächter« mit Argusaugen alle Bereiche des öffentlichen wie privaten Lebens kontrollieren, nirgends so konsequent in die Praxis umgesetzt wie in den Ländern, die unter dem Diktat des politischen Islam stehen (etwa dem Iran oder Saudi-Arabien). Dass Poppers Kritik an Platon, die im Kern eine Kritik an Hitler war, heute auch als Kritik des Islamismus gelesen werden kann, sollte im Grunde niemanden verwundern, der die großen Übereinstimmungen von nationalsozialistischem und islamischem Faschismus zur Kenntnis genommen hat.[189]

Denn die Parallelen sind offensichtlich: Wie Platon und Hitler konnten auch al-Husseini, al-Banna und Khomeini in Individualismus und Pluralisierung (den Anzeichen des Übergangs von einer geschlossenen zu einer offenen Gesellschaft) nichts weiter erkennen als Symptome einer todbringenden »Krankheit«, der man mit einer möglichst umfassenden, also *totalitären* Therapie begegnen muss, um eine möglichst vollständige »Gesundung« des »Volkskörpers« (*der* Athener, *der* Arier, *der* Muslime) herbeizuführen.[190] Es ist wichtig, diesen Punkt zu verstehen: Natürlich sahen sich Hitler, al-Husseini, al-Banna und Khomeini keineswegs als die »blutrünstigen Bestien«, als die sie von ihren Opfern wahrgenommen wurden, sondern vielmehr als Überbringer des »Heils«. Jeder von ihnen war überzeugt, dass die »Vorsehung« ihn dazu auserkoren hatte, die Zeit der Ungewissheit, Unsicherheit und Orientierungslosigkeit zu überwinden und der aus den Fugen geratenen Welt ein sicheres, solides Fundament zu geben.

Totalitarismus verstand Popper daher in erster Linie als »Flucht vor der Freiheit« – was auch erklärt, warum sein Buch beinahe den gleichen Titel getragen hätte wie die fast zeitgleich verfasste (allerdings vier Jahre früher publizierte) Faschismus-Studie von Erich Fromm. Beide Autoren waren – unabhängig voneinander und von völlig unterschiedlichen theoretischen Ansätzen ausgehend – zu der Einsicht gelangt, dass totalitäres Denken vornehmlich aus der Unfähigkeit resultiert, die Befreiung des Individuums aus den Ketten der Konvention als *Chance* statt als *Bedrohung* zu begreifen.[191]

Wenn diese Diagnose stimmt, wenn die »Flucht vor der Freiheit« also ein wiederkehrendes Muster der menschlichen Kulturgeschichte ist, so stellt sich die Frage, wie sich eine offene Gesellschaft gegen derartige Angriffe schützen kann. In diesem Zusammenhang werden meist die Institutionen erwähnt, die der »freiheitlich-demokratischen Grundordnung« Gestalt geben und ihr Stabilität verleihen sollen. Auch Karl Popper hat immer wieder auf diesen Punkt hingewiesen. So betonte er im Vorwort der russischen Erstausgabe seines Buchs, die 1992, also exakt 50 Jahre nach der Fertigstellung des Manuskripts erschien, die Notwendigkeit eines funktionierenden Rechtsstaats, ohne den eine offene Gesellschaft nicht existieren könne.[192]

Die bestimmenden Merkmale eines demokratischen Rechtsstaats sind leicht zu benennen: Er zeichnet sich dadurch aus, *a)* dass seine zentralen Organe, nämlich die Institutionen der Gesetzgebung (Legislative), der Verwaltung (Exekutive) und der Rechtsprechung (Judikative), unabhängig voneinander arbeiten (Gewaltenteilung), *b)* dass sie strikt an das Gesetz gebunden sind (also keine willkürlichen Entscheidungen treffen dürfen), *c)* dass die Legislative (Parlamente) sowie der Kopf der Exekutive (die Regierungen) durch allgemeine, freie Wahlen bestimmt werden, und *d)* dass die Repräsentanten der sogenannten »Vierten Gewalt«, die Protagonisten der öffentlichen Meinungsbildung (Nichtregierungsorganisationen, Medien, Journalisten, Autoren, Blogger usw., die man unter dem

Begriff »Publikative« zusammenfassen könnte), in ihrer Tätigkeit nicht in willkürlicher Weise eingeschränkt werden.

Eine solche institutionelle Absicherung der freiheitlich-demokratischen Grundordnung ist zweifellos eine *wesentliche Voraussetzung* für offene Gesellschaften. Allerdings ist sie keineswegs schon eine *hinreichende Bedingung*. Denn es ist durchaus möglich, dass eine Gemeinschaft *auf der einen Seite* alle Institutionen besitzt, die eine offene Gesellschaft garantieren könnten, aber *auf der anderen Seite* dennoch Charakteristika einer geschlossenen Gesellschaft aufweist, weil die demokratischen Institutionen nicht von einem offenen Geist erfüllt sind. (Man denke etwa an die Bundesrepublik der Adenauer-Zeit, die trotz freiheitlich-demokratischer Institutionen nicht offen genug war, Homosexuellen ein Leben in Freiheit zu ermöglichen.)

Die bloße Existenz von freiheitlich-demokratischen Institutionen reicht also nicht aus, um eine offene Gesellschaft zu gewährleisten, entscheidend ist vielmehr, ob diese Institutionen und die sie tragenden Bürgerinnen und Bürger die *Prinzipien der offenen Gesellschaft* verinnerlicht haben. Was aber ist damit gemeint? Um welche Prinzipien handelt es sich? Nun, nimmt man Poppers Grundlagenwerk etwas genauer unter die Lupe, lassen sich darin *drei fundamentale Prinzipien* entdecken, die für die offene Gesellschaft charakteristisch sind, nämlich *erstens* das Prinzip des *Liberalismus* (Orientierung am Ideal der Freiheit), *zweitens* das Prinzip des *Egalitarismus* (Orientierung am Ideal der Gleichheit) und *drittens* das Prinzip des *Individualismus* (Orientierung am Individuum statt am Kollektiv).[193]

Ein *viertes zentrales Merkmal* der offenen Gesellschaft fehlt in Poppers Buch – vermutlich weil er es als Selbstverständlichkeit erachtete, was es aber bedauerlicherweise nicht ist, nämlich das Prinzip des *Säkularismus* (Orientierung an weltlich-rationalen Formen der Normbegründung statt an religiösen Dogmen). Fasst man diese vier charakteristischen Merkmale der offenen Gesellschaft zusammen, gelangt man zu folgender Arbeitsdefinition:

*Definition »offene Gesellschaft«*

Der Begriff »offene Gesellschaft« kennzeichnet Gemeinschaften, die nicht nur funktionstüchtige Institutionen zur
Absicherung der »freiheitlich-demokratischen Grundordnung« entwickelt haben (Gewaltenteilung, Rechtsbin-
dung, freie Wahlen, freie Meinungsbildung), sondern zudem auch noch in besonderem Maße durch die Prinzipien
des Liberalismus, Egalitarismus, Individualismus und Säkularismus geprägt sind. Dies heißt umgekehrt: Je stärker
Gemeinschaften von Paternalismus (staatlicher Bevormundung), Elitarismus (sozialer Ungleichheit), Kollektivismus (Betonung von Gruppenidentitäten) und Fundamentalismus (religiöser Normbegründung) bestimmt
sind, desto eher handelt es sich um »geschlossene Gesellschaften«.

Die offene Gesellschaft zu verteidigen heißt demnach, die Prinzipien des Liberalismus, Egalitarismus, Individualismus und
Säkularismus *zu stärken* bzw. den Einfluss von Paternalismus,
Elitarismus, Kollektivismus und Fundamentalismus *zu schwächen.* Dies klingt im ersten Moment vielleicht etwas kryptisch,
ich hoffe jedoch, dass die nachfolgenden Kapitel verdeutlichen
werden, was sich dahinter verbirgt.

### Freiheit und Gleichheit

Liberalismus und Egalitarismus, die ersten beiden Prinzipien
der offenen Gesellschaft, werden oft als Gegensatzpaare behandelt. Ein Staat, der am Ideal der Gleichheit orientiert ist,
schränkt, so meinen viele, die Freiheiten seiner Bürgerinnen
und Bürger unzulässig ein. Umgekehrt wird behauptet, dass ein
hohes Ausmaß an sozialer Ungleichheit so etwas wie der »Preis
der Freiheit« sei.[194] Wir werden sehen, dass derartige Behauptungen falsch sind. Denn in einer offenen Gesellschaft stehen

»Freiheit« und »Gleichheit« nicht im Widerspruch zueinander, sondern bedingen sich gegenseitig.

Dies setzt allerdings voraus, dass wir die Begriffe nicht über-interpretieren. Wie viele liberale Denker vor ihm, etwa John Stuart Mill (1806–1873), der große Vordenker des Liberalismus im 19. Jahrhundert,[195] hat auch Karl Popper nachdrücklich darauf hingewiesen, dass grenzenlose Freiheit weder möglich noch sinnvoll ist, da sie das Ende aller Freiheit bedeuten würde. Denn wäre die Freiheit unbeschränkt, hätten wir auch die Freiheit, anderen Gesellschaftsmitgliedern jegliche Freiheit zu nehmen, wie auch uns jegliche Freiheit genommen werden könnte. *Zur Sicherung der Freiheit gehört daher ein Verzicht auf Freiheit.* Um sicherzustellen, dass wir in unseren eigenen Freiheitsrechten nicht verletzt werden, sollten wir darauf verzichten, andere in ihren Freiheitsrechten zu verletzen. In der Absicherung dieses rationalen »Tauschgeschäfts der Freiheit« (Verzicht auf Freiheitsverletzungen/Schutz vor Freiheitsverletzungen) liegt eine der vornehmsten Aufgaben des modernen Rechtsstaates.

Popper formulierte es so: »Ich bin zu gewissen Einschränkungen meiner Freiheit durch den Staat völlig bereit, vorausgesetzt, dass die mir verbleibende Freiheit durch den Staat geschützt wird; zum Beispiel muss ich meine ›Freiheit‹, andere anzugreifen, aufgeben, wenn ich wünsche, dass der Staat meine Verteidigung gegen Angriffe unterstützt. Aber ich verlange, dass der fundamentale Zweck des Staates nicht aus dem Auge verloren wird; nämlich der Schutz jener Freiheit, die den anderen Bürgern keinen Schaden zufügt.«[196]

Letzteres bedeutet, dass die Freiheit des Einzelnen nur dort eingeschränkt werden darf, wo Gefahr besteht, dass die Rechte anderer verletzt werden. Dieser Grundsatz des *Liberalismus* ist uns bereits im Kapitel *Die Grenzen der Toleranz* begegnet. In diesem Zusammenhang hatte ich auch auf das Prinzip des *Egalitarismus* hingewiesen, das verlangt, dass die Interessen der Bürgerinnen und Bürger in gleichem Maße berücksichtigt werden. Wenn man sich das »Tauschgeschäft der Freiheit« vor

Augen führt, wird klar, warum das eine (die Orientierung am Ideal der Freiheit) mit dem anderen (der Orientierung am Ideal der Gleichheit) notwendigerweise verbunden ist. Denn warum auch sollten Bürgerinnen und Bürger *gleichermaßen* auf die Verletzung der Freiheitsrechte anderer verzichten, wenn sie in ihren Freiheitsrechten nicht *gleichermaßen* geschützt werden?

Auf Freiheiten verzichten Menschen nur, wenn sie erkennen, dass dies anderen in gleicher Weise abverlangt wird, und wenn ersichtlich ist, dass der Verzicht für jeden gleichermaßen von Nutzen ist. In diesem Sinne ist *Egalität die Voraussetzung von Liberalität, Gleichheit die Basis von Freiheit.* Aus diesem Grund forderte auch Karl Popper, »dass der Staat die Freiheit der Bürger auf möglichst gleiche Weise einschränkt, aber nicht mehr, als nötig ist, um eine gleiche Begrenzung der Freiheit zu erreichen«.[197]

Wichtig dabei: In einer offenen Gesellschaft meint Egalität in erster Linie *Gleichheit der Menschen vor dem Gesetz,*[198] es bedeutet keineswegs *Gleichheit der Menschen vor dem Spiegel.* Egalität sollte man daher nicht mit »Gleichmacherei« verwechseln, also mit der Leugnung oder gar dem Versuch der Aufhebung der Unterschiede zwischen den Individuen. Denn ein solcher »Gleichheitswahn« würde alle Freiheiten untergraben, für die eine offene Gesellschaft steht. Schließlich zeichnen sich Individuen *per definitionem* dadurch aus, dass sie *Individuen sind, also einzigartig, unverwechselbar, ungleich in ihren jeweiligen Begabungen und Neigungen.*

Unterschiedliche Individuen über einen Kamm zu scheren hieße, ihnen Gewalt anzutun. Offene Gesellschaften müssen daher akzeptieren, dass ihre Mitglieder gleichberechtigt *und* unterschiedlich sind. Diese Unterschiedlichkeit ausleben zu dürfen ist ein wesentlicher Bestandteil der Freiheit. Das Ziel einer freiheitlichen Politik kann und darf daher nicht darin bestehen, die Bürgerinnen und Bürger »gleichzuschalten«, sie darauf abzurichten, möglichst das Gleiche zu können, zu wollen oder zu tun. Auf diesen Punkt hat Immanuel Kant schon vor mehr als 200 Jahren hingewiesen: »Niemand kann mich zwingen auf seine Art (wie er sich das Wohlsein anderer Menschen denkt) glücklich zu sein, sondern ein jeder darf seine Glückseligkeit auf dem Wege suchen, welcher ihm selbst gut dünkt, wenn er nur der Freiheit Anderer, einem ähnlichen Zwecke nachzustreben, ... nicht Abbruch tut.«[199]

Obgleich Kant jede Form von »Gleichmacherei« vehement ablehnte, sah er im *Prinzip der Gleichheit* keinen Gegensatz, sondern vielmehr eine notwendige *Voraussetzung der Freiheit*. Als eigentlichen *Gegensatz zur Freiheit* bestimmte er den *Paternalismus,* also die »wohlwollende Bevormundung« des Bürgers durch den Staat. Kant zufolge wäre es der »größte denkbare Despotismus«, wenn eine Regierung »auf dem Prinzip des Wohlwollens gegen das Volk als eines *Vaters* gegen seine Kinder errichtet wäre«, das heißt: wenn sie sich als »eine *väterliche Regierung* (imperium paternale)« verstehen würde, die ihre Bürger »als unmündige Kinder« behandelt, »die nicht unterscheiden können, was ihnen wahrhaftig nützlich oder schädlich ist«.[200]

Leider sind solche paternalistischen (despotischen) Denkstrukturen noch längst nicht ausgestorben. Vor allem im Bereich der Gesundheits- und Drogenpolitik ist es nicht selten, dass der »wohlwollende Vater Staat« vorgibt, besser zu wissen, was für die Bürgerinnen und Bürger »gut« ist, als diese selbst.[201] Auch auf dem (für die Anbieter sehr lukrativen) Gebiet der Wohlfahrtspflege (der staatlichen Hilfeleistungen für Alte, Schwache, Kranke) wird häufig paternalistisch – über die Köpfe der Betroffenen hinweg – entschieden, was »gut« für sie ist, weshalb man sich nicht darüber wundern muss, dass die Qualität dieser Dienstleistungen oft sehr bescheiden ausfällt.[202] Es rächt sich nämlich fast immer, wenn Regierungen wirtschaftliche Prozesse paternalistisch organisieren, also »von oben herab« bestimmen, was die Bürgerinnen und Bürger »im eigenen Interesse« zu produzieren und zu konsumieren haben.

Der Misserfolg der sozialistischen Staaten hat eindrucksvoll gezeigt, dass paternalistische Planwirtschaften nicht funktionieren, weil sie die *Rechnung ohne den Wirt* machen, das heißt ohne die *Individuen* mit ihren so unterschiedlichen Fähigkeiten und Interessen als Produzenten und Konsumenten zu berücksichtigen. Insofern muss man sich gar nicht darüber wundern, dass am Ende des sozialistischen Experiments nicht das »Reich der Freiheit« stand, das Karl Marx versprochen hatte, sondern vielmehr die sozioökonomische Misere, die Marx jeder staatsfixierten, paternalistischen Regierung prophezeit hatte, nämlich »die Schaffung ungeheurer stehender Armeen, eine Masse von Staatsparasiten und kolossaler Staatsschulden«.[203]

Der zentrale Fehler des planwirtschaftlichen Ansatzes bestand darin, dass er die *Eigensinnigkeit der Individuen bekämpfte*, statt sie als *Quelle des gesellschaftlichen Reichtums wertzuschätzen*. Eben hierin lag und liegt das *Erfolgsrezept der Marktwirtschaft*, das Adam Smith (1723 – 1790) schon im 18. Jahrhundert in bewundernswerter Klarheit beschrieben hat: »Nicht vom Wohlwollen des Metzgers, Brauers und Bäckers erwarten wir das, was wir zum Essen brauchen, sondern davon, dass sie ihre eigenen Interessen wahrnehmen. Wir wenden uns nicht an ihre Menschen-, sondern an ihre Eigenliebe, und wir erwähnen nicht die eigenen Bedürfnisse, sondern sprechen von ihrem Vorteil.«[204]

Nach Smith ist der *Eigennutz des Einzelnen* die Voraussetzung für das *Wohl aller*. Es ist also – anders als ganze Heerscharen von Theologen und Moralphilosophen behauptet haben – gar kein *Übel*, wenn das Individuum seine eigenen Interessen verfolgt, sondern ein wichtiges *Gut*, da dieser individuelle Eigennutz letztlich den Interessen aller dient. Der Mensch wird nämlich, so Smiths berühmte Formulierung, in seinem wirtschaftlichen Handeln auf dem Markt »von einer unsichtbaren Hand geleitet, um einen Zweck zu fördern, den zu erfüllen er in keiner Weise beabsichtigt hat«.[205] Die »unsichtbare Hand des Marktes« verwandelt *Eigennutz* in *Gemeinnutz*, weshalb es sinnvoll ist, den Menschen freie Hand dabei zu lassen, was sie produzieren oder konsumieren wollen, statt diese Freiheit zu beschneiden und durch eine paternalistische Planungsinstanz zu ersetzen.

Wie aber gelingt es der »unsichtbaren Hand des Marktes«, Eigennutz in Gemeinnutz zu verwandeln? Nehmen wir als Beispiel einen Marktteilnehmer A wie *Apple,* der einen beträchtlichen Anteil seines Umsatzes über den Verkauf von Smartphones generiert. Wir können sicher sein: Dass das iPhone seit seiner Markteinführung im Jahr 2007 kontinuierlich verbessert wurde, ist nicht allein der großen Menschenliebe von Steve Jobs & Co. zu verdanken, die uns mit immer attraktiveren, bedienungsfreundlicheren Smartphones beglücken wollten, sondern vor allem der Tatsache, dass der Umsatz des Konzerns komplett zusammengebrochen wäre, wenn Apple seine iPhones nicht weiterentwickelt hätte.

Denn die Konkurrenz schläft nicht. Im Wettbewerb mit anderen Markteilnehmern (etwa LG oder Samsung) war Apple gezwungen, seine Produkte ständig zu verbessern und die Produktivität kontinuierlich zu steigern. Die Konsumenten erhielten dadurch immer leistungsfähigere Geräte, ohne höhere Preise zahlen zu müssen. Sowohl Apple als auch Samsung ging es dabei vorrangig um eigene Interessen, aber die Konkurrenz unter ihnen sorgte nicht nur für technologische Innovationsschübe, sondern auch für eine Steigerung des allgemeinen Wohlstands (immerhin gibt es mittlerweile rund zwei Milliarden Smartphone-Besitzer weltweit, von denen jeder einzelne nicht nur über eine vor wenigen Jahren unvorstellbare Multimedia-Kommunikationseinheit verfügt, sondern auch über eine weit höhere Rechenpower als die NASA bei der ersten Mondlandung).

Welche Folgen es hat, wenn der Wettbewerb paternalistisch unterbunden und die Freiheit der Produzenten und Konsumenten eingeschränkt wird, lässt sich gut an einem anderen Beispiel aus der Telekommunikationsbranche demonstrieren: Von 1950 bis 1998 besaß die *Deutsche Bundespost* bzw. die *Deutsche Telekom* ein staatlich garantiertes Monopol für den Telefondienst. Dies wurde damit begründet, dass es sich bei der

Telekommunikation um einen Teil der »staatlichen Daseins-fürsorge« handle. In der Praxis hatte diese »Fürsorge« jedoch unangenehme Konsequenzen, an die sich wohl jeder erinnern kann, der vor 1998 einen Telefonhörer in die Hand genommen hat: »Träge Beamte, die den Bürger wie einen Bittsteller behandelten; ein neuer Telefonanschluss konnte schon mal Monate auf sich warten lassen, und wenn der Apparat dann geliefert wurde, hatte man die Wahl zwischen Hellgrau, Grün und Schwarz. Ein Ortsgespräch ... kostete mehr als das Zehnfache, bei Fern- oder gar Auslandsgesprächen galt die eiserne Regel: Fasse dich kurz, sehr kurz.«[206]

Kaum war das staatliche Monopol gefallen und eine neue Freiheit für Produzenten und Konsumenten hergestellt, »funktionierte plötzlich alles viel besser. Ein neuer Telefonanschluss ist heute eine Frage von Stunden; ... die privaten Kommunikationsunternehmen überbieten sich gegenseitig mit immer neuen Offerten, und die Qualität der Technik und der Dienstleistungen ist so sprunghaft gestiegen, wie die Preise gefallen sind. Heute kann jeder Bundesbürger an der eigenen Telefonrechnung ablesen, was Ökonomen seit Jahr und Tag predigen: Konkurrenz belebt das Geschäft, denn der Wettbewerb animiert die Unternehmen, sich nach den Wünschen der Kunden zu richten.«[207]

Freilich: Ohne die »sichtbare Hand des Staates«, der den für die Wirtschaft erforderlichen Ordnungsrahmen schafft, könnte die »unsichtbare Hand des Marktes« niemals im Sinne des Wohles aller wirken (dass sie es heute nur in sehr begrenztem Umfang tut, werden wir etwas später im Zusammenhang mit den Problemen der sozialen Ungleichheit näher beleuchten). Es wäre daher ein Fehler, würde man den Markt sich selbst überlassen. Schließlich können sich auch auf dem freien Markt (also nicht bloß durch staatliche Marktverhinderung) gefährliche Oligo- und Monopole entwickeln. Mitunter werden Unternehmen durch ihren Erfolg so mächtig, dass sie ihre Mitbewerber ausschalten und danach ohne jeden Konkurrenzdruck schalten und walten können, wie sie wollen. In solchen Fällen muss der Staat entschieden eingreifen. Denn eine zu große Ungleichheit unter den Produzenten untergräbt den Wettbewerb unter ihnen und nimmt den Konsumenten die Freiheit, zwischen verschiedenen Anbietern wählen zu können.

Obwohl Liberale staatliche Eingriffe in den Markt weitestgehend ablehnen, sehen die meisten von ihnen staatliche Maßnahmen zur Verhinderung von Monopolbildungen in der Regel nicht als unzulässige Eingriffe in die wirtschaftliche Freiheit an, da dies offenkundig notwendige Interventionen sind, um diese Freiheit zu erhalten. Deutlich anders sieht dies jedoch bei den sogenannten *Transferleistungen des Staates* aus, mit denen dieser auf ökonomische Ungleichheit in der Bevölkerung reagiert. Diejenigen, die einen *Gegensatz zwischen Freiheit und Gleichheit, Liberalismus und Egalitarismus* konstruieren, äußern an diesem Punkt scharfe Kritik. *Anti-egalitäre Liberalisten* (so nenne ich all jene, die *mehr Freiheit* und *weniger Gleichheit* bzw. *mehr Markt* und *weniger Sozialstaat* fordern) halten es für eine ungerechtfertigte Verletzung von Freiheitsrechten, wenn eine Regierung auf das Vermögen reicherer Bevölkerungsteile zurückgreift, um die Lebensbedingungen ärmerer Bevölkerungsgruppen zu verbessern. Haben sie recht?

Um diese Frage zu beantworten, müssen wir zunächst einen kleinen Umweg gehen und uns eine fundamentale Tatsache vergegenwärtigen, die oft verdrängt wird – nicht zuletzt auch deshalb, weil Politiker, Moralphilosophen und Theologen in ihren Sonntagsreden gerne das Gegenteil behaupten. Im Grunde ist es aber offensichtlich, *dass die Menschen nicht gleich, sondern ungleich geboren werden.* Sie starten *de facto* unter höchst unterschiedlichen Bedingungen ins Leben – sowohl im Hinblick auf ihre genetische Ausstattung als auch im Hinblick auf die sozialen und ökonomischen Ressourcen, die ihnen zur Verfügung stehen.

Paradoxerweise macht diese *empirische Ungleichheit* es nicht leichter, sondern schwieriger, *soziale Ungleichheit* zu rechtfertigen. Denn normalerweise begründen wir *besondere Vorrechte* über *besondere Verdienste.* Wir halten es für *gerechtfertigt,* wenn herausragende Leistungen in herausragender Weise ausgezeichnet werden und geringere Leistungen geringere Anerkennung erfahren. Als *ungerecht* empfinden wir es, wenn derjenige, der weniger geleistet hat, höhere Anerkennung erfährt als derjenige, der mehr geleistet hat (so würde es unter normalen Umständen niemand als fair erachten, wenn derjenige, der 6,50 Meter weit gesprungen ist, die Goldmedaille erhalten würde und derjenige, der 8,20 Meter sprang, sich mit der Silbermedaille begnügen müsste).

Gerade weil wir an die Teilnehmer eines »Wettbewerbs« (das kann ein Model-Casting sein, eine Mathematikprüfung, ein Gesangswettbewerb, ein Fußballspiel, ein Vorstellungsgespräch oder was auch immer) *gleiche Bewertungsmaßstäbe* anlegen, halten wir es für gerechtfertigt, dass *ungleiche Leistungen ungleich bewertet* werden. Genau hier liegt aber das Problem: Bei der Frage nämlich, ob wir diese oder jene Erbanlagen besitzen bzw. ob unsere Eltern unterprivilegierte Langzeitarbeitslose oder hochdotierte Manager sind, *handelt es sich offenkundig nicht um Leistungen, die wir selbst erbracht haben.* Denn kein Mensch hat Einfluss darauf, wie klug, schön, sportlich, ehrgeizig oder gesund er von Natur aus ist oder ob er in eine reiche oder arme, eine gebildete oder ungebildete, in eine intakte oder zerrissene Familie hineingeboren wird.

Damit aber werden die Kriterien brüchig, die wir unseren Bewertungen zugrunde legen. Offenkundig bringen Menschen gar nicht die *gleichen Voraussetzungen* mit, um gleiche *Leistungen zu erbringen*, die in *gleicher Weise bewertet werden könnten*. In manchen Zusammenhängen ist uns dies sehr bewusst. So würde niemand es als fair erachten, einen Achtzigjährigen gegen einen Zwanzigjährigen im 400-Meter-Lauf antreten zu lassen und die beiden nach gleichen Maßstäben zu bewerten. Wir alle sehen ein, dass die Jugend, die den Zwanzigjährigen dazu befähigt, den Achtzigjährigen im Wettlauf hinter sich zu lassen, kein »Verdienst« ist, das man ihm in besonderer Weise anrechnen sollte.

Ähnlich »unverdiente Ungleichheiten« begegnen uns jedoch

überall. Denn auch die Tatsache, dass jemand besonders attraktiv aussieht, besonders gut mit mathematischen Formeln umgehen kann, Menschen mit seiner Stimme zu Tränen rührt, Fußballfans mit pfeilschnellen Flankenläufen begeistert oder durch seinen selbstbewussten Auftritt jeden Mitbewerber aussticht, verdankt sich Ursachen, die wir dem gefeierten »Ich« bei genauerer Betrachtung schwerlich als »eigene Leistung« anrechnen können. Sie beruhen einerseits auf genetischer Anlage (besonders offenkundig ist dies im Fall der Schönheit und der Intelligenz), andererseits auf kultureller Prägung, also auf Lernerfahrungen, die ein Individuum machen konnte, die anderen jedoch fehlen. Die Frage also ist: *Wie kann es fair sein, Personen aufgrund von Eigenschaften wertzuschätzen oder abzulehnen, für die sie im Grunde genommen gar nichts können?*

An dieser Stelle lässt sich selbstverständlich einwenden, dass *besondere Leistungen* in der Regel eines *besonderen Trainings*, eines *besonderen Fleißes*, einer *besonderen Ausdauer* bedürfen. So kann sich kein Sänger einfach auf seiner natürlichen Gesangsbegabung ausruhen, sondern muss »Üben, üben, üben!«, wie man am Theater sagt. Allerdings fallen die hierfür erforderlichen Voraussetzungen, nämlich Leistungsbereitschaft, Selbstdisziplin und Frustrationstoleranz, keineswegs vom Himmel, sondern sind ebenfalls auf (biologische und kulturelle) Ursachen zurückzuführen – und nicht auf ein autonomes, »gottgleich« über den Naturzusammenhängen schwebendes »Ich«.[208]

Halten wir fest: Selbst die allergrößten Verdienste, die einem Individuum zugeschrieben werden, beruhen letztlich auf »unverdienter Ungleichheit«. Man kann es daher drehen und wenden, wie man will, am Ende bleibt es dabei: »Das menschliche Leben ist ein Glücksspiel, bei dem einige ein Traumlos ziehen, während es andere übel trifft. Wer sich darauf etwas einbildet, hat nur wenig vom Leben begriffen.«[209]

Von dieser Warte aus betrachtet, könnte man beinahe jenen Stimmen folgen, die *jegliche Form von sozialer Ungleichheit*, insbesondere von ökonomischer Ungleichheit, *ablehnen*. (Ich bezeichne diese Gruppe als die Fraktion der *anti-liberalen Ega-litaristen*, die mit ihrem Aufruf zu *mehr Gleichheit* und *weniger Freiheit* exakt das Gegenteil der oben angesprochenen *anti-ega-litären Liberalisten* fordern, die für *mehr Freiheit* und *weniger Gleichheit* eintreten.) Allerdings sprechen gegen diesen radikal egalitären Standpunkt zwei gewichtige Argumente, die unbe-dingt berücksichtigt werden müssen:

*Erstens*: Zu den Ursachen, die Leistungsbereitschaft, Selbst-disziplin und Frustrationstoleranz hervorrufen, gehört nicht zuletzt auch die *kulturelle Praxis, ungleiche Leistungen ungleich zu honorieren*. Würden diejenigen, die sich in *besonderer Weise anstrengen* und Leistungen erbringen, die von anderen *in besonderer Weise wertgeschätzt* werden, nicht auch *in besonde-rer Weise belohnt* werden (etwa durch ein höheres Einkommen oder höheres soziales Prestige), würde die Leistungsmotivation in der Gesellschaft insgesamt zurückgehen. Die Individuen würden unter solchen Voraussetzungen – wie in einer sozialis-tischen Planwirtschaft – eine sehr viel geringere Eigeninitiative zeigen (wofür sollten sie sich auch anstrengen, wenn sich dies für sie gar nicht lohnt?!), was den allgemeinen Wohlstand stark gefährden würde.

*Zweitens*: Weil Menschen unterschiedliche Eigenschaften und Leistungen *unterschiedlich wertschätzen*, honorieren sie diese auch in unterschiedlicher Weise. Soziale Ungleichheit ist daher überhaupt nicht zu verhindern, solange Menschen die Freiheit haben, sich für das zu entscheiden, was in ihren Augen attraktiver, spannender, nützlicher ist, und das abzulehnen, was sie als unattraktiv, langweilig und nutzlos empfinden. Die Her-stellung von sozialer Ungleichheit aufgrund der persönlichen Präferenzen der Individuen wäre nur mittels *paternalistischer Bevormundung* aufzuheben, also dadurch, dass der Staat vor-gibt, wofür sich die Individuen »in ihrem eigenen Interesse« zu entscheiden haben. (So ließe sich etwa die Differenz zwischen der hohen Bezahlung von Fußballspielern und der weit gerin-geren Bezahlung von Philosophen dadurch aufheben, dass man die Bevölkerung dazu zwingt, weniger Fußball zu schauen und

mehr Bücher zu lesen. Doch dies wäre natürlich eine hochgra-
dig *despotische Maßnahme*, die allen Prinzipien einer liberalen
Gesellschaft zuwiderläuft.)

Wenden wir uns damit dem politischen Argument der anti-
egalitären Liberalisten zu, dass die *Transferleistungen des Staates als unberechtigte Eingriffe in die bürgerlichen Freiheiten
unterlassen werden sollten*. Wie wir gerade gesehen haben,
scheinen zunächst einmal zwei Argumente für diese Sichtweise
zu sprechen: *Zum einen* haben wir festgestellt, dass die Transferleistungen nicht so stark sein dürfen, dass die Leistungsbereitschaft der Individuen zurückgeht. *Zum anderen* ist klar
geworden, dass es unsinnig wäre, alle Formen der sozialen
Ungleichheit aufheben zu wollen, da dies nur durch einen despotischen Paternalismus zu erreichen wäre.

Zugleich haben wir allerdings auch erkannt, dass das zentrale ethische Argument, das Anti-Egalitaristen zur Verteidigung der sozialen Ungleichheit hervorbringen, auf wackligem
Fundament steht. Denn die Behauptung, dass diejenigen, die
besondere Leistungen erbringen, sich die besondere Honorie-
rung ihrer Leistungen »redlich verdient« hätten, ignoriert vollkommen, *dass jedes besondere Verdienst letztlich auf »unverdienter Ungleichheit« gründet*. Macht man sich dies bewusst,
lassen sich die Transferzahlungen des Staates ethisch leicht
rechtfertigen. Schließlich handelt es sich dabei bloß um Kom-
pensationsleistungen (gewissermaßen um eine Form von »aus-
gleichender Gerechtigkeit«) für die Bürgerinnen und Bürger,
die nicht das Glück hatten, in der »Lotterie des Lebens« ein
Traumlos zu ziehen.

Nun sind anti-egalitäre Liberalisten gegenüber solchen ethischen Argumentationsweisen oft sehr unempfindlich (viele
halten sie sogar für einen Ausdruck von »Sentimentalität«, die
man sich in einer »harten Wirklichkeit« nicht erlauben dürfe).
Erfreulicherweise gibt es jedoch zwei weitere Argumente, die
dezidiert liberalistisch und marktorientiert ausgerichtet sind.
Diese beiden Argumente können Liberalisten, wie ich meine,
nicht so leicht von der Hand weisen, denn sie verdeutlichen, 133

dass sich das anti-egalitäre Votum für eine *stärkere Gewichtung der Freiheit und des Marktes* letztlich *gegen die Freiheit und gegen den Markt* richtet:

*Erstens* lässt sich zeigen, dass die Transferleistungen des Staates notwendig sind, um *den Markt vor dem Zusammenbruch zu retten*: So wie es auf der *Angebotsseite* (bei den Produzenten) hochproblematisch ist, wenn es zu Monopolen kommt, ist es auch auf der *Nachfrageseite* (bei den Konsumenten) gefährlich, wenn sich die Ressourcen in den Händen einiger weniger konzentrieren. Denn eine Marktwirtschaft kann nicht auf den Luxusbedürfnissen einiger weniger Superreicher gründen, sondern braucht ganze Heerscharen zahlungsfähiger Konsumenten, damit all die schönen Produkte, die Apple & Co. Jahr für Jahr herstellen, Abnehmer finden.[210] Tatsächlich wäre der Markt längst schon in sich zusammengebrochen, wenn es nicht staatliche Transferleistungen gegeben hätte, die dafür sorgten (wenn auch in viel zu bescheidenem Ausmaß, wie wir noch sehen werden), dass das Geld der wenigen in die Hände der vielen umgeleitet wurde.[211]

*Zweitens* schaffen die Transferleistungen des Staates nicht nur mehr *Gleichheit,* sondern auch mehr *Freiheit:* Der Begriff »Freiheit« hat nämlich nicht nur eine *negative Bedeutung* im Sinne einer *Freiheit von etwas,* etwa einer Freiheit von staatlicher Bevormundung (Paternalismus). Er hat auch eine *positive Bedeutung* im Sinne einer *Freiheit zu etwas,* etwa der Freiheit zur Verwirklichung der eigenen Talente. Bei zu großer sozialer Ungleichheit ist diese positive Freiheit stark eingeschränkt, da nur die Mitglieder der gesellschaftlichen Elite die sozialen und ökonomischen Voraussetzungen besitzen, ihre Talente zur Entfaltung zu bringen. Staatliche Transferleistungen wirken diesem *Elitarismus* entgegen und schaffen so die Basis für *soziale Mobilität* (Möglichkeit des Aufstiegs ärmerer und des Abstiegs reicherer Bevölkerungsgruppen) – und auch dies ist eine entscheidende Voraussetzung für einen funktionierenden Markt. Denn: Ist die *Macht der Eliten zu groß* und der *Grad der sozialen Mobilität zu gering,* kommt es zu jenem Phänomen, das gerade anti-egalitäre Liberalisten besonders fürchten, nämlich zur *Reduktion der Leistungsmotivation der Gesellschaftsmitglieder*. Warum? Ganz einfach: Weil die Eliten unter solchen Bedingungen nichts *tun müssen*, um ihren Status zu erhalten, und Unterprivilegierte nichts *tun können*, um ihren Status zu verbessern.

Mit einem Wort: Wer ernsthaft eine Basis dafür schaffen will, dass »sich Leistung wirklich lohnt« (eine beliebte Phrase anti-egalitärer Liberalisten), sollte dafür sorgen, dass Erfolge und Misserfolge tatsächlich auch von *individuellen Leistungen* abhängig sind – statt von der *sozialen Herkunft*. Insofern ist festzustellen, dass der *Kampf für mehr Gleichheit* oftmals zugleich ein *Kampf für mehr Freiheit* ist (was wiederum bedeutet, dass der anti-egalitäre Liberalismus einen Widerspruch in sich darstellt).²¹²

Vor etwas mehr als einem Jahrzehnt habe ich versucht, das Problem des Elitarismus zu verdeutlichen, indem ich unsere gesellschaftliche Organisationsform mit einem »Monopoly«-Spiel verglich, bei dem die besten Straßen und Hotels von vornherein an eine kleine Gruppe (die Elite) vergeben sind.²¹³ Die Folge dieser unfairen Spielregeln ist, dass bei jeder Spielrunde eine kleine Gruppe von Bürgerinnen und Bürgern automatisch reicher wird, die meisten anderen jedoch automatisch ärmer werden. Dies führt auf der Seite der Verlierer nicht nur zu *Resignation* (warum sollte man sich für ein Spiel begeistern, bei dem von Anfang an feststeht, dass man es nicht gewinnen kann?!), sondern auch zu *Aggression* (die sich nicht notwendigerweise gegen die Eliten richten muss, sondern auch auf andere »Verlierergruppen«, zum Beispiel »*die* Flüchtlinge«, umgelenkt werden kann).

Tragischerweise wurden diese unfairen Spielregeln in den letzten zehn Jahren nicht etwa aufgehoben, sondern zusätzlich verschärft, was zu einer noch größeren Ungleichheit geführt hat – sowohl auf nationaler, als auch auf internationaler Ebene. So hat die nicht unbedingt als »klassenkämpferisch« bekannte *Deutsche Bundesbank* unlängst darauf hingewiesen, dass die *soziale Ungleichheit in Deutschland* einen neuen Höhepunkt erreicht hat. Laut dem Bundesbank-Bericht vom März 2016 besitzen die reichsten zehn Prozent der Haushalte mindestens 60 Prozent des Gesamtvermögens (laut dem Bericht dürfte dieser Anteil in Wirklichkeit noch deutlich höher ausfallen, da die wirklich großen Vermögensbesitzer in die Studie gar nicht einbezogen wurden), während die ärmere Hälfte der deutschen Bevölkerung gerade einmal 2,5 Prozent des Nettovermögens zusammenkratzen kann.[214]

Im globalen Maßstab werden die Missverhältnisse noch deutlicher: Laut dem *Globalen Wohlstandsreport 2015* der (ebenfalls nicht als »klassenkämpferisch« geltenden) *Credit Suisse* besitzen die reichsten zehn Prozent der Weltbevölkerung 87,7 Prozent und das reichste *eine* Prozent der Menschheit die Hälfte des gesamten globalen Privatvermögens, während die ärmere Hälfte der Weltbevölkerung (mehr als 3,5 Milliarden Menschen) sich mit gerade einmal *einem* Prozent begnügen muss.[215] Bezieht man in die Berechnung neben dem *offiziellen Vermögen* auch das in Offshore-Paradiesen geparkte *inoffizielle Vermögen* ein, zeigt sich das Ausmaß der Ungleichverteilung in noch dramatischerer Weise: Nach einer Studie des *Tax Justice Network* verfügen die reichsten 0,011 Prozent der Weltbevölkerung (dies entspricht etwa einem Drittel der Einwohnerzahl Berlins) über 50,2 Prozent und die reichsten 0,14 Prozent über 81,3 Prozent des gesamten globalen Kapitals! Alle anderen, immerhin 99,86 Prozent der Menschheit (wozu sicherlich auch die Leserinnen und Leser dieses Buchs zählen dürften), müssen sich die restlichen 18,7 Prozent der globalen Finanzressourcen teilen.[216]

Selbstverständlich lässt sich ein derart groteskes Ungleichgewicht über *Leistungen* nicht mehr begründen, es ist vielmehr Ausdruck eines ungehemmten *Elitarismus*, der für die offene Gesellschaft eine ernste Gefahr darstellt.[217] Deshalb müssen schleunigst geeignete Gegenmaßnahmen ergriffen werden (wozu nicht nur eine Erhöhung der Erbschaftssteuer in den oberen Vermögensklassen oder die Einführung einer Finanz-

transaktionssteuer gehört, sondern vieles andere mehr).[218] Es
scheint jedenfalls höchste Zeit zu sein, den Elitarismus zurückzudrängen –, und zwar nicht nur, weil er – wie wir gesehen
haben – den Prinzipien der Freiheit und Gleichheit entgegensteht, sondern auch, weil er darüber hinaus ein drittes Kern-
prinzip der offenen Gesellschaft untergräbt, nämlich die Orientierung am Individuum.

Auch hier sind die Zusammenhänge leicht auszumachen:
Wenn Menschen sich nicht mehr als Individuen wahrgenommen fühlen, wenn die soziale Ungleichheit solche Formen
annimmt, dass viele Menschen gar keine Chance mehr sehen,
sich als Individuen entfalten zu können, steigt die Wahrschein-
lichkeit, dass sie sich als Mitglieder einer Gruppe wahrnehmen,
ihre eigene Identität also zunehmend über ihre jeweilige Grup-
penzugehörigkeit definieren. Dies wiederum führt zu einer verstärkten Abgrenzung gegenüber »den Anderen« und einer steigenden Gefahr von Gruppenkonflikten.

## Selbstbestimmung statt Gruppenzwang

Die offene Gesellschaft zeichnet sich dadurch aus, dass sie sich
am Individuum orientiert – nicht an der Gruppe. Der Einzelne
hat eine unantastbare Würde, er steht im Mittelpunkt der Menschenrechte, nicht die Familie, der Stamm, die Ethnie oder die
Religionsgemeinschaft. Zwar weist die offene Gesellschaft auch
Kollektiven Rechte zu, aber diese sind immer vom Individuum
her gedacht.

Es ist kein Zufall, dass die diversen Feinde der offenen Gesellschaft exakt den umgekehrten Weg gehen, also das Kollektiv an
die erste Stelle setzen und von ihm aus das Individuum definieren. Karl Popper sah in diesem (bereits von Platon unternom-
menen) kollektivistischen Angriff auf den Individualismus eine
der größten Gefahren für die offene Gesellschaft, »denn der
Individualismus war – vielleicht in noch höherem Grad als
die Lehre von der Gleichheit der Menschen vor dem Gesetz –
ein Bollwerk in der Verteidigung des neuen humanitären Be-

kenntnisses« und »die große geistige Revolution, die zum Zusammenbruch der Stammesherrschaft und zum Aufstieg der Demokratie geführt hatte«.[219]

Der radikale Kollektivist Platon bekämpfte, so Popper, den Individualismus, »wo immer er auf ihn traf«.[220] Und eben dies gilt auch für seine heutigen Nachfolger, wobei es gleichgültig ist, ob es sich dabei um christliche Abendlandretter, Nationalisten, Rassisten oder Salafisten handelt. So sehr sie sich in ihren Ansichten auch unterscheiden mögen, in puncto *Kollektivismus* zeigen sie große Übereinstimmungen: Sie alle reduzieren die Individuen auf vermeintlich stabile ethnische oder religiöse Gruppenidentitäten und halten zwanghaft an der »Scholle« ihrer jeweiligen Tradition fest, weshalb sie ihr angestammtes kulturelles Getto reflexartig gegen das vermeintlich Feindliche des »Fremden« verteidigen. Dabei kann sich die Aversion, je nach Gusto, gegen »*die* Ausländer«, »*die* Flüchtlinge«, »*die* Juden«, »*die* Ungläubigen«, »*die* Schwulen« oder »*die* Muslime« richten. Die gemeinsame Wurzel all dieser Formen von »gruppenbezogener Menschenfeindlichkeit« ist ein hartnäckiger Kollektivismus-Wahn, der Gruppenidentitäten unterstellt, die es in Wahrheit gar nicht gibt.

Wir sind diesem Thema bereits am Ende des Kapitels *Die verhinderte Streitkultur und ihre Folgen* begegnet. Dort hatte ich angemerkt, dass die Betonung von Gruppenidentitäten die Gefahr erhöht, dass sich die *bereits biologisch in uns verankerte Neigung zu gruppenspezifischer Gewalt* verschärft. In diesem Zusammenhang sollte man berücksichtigen, dass *Fremdenfeindlichkeit* keineswegs eine Spezialität unserer Spezies darstellt, sondern *im gesamten Tierreich verbreitet ist.* Vor allem staatenbildende Insekten wie Ameisen und Bienen sind bekannt für ihre extreme Intoleranz gegenüber koloniefremden Artgenossen, die sie mit eigens dafür ausgestatteten Soldaten bekämpfen. Ausgeprägte Formen der Xenophobie findet man auch bei Rudeltieren wie Wölfen sowie nicht zuletzt bei unseren nächsten tierischen Verwandten, den Schimpansen, die regelrechte Vernichtungskriege führen, welche mitunter erst dann enden, wenn sämtliche Männer der gegnerischen Gruppe liquidiert sind.[221]

Jane Goodall stellte fest, dass Schimpansen fremde Kontrahenten oft nicht wie Artgenossen, sondern eher wie Beutetiere behandeln. Die bekannte Schimpansenforscherin sprach in diesem Zusammenhang von einer regelrechten »Deschimpansierung« des Gegners – und sah darin deutliche Parallelen zur »Dehumanisierung« des Feindes beim Menschen.[222] Insofern muss man sich wohl nicht darüber wundern, dass sich vergleichbare Muster in nahezu jeder menschlichen Gesellschaft finden lassen. Bereits vor 130 Jahren schrieb dazu der russische Ethnologe Michail Kulischer, »dass auf den primitiven Kulturstufen und auch später zwei diametral entgegengesetzte Sittensysteme sich geltend machen: Das erste schreibt Milde, Güte, Solidarität, Liebe und Frieden vor, das andere – Mord, Raub, Hass, Feindschaft. Das eine gilt für die Zugehörigen, das andere – gegen die Fremden.«[223]

Kulischers Forschungsergebnisse dokumentieren treffend, was heute unter den Begriff des »moralischen Dualismus« gefasst wird, nämlich die Aufteilung der als verbindlich geltenden Verhaltensregeln in *zwei grundverschiedene Moralsysteme,* einer *Binnenmoral* für die Mitglieder der eigenen Gruppe (die Insider) und einer *Außenmoral* für die Mitglieder fremder Gruppen (die Outsider). Da sich diese beiden Moralsysteme diametral voneinander unterscheiden (Barmherzigkeit hier, Rache dort), gehen *Nächstenliebe* und *Fernstenhass* oftmals Hand in Hand – getreu der Devise: »Und willst du nicht mein Bruder sein, so schlag' ich dir den Schädel ein!«

Berücksichtigt man diesen moralischen Dualismus, löst sich ein scheinbarer Widerspruch auf, auf den man bei der Betrachtung der menschlichen Kulturgeschichte immer wieder stößt: *Einerseits* ist der Mensch das *empathischste Lebewesen auf diesem Planeten,* ein geborener Teamplayer, der von den Mechanismen der Evolution ähnlich stark in Richtung *Mitgefühl* getrimmt wurde wie die Großkatzen in Richtung Kraft und Geschwindigkeit.[224] *Andererseits* jedoch zeichnet sich gerade der Mensch durch eine besondere *Grausamkeit* gegenüber seinen Artgenossen aus – insbesondere wenn diese nicht der eigenen Gruppe angehören bzw. aus dieser verstoßen wurden.

Um dieses scheinbare Paradox zu verstehen, muss man sich vor Augen führen, dass *Empathie und Grausamkeit oft auf unheilvolle Weise miteinander verknüpft* sind. Denn gerade das Mitgefühl gegenüber den Mitgliedern der *eigenen Gruppe* kann die Feindseligkeit gegenüber den Mitgliedern *anderer Gruppen* wecken. So reichte mitunter eine einzige (empathisch geteilte) Beleidigung eines einzelnen Gruppenmitglieds aus, um kollektive Blutfehden in Gang zu setzen, die über Jahrzehnte unzählige Tote forderten.[225] Auch im Nahost-Konflikt sehen wir immer wieder, dass gerade diejenigen, die besonderes Mitleid mit den Opfern der eigenen Gruppe (*den* Palästinensern, *den* Juden) haben, gegenüber »*den* Anderen« keinerlei Mitleid mehr zeigen und jede noch so brutale Form von Gewalt (selbst gegenüber Kindern) legitimieren.

Man kann diesen Sachverhalt auf eine kurze, wenn auch verstörende Formel bringen: *Je empathischer, kooperativer und altruistischer Gruppen nach innen hin strukturiert sind, desto militanter, feindseliger und grausamer treten sie in der Regel nach außen auf.*[226] Nächstenliebe und Fernstenhass gehen also nicht nur Hand in Hand, *eine besonders stark ausgeprägte Nächstenliebe* führt häufig sogar zu einer *Intensivierung des Fernstenhasses*, sofern »der Fremde« als Bedrohung für die eigene Gruppe empfunden wird.[227]

Heißt dies, dass wir dem *moralischen Dualismus* hoffnungslos ausgeliefert sind? Keineswegs! Denn es kommt ganz darauf an, ob dieser Dualismus *kulturell verstärkt oder gebrochen wird*, das heißt ob uns vermittelt wird, die »Anderen« seien bloß »niedere Tiere« oder »Agenten finsterer Mächte«, oder ob man uns beibringt, in ihnen *Spiegelbilder unserer selbst* zu erkennen, mit Hoffnungen, Träumen, Wünschen, die sich von den unsrigen nicht groß unterscheiden.[228] Fakt ist jedenfalls, dass wir mit allergrößter Rücksichtslosigkeit vorgehen können, wenn wir in unserem Gegenüber bloß »Feinde« sehen – sobald wir uns *in ihnen aber als Menschen wiedererkennen*, schaltet das Gehirn in den Empathiemodus, und Mitgefühl tritt an die Stelle von Hass und Gleichgültigkeit.

An diesem Punkt wird deutlich, was wir tun können, um die verhängnisvolle Wechselwirkung von Nächstenliebe und Fernstenhass zu unterbinden: *Wir müssen die Begrenzung des empathischen Systems auf den eigenen Clan, die eigene Ethnie, die Vertreter der eigenen Kultur, Nation, Religion, Ideologie verhindern und dafür sorgen, dass der Kreis derer, die in den Genuss empathischer Empfindungen kommen, erweitert wird.* Dass dies möglich ist, verrät ein Blick in die Geschichte. Denn im Verlauf der menschlichen Kulturevolution hat sich der *empathische Kreis* zunehmend vergrößert:[229] Umfasste er zunächst nur den eigenen Clan, umschloss er später spezifische Großgruppen (Nation, Religion, Ethnie, Klasse) und schließlich, mit der UN-Menschenrechtserklärung, die Menschheit in ihrer Gesamtheit. Und selbst bei dieser weltbürgerlichen Perspektive sind viele nicht stehen geblieben, denn mittlerweile hat der empathische Kreis die Artgrenze durchbrochen: Immer mehr Menschen sehen ein, dass es keinen plausiblen Grund gibt, die Interessen von Lebewesen (etwa der Großen Menschenaffen) bloß deshalb zu ignorieren, weil sie nicht unserer eigenen Spezies angehören.[230]

Hinter dieser erstaunlichen Ausweitung des empathischen Kreises verbirgt sich ein bemerkenswerter intellektueller Fortschritt, ja: ein echter Paradigmenwechsel, nämlich die Ablösung des alten, *moralischen Dualismus* durch einen neuen, *ethischen Monismus*.[231] Was ist damit gemeint? Nun, im Unterschied zum moralischen Dualismus akzeptiert das einheitliche (monistische) Denken keine *unterschiedlichen Normensysteme für unterschiedliche Gruppen*, sondern wendet *ein und dasselbe ethische Prinzip* – das egalitäre Prinzip der gleichen Berücksichtigung gleicher Interessen – auf *sämtliche Individuen sämtlicher Gruppen* an.[232] Der ethische Monismus verlangt also, Diskriminierungen jeder Art (etwa Rassismus, Sexismus, Nationalismus, Speziesismus) zu überwinden, da er es als unethisch begreift, die Interessen von Individuen bloß deshalb abzuwerten, weil diese ein anderes Geschlecht haben, eine andere Hautfarbe, einen anderen Glauben – oder: weil sie auf vier statt auf zwei Beinen laufen.

Ein zentraler Unterschied zwischen dem alten Paradigma des moralischen Dualismus und dem neuen Paradigma des ethischen Monismus besteht darin, dass sie im Hinblick auf die *Identitätsbildung* unterschiedliche Ebenen fokussieren: Das Paradigma des moralischen Dualismus war seit jeher darauf ausgerichtet, die *Gruppenebene* zu stärken, weshalb Pädagogen ihre Zöglinge mit eiserner Konsequenz auf die jeweilige Gruppe normierten. So galt es als »anständig« und »sittlich«, ein »guter Deutscher«, ein »guter Türke«, ein »guter Christ«, ein »guter Muslim« zu sein. Das Paradigma des ethischen Monismus hingegen schwächt die Bedeutung der Gruppenebene ab. Stattdessen tritt die Ebene der *einen* Menschheit in den Vordergrund, die vor der Herausforderung steht, bessere, freiere und gerechtere Verhältnisse für alle zu schaffen, sowie die Ebene des *Individuums,* das frei und selbstbestimmt über sein eigenes Leben verfügen kann.

Was bedeutet dies konkret? Nehmen wir als Beispiel die Integrationspolitik in Deutschland, die man aus der Perspektive des ethischen Monismus wohl eher als »Desintegrationspolitik« bezeichnen müsste. Der Grundfehler dieser Politik bestand darin, dass sie die Individuen auf vermeintlich stabile ethnische oder religiöse Gruppenidentitäten reduzierte (anfangs war es *der* Türke, später dann *der* Muslim), was die Emanzipation des Einzelnen behinderte und die Entwicklung von Parallelgesellschaften förderte. Eine klügere Politik hätte einer solchen Stärkung von Gruppenideologien von Anfang an entschieden entgegengewirkt. Sie hätte aufgezeigt, dass »Integrationspolitik« heute vornehmlich als »Emanzipationspolitik« verstanden werden muss, da es eben nicht darum gehen kann, »fremde Kulturen« in eine wie auch immer geartete »deutsche Kultur« zu integrieren, sondern den einzelnen Individuen gesellschaftliche Teilhabe zu ermöglichen.

Der indisch-amerikanische Ökonom und Nobelpreisträger Amartya Sen (*1933) hat in seinem Buch *Die Identitätsfalle* prägnant beschrieben, welche verhängnisvollen Konsequenzen es hat, wenn Individuen dazu getrieben werden, sich über angeblich stabile Gruppenidentitäten zu definieren.[233] Dringend geboten wäre daher ein gezieltes »Gruppenidentitäten-Verunsicherungs-Programm«, das aufzeigt, wie groß zum einen die *Gemeinsamkeiten von Individuen verschiedener Gruppen* und zum anderen die *Unterschiede zwischen Individuen derselben Gruppe* sind. (So sollte einem muslimischen Taxifahrer in Berlin bewusst sein, dass er mit seinen christlichen, jüdischen, buddhistischen, hinduistischen oder religionsfreien Kollegen sehr viel mehr Gemeinsamkeiten hat als mit einem saudischen Ölscheich – auch wenn dieser zum selben »Gott« wie er beten mag.)

Im Jahr 2013 – noch bevor es zu dem unproduktiven Streit zwischen Pegida und Anti-Pegida kam – hatte die 2. *Kritische Islamkonferenz* auf der Basis solcher Überlegungen aufgezeigt, wie eine vernünftige, individuumszentrierte Integrationspolitik aussehen könnte. In der Abschlusserklärung »*Selbstbestimmung statt Gruppenzwang!*« formulierten die Konferenzteilnehmer (darunter prominente liberal-muslimische und religionsfreie Kritiker des politischen Islam) elf zentrale Positionen, die es ermöglichen, nicht nur der »Identitätsfalle« zu entgehen, sondern Islamismus und Fremdenhass in gleichem Maße zu bekämpfen.[234] Die letzten zwei dieser elf Punkte sind in unserem Zusammenhang besonders interessant. Denn sie beschäftigen sich mit einer Form des Gruppenzwangs, die nur selten thematisiert wird, da die Individuen, die von diesem Zwang betroffen sind, ihre Rechte in der Regel nur sehr schwer durchsetzen können, nämlich *Kinder und Jugendliche*.

Lange Zeit war es so, dass man Kindern und Jugendlichen überhaupt keine Rechte zubilligte, da man sie sozusagen als »Besitztümer ihrer Eltern« betrachtete. Dies hat sich mittlerweile zwar geändert, dennoch wird die sogenannte »elterliche Sorge« in unserer Kultur (eigentlich in fast jeder menschlichen

Kultur) meist sehr viel höher gewichtet als die individuellen Rechte von Kindern und Jugendlichen. Hintergrund dieses Ungleichgewichts ist eine kollektivistische Ideologie, die man als *Familismus* bezeichnen kann, wie es die Sozialwissenschaftlerin und langjährige *pro familia*-Vorsitzende Gisela Notz unlängst vorgeschlagen hat.[235] Kennzeichnend für familistische Ideologien ist, dass sie die *Familie* – nicht das *Individuum* – als Basiseinheit der gesellschaftlichen Organisation, als »Keimzelle des Staates«, begreifen.

Wie wir bereits im Kapitel *Die verhinderte Streitkultur und ihre Folgen* gesehen haben, zählt der Familismus (also die *Aufwertung der Familie* und die *gleichzeitige Abwertung der Selbstbestimmungsrechte des Individuums*) zu den großen – wenn auch oft übersehenen – Gemeinsamkeiten von christlichen Abendlandrettern und strenggläubigen Muslimen. Allerdings muss man zugeben, dass das Konzept der »Familienehre«, der sich das Individuum unbedingt unterwerfen muss, bei Letzteren sehr viel stärker ausgeprägt ist. Die freiheitsfeindlichen Konsequenzen, die dies mit sich bringt, haben Necla Kelek und Seyran Ateş in ihren Büchern prägnant beschrieben.[236]

Das System der familistischen Unterdrückung des Individuums, das sich nicht zuletzt in Zwangsverschleierung (hierzu gibt es kaum verlässliche Zahlen) und Zwangsheiraten niederschlägt (einige Tausend Fälle pro Jahr allein in Deutschland),[237] arbeitet in der Regel so perfekt, dass es (hierzulande) nur in seltenen Fällen zu extremen Sanktionen kommt, etwa zur Androhung oder gar zur Durchführung eines »Ehrenmordes«. Daher müssen nur wenige Frauen ähnliche Traumata erleiden wie die deutsch-syrische Psychologin Nourig Apfeld, die in ihrer beklemmenden Autobiografie schilderte, wie sie – mitten in Deutschland – zur Zeugin des »Ehrenmordes« an ihrer Schwester gemacht wurde, wodurch ihr die eigene Familie auf unmissverständlich brutale Weise demonstrierte, wie gefährlich der Wunsch sein kann, ein Leben in Freiheit führen zu wollen.[238] In

Deutschland werden pro Jahr etwa 20 Ehrenmorde bekannt, in

der Türkei etwa 300, weltweit werden jährlich etwa 5000 Ehren-morde registriert, davon rund 90 Prozent in islamisch gepräg-ten Familien.[239]

Da Kinder und Jugendliche, die in sehr konservativen Fami-lien aufwachsen, in dem Bewusstsein erzogen werden, dass ein Verlassen der vorgegebenen Bahnen schwerwiegende Folgen nach sich ziehen würde (Aufkündigung aller Beziehungen oder Schlimmeres), sind nur verhältnismäßig wenige von ihnen in der Lage, die Freiheiten zu nutzen, die ihnen die offene Gesellschaft bietet. Tragischerweise kommt es in diesem Zu-sammenhang oft auch zu einer »Identifikation mit dem Aggres-sor« (also mit den dominierenden Figuren des Familienclans: Eltern, Schwiegereltern, Onkel und Tanten, ältere Brüder und Cousins), was zur Folge hat, dass diejenigen, die in ihrer Jugend ihrer Freiheiten beraubt wurden, sich später gegenüber den eigenen Kindern in ähnlicher Weise verhalten, da sie nur so die Demütigungen »rechtfertigen« können, die sie selbst haben erfahren müssen.[240] So kann ein freiheitsfeindliches Verhalten inmitten einer freiheitlichen Gesellschaft von Generation zu Generation weitergegeben werden – ein Teufelskreis, aus dem die betroffenen Familien ohne Hilfe oder Eingreifen von außen schwerlich herausfinden können.

Eigentlich sollte man von den politischen Repräsentanten einer offenen Gesellschaft erwarten, dass sie solchen Freiheits-beraubungen mit aller Entschiedenheit entgegenwirken. Doch davon ist wenig zu spüren. Zwar hat der Deutsche Bundes-tag 1992 die *UN-Kinderrechtskonvention* ratifiziert, die Kin-dern und Jugendlichen unter anderem Meinungs-, Informa-tions- und Religionsfreiheit garantiert,[241] und im Jahr 2000 das *Gesetz zur Ächtung von Gewalt in der Erziehung* erlassen, das Kinder und Jugendliche vor körperlichen Bestrafungen, seeli-schen Verletzungen und anderen entwürdigenden Maßnah-men schützen soll.[242] Jedoch haben es die deutschen Politiker trotz mehrmaliger Aufforderung (u. a. des *UN-Ausschusses für die Rechte des Kindes*) nicht als notwendig erachtet, Kindern und Jugendlichen eine *eigene verfassungsrechtliche Stellung* einzuräumen. Noch immer erscheinen sie im Grundgesetz nur als Rechts*objekte* ihrer Eltern, nicht als eigenständige Rechts*sub-jekte* (Artikel 6 GG: »Pflege und Erziehung der Kinder sind das natürliche Recht der Eltern«), was wohl auch erklärt, warum sich der Staat im Konfliktfall eher hinter die Interessen der Eltern stellt als hinter die Interessen der Kinder.

Besonders deutlich wurde dies im Dezember 2012, als der Deutsche Bundestag das *Gesetz zur Beschneidung des männlichen Kindes* (§ 1631d BGB) erließ, das Eltern das Recht einräumt, die Vorhaut ihres Sohnes entfernen zu lassen, selbst wenn es dafür keinerlei medizinische Gründe gibt. In der öffentlichen Debatte, die der Bundestagsentscheidung vorangegangen war, hatten die Befürworter des elterlichen Beschneidungsrechts versucht, die religiös begründete Vorhautamputation mit allen Mitteln zu bagatellisieren. (So meinte Kanzlerin Angela Merkel, Deutschland würde sich zur »Komiker-Nation« machen, wenn das Verbot der Knabenbeschneidung ernsthaft diskutiert würde.)[243] Tatsächlich aber handelt es sich bei der Beschneidung keineswegs um eine Bagatelle, sondern um einen »risikoreichen, schmerzvollen, mitunter traumatisierenden Eingriff, der mit der irreversiblen Amputation eines hochsensiblen, funktional nützlichen Körperteils verbunden ist«.[244]

Denn die Vorhaut des Penis ist eine hocherogene Zone. Wird sie entfernt, ist dies nicht nur mit großen Schmerzen, sondern auch mit gravierenden Sensibilitätsverlusten verbunden. (Es hat also durchaus seinen Grund, dass die Vorhautamputation lange Zeit als besonders effektives Instrument zur Verhinderung der Masturbation gepriesen wurde.[245]) Die männliche Vorhautbeschneidung ist deshalb sehr wohl – auch wenn das oft bestritten wurde – mit der weiblichen Genitalverstümmelung vergleichbar. Zwar ist die Infibulation, also das Vernähen der Vagina nach Entfernung der äußeren Klitoris und der Schamlippen, ein sehr viel dramatischerer Eingriff als die Knabenbeschneidung, aber es gibt durchaus Formen, die »harmloser« sind, zum Beispiel die Entfernung der Klitorisvorhaut oder das bloße Einstechen oder Einritzen derselben, da die männliche Vorhaut im Vergleich zur weiblichen etwa doppelt so viele Nervenenden aufweist und physiologisch eine weit größere Bedeutung hat.

Aus diesem Grund ist es überhaupt nicht einsehbar, warum Eltern nach § 1631d BGB das Recht haben sollten, medizinisch unnötige Vorhautbeschneidungen bei Knaben durchführen zu lassen, während sämtliche Formen der weiblichen Genitalbeschneidung – auch die »milderen« Varianten – nach § 226a StGB (Verstümmelung weiblicher Genitalien) strikt bestraft werden. Eine solche Ungleichbehandlung gleicher Interessen widerspricht natürlich dem Gleichheitsgrundsatz der Verfassung. Man kann es daher nur als eine verfassungswidrige Diskriminierung aufgrund des Geschlechts werten, wenn der Gesetzgeber die körperliche Unversehrtheit von Mädchen schützt, aber die körperliche Unversehrtheit von Jungen aus Rücksicht auf religiöse Interessengruppen zur Disposition stellt.²⁴⁶

Mehr noch: Indem der Deutsche Bundestag per Gesetz deklarierte, dass Eltern ohne medizinischen Grund an den Genitalien ihrer Söhne herumschneiden lassen dürfen, hat er auch die Argumentation gegen die weibliche Genitalbeschneidung in fataler Weise untergraben. Denn es sind letztlich dieselben Argumente, die gegen die Missachtung der genitalen Selbstbestimmungsrechte von Mädchen wie auch von Jungen sprechen. Es ist nun einmal so, auch wenn die Vertreter der Bundesregierung dies nicht wahrhaben wollten: Wer Eltern das Recht einräumt, aufgrund von archaischen Religionsvorschriften die Genitalien ihrer Söhne zu verletzen, kann keine guten rechtsstaatlichen Argumente, sondern nur noch sexistische Gründe (»Männer weinen nicht!«) dafür angeben, warum er ihnen das gleiche Recht im Falle ihrer Töchter verweigert.

In diesem Zusammenhang ist zudem zu beachten, dass es nur in solchen Gegenden zu weiblichen Genitalverstümmelungen kommt, in denen männliche Genitalverstümmelungen gängige Praxis sind. Allem Anschein nach ist die Knabenbeschneidung nicht nur das sehr viel häufiger praktizierte, sondern auch das ältere Ritual, aus dem die weibliche Genitalbeschneidung abgeleitet wurde. Daher könnte eine konsequente Ächtung der Knabenbeschneidung mittelbar auch zu einem Rückgang der weiblichen Genitalbeschneidung führen, was jährlich einigen Tausend Mädchen und Jungen weltweit, die bislang (vor allem aufgrund von postoperativen Infektionen) an den Folgen dieses archaischen Initiationsrituals sterben müssen, das Leben retten würde.

Zur Verteidigung des sowohl verfassungswidrigen als auch (vor allem in globaler Hinsicht) völlig verantwortungslosen *Gesetzes zur Beschneidung des männlichen Kindes* wurde vorgebracht, dass eine Aufhebung des Schutzes der körperlichen Unversehrtheit von männlichen Kindern notwendig sei, um die *Religionsfreiheit* in Deutschland aufrechterhalten zu können. Doch dies ist gleich in mehrfacher Hinsicht falsch: *Erstens* ist es nämlich so, dass man sich sehr wohl als gläubiger Jude oder Muslim verstehen kann, ohne beschnitten worden zu sein.[247] *Zweitens* kann selbstverständlich jeder, der es möchte, sich für eine Beschneidung entscheiden, sobald er die dafür erforderliche Einsichtsfähigkeit besitzt. *Drittens* darf die Religionsfreiheit, wie wir bereits gesehen haben, nicht als Freibrief verstanden werden, um die körperliche Unversehrtheit anderer zu verletzen. Und *viertens* erstreckt sich das Recht auf Religionsfreiheit der Eltern nur auf sie selbst – nicht aber auf ihre Kinder, die das Recht haben, ihre eigenen religiös-weltanschaulichen Überzeugungen zu entwickeln, unabhängig davon, was ihre Eltern glauben.

Zugegeben: Trotz Zwangsbeschneidung ist es möglich, die Religionsgemeinschaft zu verlassen, in die man hineinsozialisiert wurde. Dennoch bedeutet die Beschneidung eine lebenslange Kennzeichnung, die von den Betroffenen – abgesehen von den körperlichen Nachteilen der Vorhautamputation – als belastend empfunden werden kann. So hat der Kölner Ex-Muslim Ali Utlu sein eigenes »Beschneidungsfest«[248] nicht nur als *traumatische Erfahrung* beschrieben (»Wir haben uns gewehrt und geschrien, aber sie haben uns zu viert festgehalten. Für mich war das der totale Horror, und das hat sich bei mir für immer eingebrannt«), sondern auch als dauerhaft sichtbares Zeichen der *Missachtung seiner Weltanschauungsfreiheit:* »Für mich war es im Nachhinein eine Brandmarkung durch die Religion. Als würde man einer Kuh einen Stempel draufdrücken und sagen: Du gehörst zu meiner Herde.«[249]

Würden religiös begründete Beschneidungen erst in einem Alter stattfinden, in dem die Betroffenen selbst in der Lage sind, über den Eingriff zu entscheiden, könnten solche Gefühle der Fremdbestimmtheit vermieden werden. Dies wäre zweifellos ein wichtiger Schritt in Richtung größerer individueller Freiheit. Doch offenkundig ist genau dies nicht gewollt: In einer Mitte August 2012 ausgestrahlten Folge der Sendung *Menschen bei Maischberger* plädierte der muslimische Arzt und Beschneidungsspezialist Sebastian Isik dafür, die Beschneidung *möglichst frühzeitig* vorzunehmen, da *ältere, einsichtsfähige Kinder und Jugendliche einen solch schmerzhaften Eingriff zu »90 Prozent« ablehnen würden.*[250] Besser als mit dieser unfreiwillig selbst entlarvenden Aussage lässt sich wohl kaum verdeutlichen, wie sehr die gängige Praxis der Beschneidung über die Selbstbestimmungsrechte der Jungen hinweggeht.

Woran liegt es nun, dass die (nicht nur in der UN-Kinderrechtskonvention, sondern auch in der europäischen Grundrechte-Charta verankerten)[251] Selbstbestimmungsrechte von Kindern und Jugendlichen vor allem dann ignoriert werden, wenn diese Rechte – wie im Fall der Beschneidung – im Widerspruch zu religiösen Interessen stehen? Dies ist wohl nicht zuletzt darauf zurückzuführen, dass Kinder noch immer als *Träger einer »familiären religiösen Identität«* betrachtet werden und damit als *eigenständige Individuen* aus dem Blick geraten. So geht man davon aus, dass der Staat einige Kinder als Katholiken, andere als Protestanten, wieder andere als Muslime behandeln müsse, bloß weil ihre Eltern entsprechende weltanschauliche Präferenzen aufweisen. Dies ist jedoch falsch. Denn aus Sicht der offenen Gesellschaft gibt es *katholische, protestantische, sunnitische oder schiitische Kinder ebenso wenig wie christdemokratische, sozialdemokratische, grüne oder liberale Kinder.*

Zwar haben Eltern das Recht, ihre religiösen und politischen Überzeugungen in der Erziehung ihrer Kinder zum Ausdruck zu bringen (sofern sie deren Grundfreiheiten dadurch nicht einschränken). Das heißt jedoch nicht, dass ein *weltanschaulich neutraler Staat derartige Perspektivverengungen aktiv unterstützen dürfte.* Ganz im Gegenteil: Der Staat muss solchen ideologischen Einseitigkeiten aktiv entgegenwirken und den Heranwachsenden Zugang zu Wissensquellen ermöglichen, die ihnen in ihrem familiären Umfeld verschlossen sind. *Denn Kinder haben ein Recht auf vorurteilsfreie Bildung.* Sie haben ein Anrecht darauf, möglichst viele verschiedene Lebensperspektiven kennenzulernen, um ihre eigene Sicht der Dinge entwickeln zu können, ohne dabei von vornherein ideologisch in eine bestimmte Richtung gedrängt zu werden.

Auf politischem Gebiet wird dies kaum angezweifelt. So käme wohl niemand auf den Gedanken, den Kindern von CDU-Wählern einen speziellen CDU-Unterricht und den Kindern von SPD-Wählern einen speziellen SPD-Unterricht anzubieten. Auf religiösem Gebiet werden derartige Manipulationen jedoch weithin akzeptiert, weshalb kaum jemand dagegen aufbegehrt, wenn Kinder von Katholiken in einen katholischen, Kinder von Protestanten in einen protestantischen und Kinder von Muslimen in einen islamischen Bekenntnisunterricht geschickt und dort im Sinne der jeweiligen Religionsgemeinschaft beeinflusst werden.

Dies entspricht eher dem *kollektivistischen Denken einer geschlossenen* als dem *individualistischen Denken einer offenen Gesellschaft.* Aus einer freiheitlichen, individuumszentrierten Perspektive ist die konfessionelle Aufspaltung der Schülerinnen und Schüler in unterschiedliche Bekenntnisunterrichte nicht zu akzeptieren. Denn sie führt nicht bloß zu einer weltanschaulichen Perspektivverengung, sondern auch zu einer Festigung von Gruppenidentitäten, die das friedliche Zusammenleben der Menschen gefährden. Dringend geboten wäre daher die Einführung eines *allgemeinverbindlichen Fachs,* in dem sich die Schülerinnen und Schüler unabhängig von ihrer familiären

Herkunft mit Fragen der Lebensgestaltung, der Ethik, der Religion und Weltanschauung auseinandersetzen. (Dies dürfte auch im Interesse vieler Religionslehrerinnen und -lehrer sein, die trotz des konfessionellen Auftrags keinerlei Drang verspüren, ihre Schülerinnen und Schüler in irgendeiner Weise weltanschaulich zu manipulieren.)[252]

Es müsste ein Hauptanliegen der offenen Gesellschaft sein, den *Individualismus* zu stärken und die verschiedenen Formen des *Kollektivismus* – also auch den *Familismus* – zu schwächen. Deshalb sollten wir damit aufhören, Kinder als weltanschauliche Anhängsel ihrer Eltern zu betrachten, die man im Sinne der jeweiligen Familienidentität weltanschaulich zurichten darf. So fest die Eltern auch immer in einem religiösen Weltbild verankert sein mögen, für die offene Gesellschaft – insbesondere für ihre Bildungsinstitutionen – darf dies keinerlei Relevanz haben.[253] Denn für sie gilt notwendigerweise das säkulare Leitmotiv »Offenheit statt Offenbarung«. Damit stoßen wir auf das vierte Wesenselement, das neben den von Karl Popper beschriebenen Prinzipien Liberalismus, Egalitarismus und Individualismus für die offene Gesellschaft charakteristisch ist: das *Prinzip des Säkularismus*.

## Säkularismus ist die Lösung

Mitunter wird uns der Wert eines bestimmten Guts erst dann bewusst, wenn es uns abhandenkommt. So schätzen wir den Wert der Gesundheit besonders in jenen Momenten, in denen wir von einer Krankheit gezeichnet sind. Als Karl Popper 1938 begann, sein Buch über die offene Gesellschaft zu schreiben, beschäftigte ihn vor allem die radikale Unterdrückung der Freiheit, Gleichheit und Individualität, die mit den Diktaturen Hitlers und Stalins einherging, weshalb er diese Ideale besonders betonte. Das Prinzip des Säkularismus kam ihm hingegen nicht in den Sinn, da Nationalsozialismus und Stalinismus – wenn auch nur bei oberflächlicher Betrachtung – als säkulare Ideologien erscheinen konnten.[254]

Für Raif Badawi in Saudi-Arabien sah und sieht die Lage deutlich anders aus. Denn er wurde nur deshalb zu zehn Jahren Haft und 1000 Stockhieben verurteilt, weil Saudi-Arabien kein säkulares Land ist. Er ist das Opfer eines Regimes, das Staat und Religion nicht voneinander trennt, sondern sämtliche Normen der Gesetzgebung und Rechtsprechung religiös definiert. Für Raif und seine Leidensgenossen ist es daher offensichtlich, dass allein der Säkularismus den gesellschaftlichen Nährboden dafür bereiten kann, die Werte der Freiheit, Gleichheit und Individualität zur Geltung zu bringen.

Entsprechend erfreut war Raif, als er eines Tages beim Toilettengang im Gefängnis einen Spruch entdeckte, den er dort nicht erwartet hatte, nämlich »Säkularismus ist die Lösung!«. In seinem »Brief aus dem Gefängnis«, den Raif seiner Frau Ensaf Haidar am Telefon diktierte, beschrieb er, was er empfand, als er diesen so erstaunlich andersartigen Toilettenspruch entdeckte: »Ich war zutiefst verwundert und erfreut über diesen kurzen, schönen Satz. Dass ich so etwas zu lesen bekam inmitten Hunderter vulgärer, in allen erdenklichen arabischen Dialekten geschriebener Worte, mit denen man diese dreckigen Klowände beschmiert hatte, bedeutet, dass es irgendwo hier in diesem Gefängnis zumindest *eine* Person geben muss, die mich versteht. Jemanden, der versteht, wofür ich gekämpft habe und weswegen man mich hier eingesperrt hat.«[255]

»Säkularismus ist die Lösung!« – Dieser Satz hat nicht nur Raif Badawi Kraft gegeben, die erniedrigenden Haftbedingungen in Saudi-Arabien durchzustehen, er enthält auch eine zentrale Lehre, die sich aus dem Studium der Geschichte ergibt. Denn es ist wahr: *Ohne säkulare Gesellschaftsnormen, ohne konsequente Trennung von Staat und Religion, wird es auf Dauer nirgends Frieden, Freiheit und Gerechtigkeit geben können.*

Nur ein *säkularer, weltanschaulich neutraler Staat* kann einen nachhaltigen Frieden unter den Religionen herstellen und seinen Bürgerinnen und Bürgern Freiheit und Gleichheit garantieren. Deshalb darf sich der Staat in seinen Normen nicht auf ein bestimmtes religiöses (oder antireligiöses) Bekenntnis be-

rufen, sondern muss sich unabhängig von derartigen Bekennt-
nissen positionieren. Denn nur so kann er den unterschiedlichen Weltanschauungsgemeinschaften mit gleichem Abstand
begegnen und zu einer »Heimstatt aller Bürgerinnen und Bürger« werden, die als Privatpersonen selbstverständlich glauben
dürfen, was immer sie wollen, solange aus ihrem Glauben keine
Gefahr für die offene Gesellschaft erwächst.[256]

Die Beachtung des Prinzips des Säkularismus ist deshalb so
wichtig, weil es das Fundament für den *Gesellschaftsvertrag* bildet, auf dem jede offene Gesellschaft gründet. Entscheidend für
die Idee des Gesellschaftsvertrags ist nämlich die Einsicht, dass
die Werte, die unser Zusammenleben ordnen, von keiner »hö-
heren Instanz« (Gott, Götter, Natur, Schicksal etc.) *vorgegeben*
sind, sondern von den gesellschaftlichen Akteuren unter fairer
Berücksichtigung ihrer jeweiligen Interessen *ausgehandelt* werden müssen. (Diesem säkularen Grundsatz widerspricht nicht,
dass einzelne gesellschaftliche Akteure an »göttlich vorgege-
bene Werte« glauben, allerdings müssen sie sich damit abfin-
den, dass ihre Glaubensvorstellungen für andere Gesellschaftsmitglieder weder *verbindlich sind* noch in irgendeiner Weise
*verbindlich gemacht* werden dürfen.)

Hiermit verbunden ist ein zweiter säkularer Grundsatz, den
offene Gesellschaften unbedingt berücksichtigen sollten: Da
die Rechtsnormen im säkularen Rechtsstaat für alle *gleichermaßen gelten müssen*, sollten sie auch für alle *gleichermaßen einsichtig sein*. Deshalb bedürfen sie einer *säkularen, weltanschaulich neutralen Formulierung und Begründung* und sollten eben
nicht auf religiösen Überzeugungen beruhen, die von vielen
Gesellschaftsmitgliedern nicht geteilt werden.

Und noch ein dritter säkularer Grundsatz ist für das Funktionieren offener Gesellschaften von entscheidender Bedeutung:
Der weltanschaulich neutrale Staat darf zwar einzelne Religi-
ons- und Weltanschauungsgemeinschaften weder privilegieren
noch diskriminieren, jedoch muss er Sorge dafür tragen, dass
seine *Rechtsnormen* auch *innerhalb dieser Gemeinschaften* beachtet werden. Unter gar keinen Umständen darf er den Ein-

druck erwecken, dass die Religionen in irgendeiner Weise *über* dem Gesetz stünden. Vielmehr muss der Staat den Gläubigen – vor allem solchen, die religiöse Grundsätze höher bewerten als die Regeln der offenen Gesellschaft – unmissverständlich vor Augen führen, dass auch sie sich den für alle geltenden Gesetzen *unterzuordnen* haben. Es darf gar kein Zweifel daran aufkommen, dass Verletzungen von Menschenrechten auch dann mit allen erforderlichen Mitteln bekämpft werden, wenn sie mit sogenannten »heiligen« Werten begründet werden.

Legt man diese Grundsätze des Säkularismus an die Wirklichkeit an, stellt man schnell fest, dass selbst ein so weltliches und weltoffenes Land wie Deutschland noch immer erstaunliche *Säkularitätsdefizite* aufweist. Wir haben dies bereits am Beispiel der *Knabenbeschneidung* gesehen, wo der Staat seine eigenen Rechtsnormen aus *falschem Respekt vor der Religion* verbog und archaische Initiationsriten erlaubte, die man in einer offenen Gesellschaft des 21. Jahrhunderts niemals *tolerieren* geschweige denn als bürgerliches Recht (BGB!) *akzeptieren* kann. (Allenfalls wäre es möglich gewesen, die Beschneidung, verbunden mit einer breiten Aufklärungskampagne im Sinne einer »zivilisierten Verachtung«, auf eine bestimmte Zeit hin strafrechtlich nicht zu verfolgen, jedoch hätte dies peinlicherweise aufgrund des Gleichheitsgrundsatzes verlangt, dass auch die »milderen« Formen der weiblichen Genitalbeschneidung in dieser Weise hätten geduldet werden müssen.)

Falscher Respekt vor der Religion war auch der Grund dafür, dass der Staat in unverantwortlicher Weise wegsah, als Hunderttausende von *Heimkindern* in den überwiegend konfessionell geführten Erziehungsanstalten der 1940er- bis 1970er-Jahre (zum Teil auch darüber hinaus) missbraucht, gedemütigt, ausgebeutet, vergewaltigt, körperlich und seelisch misshandelt wurden, ohne dass sie auf irgendeine Hilfe hätten hoffen können. »Schläge im Namen des Herrn« waren an der Tagesordnung – und dabei konnten die Kinder noch froh darüber sein, wenn es »nur« bei diesen Schlägen blieb.[257] Es ist ein trauriges Faktum, dass die größten Menschenrechtsverletzungen in

Westdeutschland ausgerechnet in pädagogischen Institutionen stattfanden – dort, wo Kinder eigentlich Trost, Hoffnung, liebevolle Unterstützung finden sollten. Ermöglicht wurde dieses Unrecht durch die verhängnisvolle Kumpanei von Staat und Kirche, die das Leben unzähliger Opfer nachhaltig schädigte, während die Täterorganisationen weiter prosperierten. Ein gewerblicher Anbieter, der sich auch nur *ein* Prozent von dem hätte zuschulden kommen lassen, was wir heute von den konfessionellen Heimträgern wissen, wäre gnadenlos vom Markt geklagt worden. Die gemeinnützigen Institutionen der Kirchen jedoch konnten sich dank eifriger staatlicher Unterstützung schadlos halten, die Opfer mit geradezu lächerlichen Entschädigungszahlungen abspeisen und ihren Ruf als Garanten der »Mildtätigkeit« bis zum heutigen Tag bewahren.

Noch immer zeigt der deutsche Staat nur wenig Engagement, seine Normen gegenüber den großen Religionsgemeinschaften durchzusetzen. So lässt er es zu, dass der größte nicht-staatliche Arbeitgeber Deutschlands (ja: sogar Europas!), der katholische Caritasverband, *Menschen aufgrund ihrer Weltanschauung oder ihrer sexuellen Orientierung diskriminiert,* obwohl dies gegen den Gleichheitsgrundsatz der Verfassung verstößt.[258] Wenn katholische Organisationen, die für »ihre« Krankenhäuser und Altenheime keinen einzigen Cent selbst aufbringen, Mitarbeiterinnen und Mitarbeiter bloß deshalb entlassen, weil sie homosexuell sind, ein zweites Mal geheiratet haben oder von ihrem Recht auf Religionsfreiheit Gebrauch machen, ist dies ein gravierender Grundrechtsverstoß, den ein Rechtsstaat, der diesen Namen verdient, hart bestrafen müsste. Stattdessen aber kommen diese Betriebe in den Genuss von staatlichen Förderungen in Höhe von mehreren Milliarden Euro jährlich, was man nur mit dem unverhältnismäßigen Einfluss christlicher Lobbyisten auf die Politik erklären kann.[259]

Macht man sich die weitreichenden Privilegien der Großkirchen bewusst, die als »Körperschaften des öffentlichen Rechts« beinahe als »Staaten im Staate« agieren können,[260] muss man sich nicht darüber wundern, dass dies bei den Vertretern der

*Islamverbände* Begehrlichkeiten weckt. Selbstverständlich wollen auch sie (am besten mit großzügiger staatlicher Förderung) ein möglichst breites Netzwerk von sozialen Institutionen aufbauen: islamische Geburts- und Beschneidungskliniken, islamische Kindergärten und Schulen, islamische Kinderheime und Jugendtreffs, islamische Rechts-, Ehe- und Familienberatungseinrichtungen und vieles andere mehr. Und natürlich möchten auch sie – wie die Kirchen – über die Inhalte eines staatlich finanzierten Bekenntnisunterrichts bestimmen können, damit »muslimische Kinder« in diesem Unterricht nichts erfahren, was ihre Glaubensfestigkeit gefährden könnte.

Man kann den Ärger der Muslimverbände durchaus nachvollziehen: Denn wenn Katholiken und Protestanten in den Aufsichtsräten der Medien, in Ethikkommissionen und Wohlfahrtsausschüssen sitzen, warum dann nicht vermehrt auch Muslime? Warum sollten nicht auch sie darüber wachen können, dass in diesem Land nichts geschieht, was ihre »religiösen Gefühle« verletzen könnte? Und weshalb sollten sie nicht das Recht haben, Ehestreitigkeiten auf der Basis der Scharia zu behandeln, wenn es auf der anderen Seite doch auch katholische Gerichte gibt, die solche Fälle intern und geheim auf der Basis katholischer Normen klären?[261]

Der weltanschaulich neutrale Rechtsstaat gerät durch die zunehmend selbstbewusster vorgetragenen muslimischen Ansprüche in eine unangenehme Zwickmühle,[262] *denn natürlich darf er Muslimen nicht verwehren, was er Christen gewährt.* Will er seine eigenen Prinzipien nicht verraten, bleibt ihm nur die Wahl zwischen zwei Alternativen, nämlich *erstens* einer *Ausweitung der Kirchenprivilegien auf Muslime* (was jedoch den Trend hin zur religiösen Gettoisierung der Gesellschaft und der Ausbildung von Gruppenidentitäten verstärken würde) oder *zweitens* einer *Einschränkung der bisherigen Kirchenprivilegien* (was sowohl den Begehrlichkeiten der Muslimverbände als auch kollektivistischen Denkhaltungen entgegenwirken würde).

Die zweite Option ist zweifellos diejenige, die einer offenen Gesellschaft sehr viel eher entsprechen würde. Allerdings setzt sie voraus, dass die Vertreter der Kirchen und die Fraktion ihrer Fürsprecher in den Parlamenten einsehen (bzw. zu der Einsicht gebracht werden), dass sie auf (verfassungsrechtlich ohnehin bedenkliche) Privilegien verzichten müssen, wenn sie das Projekt der offenen Gesellschaft nicht gefährden wollen. Zudem müsste die politische Klasse begreifen, dass ihre Aufgabe heute nicht zuletzt auch darin bestehen muss, *Säkularisierungsprozesse* anzuschieben, sprich: dafür zu sorgen, dass *religiöse Deutungsmuster im öffentlichen, insbesondere im politischen Raum zunehmend an Bedeutung verlieren und durch weltlich-rationale Sichtweisen ersetzt werden.*

Letzteres erscheint uns »Westlern« ungewohnt, da wir dazu neigen, den Prozess der Ablösung religiöser Herrschaftsmuster durch weltliche Übereinkünfte im Rahmen einer freien Zivilgesellschaft als ein Geschehen zu betrachten, das *von selbst abläuft,* ohne dass man sich dafür groß engagieren müsste. Diese Haltung spiegelt sich auch in unserem Sprachgebrauch wider. So verwenden wir in der Regel den eher passiven Prozessbegriff »Säkularisierung«, während die Aktiv-Form »Säkularismus« fast ausschließlich bei Intellektuellen aus dem muslimischen Kulturraum auftaucht, mitunter sogar, wie Raif Badawi zeigte, an den Toilettenwänden saudi-arabischer Gefängnisse.

Tatsächlich spricht sehr vieles für diesen aktiven Sprachgebrauch. Denn je genauer man hinschaut, desto klarer wird, dass Säkularisierung alles andere als ein passiver Prozess ist, der einfach so geschieht. *Säkularisierung* verlangt nämlich entsprechende *Akteure,* verlangt *Säkularisten,* die sich dafür einsetzen, dass die absoluten Moralsetzungen religiöser Dogmatiker zurückgewiesen und die Normen des Zusammenlebens frei und rational ausgehandelt werden.

Ein solches Engagement ist nicht nur in Saudi-Arabien erforderlich, sondern auch in den (noch?) säkularen Staaten Europas. Denn es ist offenkundig, dass sämtliche zivilisatorischen Errungenschaften der Moderne (etwa die in den Menschenrechten verankerten individuellen Freiheiten) in Gefahr geraten, falls es der Fraktion der religiösen Hardliner (Islamisten wie Christianisten) gelingen sollte, ihr Projekt der *Resakralisierung der Gesellschaft* weiter voranzutreiben. Wir können uns nicht darauf verlassen, dass der Prozess der Säkularisierung künftig in ähnlicher Weise fortschreiten wird, wie er in Europa in den letzten Jahrhunderten und Jahrzehnten fortgeschritten ist. Vielmehr müssen wir diesen Prozess aktiv vorantreiben, wenn wir die offene Gesellschaft gegen ihre Feinde verteidigen wollen.

Hierzu ist es notwendig, dass wir genau verstehen, was Säkularismus bedeutet bzw. was der Begriff nicht bedeuten sollte. So sollte man Säkularismus nicht mit *Laizismus* (im engeren Sinne) verwechseln. Zwar ist für jeden säkularen Staat das *Prinzip der Trennung von Staat und Religion* unabdingbar, das heißt aber nicht, dass die Religionen in der öffentlichen Debatte bzw. in den staatlichen Bildungsinstitutionen keine Rolle mehr spielen sollten. Laizisten, die Derartiges verlangen, übersehen, dass eine solche Tabuisierung der Religion die säkulare Gesellschaft eher gefährden als schützen würde, da eine bewusste Auseinandersetzung mit Religion erforderlich ist, um fundamentalistische Glaubensvarianten in Schach zu halten. Säkularismus bedeutet auch nicht, dass der Staat sich in die Belange der Religionsgemeinschaften überhaupt nicht einmischen dürfte (wie wir gesehen haben, müsste er sogar noch sehr viel stärker dafür sorgen, dass die für alle geltenden Normen auch in diesen Gemeinschaften beachtet werden).

Säkularismus darf auch keineswegs im Sinne einer *Religionsfeindlichkeit* ausgelegt werden. Es sollte sich von selbst verstehen, dass sich ein weltanschaulich neutraler Staat *weder religiös noch anti-religiös positionieren darf,* da er dazu verpflichtet ist, religiöse und nichtreligiöse Bürgerinnen und Bürger gleich zu behandeln. Allerdings sollten die Vertreter eines säkularen, weltanschaulich neutralen Staates ein sehr viel größeres Bewusstsein dafür entwickeln, *welche religiösen Positionen in einer offenen Gesellschaft zu akzeptieren und welche Positionen allenfalls zu tolerieren sind.* Denn es ist keineswegs gleichgültig, ob Religionsvertreter die säkulare Ausrichtung des modernen

Rechtsstaates begrüßen oder ob sie danach trachten, sie durch eine religiöse Prägung der gesellschaftlichen Normen zu ersetzen.

Letzteres würde - wie die Islamische Revolution im Iran gezeigt hat und auch die gegenwärtige Re-Islamisierung der Türkei unter Erdoğan in immer erschreckenderem Ausmaß belegt - nicht nur die Religionsfreiheit, sondern alle bürgerlichen Freiheiten untergraben. Der weltanschaulich neutrale Staat sollte daher ein starkes Eigeninteresse daran haben, jene Gläubigen zu stärken, die zugleich religiös *und* säkular denken (dies ist keineswegs ein Widerspruch, wie u. a. der katholische Theologe Hans-Joachim Höhn dargelegt hat),[263] und den Einfluss jener Gläubigen zu schwächen, die anderen Bürgerinnen und Bürgern ihre Normen aufzwingen möchten.

Wichtig ist dabei die Erkenntnis, dass der Säkularismus nicht im Widerspruch zur *Religion* steht, wohl aber im Widerspruch zu einer *religiösen Fundierung der Politik*. Das Problem, mit dem wir uns beschäftigen müssen, ist somit auch nicht der *Islam*, sondern der *Islamismus,* der sich, wie wir gesehen haben, aus reaktionären Lesarten der muslimischen Quellentexte speist, die bedauerlicherweise noch immer weitverbreitet sind. Säkularismus verlangt daher keinen wie auch immer gearteten *»Kulturkampf« gegen Muslime* - er verlangt vielmehr, dass wir uns endlich mit der erforderlichen Konsequenz *an die Seite jener liberalen Muslime stellen,* die einen erbitterten Emanzipationskampf gegen die Repräsentanten des politischen Islam führen. Es wäre ein schrecklicher Fehler, wenn wir sie in ihrem Ringen um Freiheit, Gleichheit und Menschenrechte weiterhin im Stich lassen würden! Aus diesem Grund sind heute gezielte, wirksame Hilfen gefordert - sowohl auf internationaler wie auch auf nationaler Ebene. Konkret auf Deutschland bezogen heißt dies unter anderem, dass der Staat sehr viel mehr Einsatz zeigen müsste, um das freiheitlich ausgerichtete *Muslimische Forum Deutschland,* das »humanistisch orientierten Muslimen eine Stimme verleihen« will,[264] zu unterstützen und den Einfluss tendenziell freiheitsfeindlicher (also bloß tolerierbarer)

Islamverbände wie der – von Erdoğans Türkei gesteuerten – Dachorganisation *DITIB* zurückzudrängen.

Wohlgemerkt: Eine solche Agenda würde den Prinzipien des weltanschaulich neutralen Staates nicht widersprechen, sondern vielmehr gewährleisten, dass der Staat auch in Zukunft weltanschaulich neutral bleiben kann. *Denn weltanschauliche Neutralität bedeutet keineswegs Wertneutralität.* So gleichgültig es dem Staat sein kann und muss, *wie* die Werte, die für ihn grundlegend sind, von den Bürgerinnen und Bürgern bzw. den Gemeinschaften, die sie bilden, weltanschaulich unterfüttert werden, so wenig darf es ihm gleichgültig sein, *ob* diese grundlegenden Werte innerhalb dieser Gemeinschaften auf Zustimmung stoßen oder nicht. Hier müssten die staatlichen Institutionen künftig sehr viel klarere Unterscheidungen vornehmen, als es in der Vergangenheit geschehen ist.

Erfreulicherweise gibt es in Westeuropa inzwischen nicht nur viele liberale Christen, sondern auch viele liberale Muslime, die verstanden haben, dass nur ein säkularer Staat bürgerliche Freiheiten garantieren kann. In vielen anderen Teilen der Welt sieht dies deutlich anders aus. Verglichen mit weiten Teilen Afrikas und Asiens (aber auch mit Osteuropa und Lateinamerika) mag uns Westeuropa heute wie eine »säkulare Insel des Religionsfriedens in einem Meer von Glaubensstreitern« erscheinen. Allerdings sollte man aus dem *Säkularitätsvorsprung*, den Westeuropa gegenüber anderen Weltregionen hat, nicht ableiten, dass der Kontinent einen »kulturellen Sonderweg« eingeschlagen hätte, der auf ein spezifisches »europäisches Erbe« zurückzuführen sei. Eine solche Bezugnahme auf die »europäische Kultur« mag zwar weltoffener erscheinen als das patriotische Heraufbeschwören »nationaler Werte«, jedoch ist sie mit zwei gravierenden Fehlern verbunden:

*Erstens* beruht die Ideologie des »europäischen Sonderwegs« auf einer *historisch falschen Perspektive:* Wie wir bereits gesehen haben, waren die Hochzentren der muslimischen Kultur (etwa Bagdad) vom 9. bis 13. Jahrhundert sehr viel säkularer ausgerichtet als das christliche Europa und räumten den Individuen auch weit größere Freiheiten ein. Die sogenannten »westlichen Werte« waren damals sehr viel eher »östliche Werte«. Zudem haben wir festgestellt, dass die Entstehung des politischen Islam mit seinem religiösen Rigorismus und eliminatorischen Juden- und Schwulenhass nicht zuletzt auf europäische Einflüsse zurückzuführen ist (teils aus der Zeit des Kolonialismus, teils aus der Zeit des Faschismus). Dieses »Erbe Europas« wird von den »Verteidigern des Abendlandes« in der Regel ignoriert, vermutlich auch, weil ihnen die historischen Hintergründe der »Islamisierung des Islams« unbekannt sind.

Zweitens hat die Ideologie des »europäischen Sonderwegs« sowohl außen- als auch innenpolitisch verheerende Konsequenzen: Denn wer behauptet, die säkulare Kultur der Menschenrechte sei ein exklusives Merkmal der europäischen Kulturentwicklung, spielt damit jenen Fundamentalisten in die Hände, die die Forderung nach Beachtung der Menschenrechte außerhalb Europas (etwa im Iran oder in Saudi-Arabien) als Ausdruck eines »westlichen Kulturimperialismus« zurückweisen. Zudem weckt man mit einer solchen Argumentation bei außereuropäischen Einwanderern die falsche Vorstellung, dass sie sich in Europa einer »fremden Kultur« unterwerfen müssten, die ihrer »Herkunftskultur« entgegensteht, was die Bereitschaft senkt, die Werte der offenen Gesellschaft zu akzeptieren.

Es wäre daher nicht nur historisch korrekt, sondern auch politisch weise, von der Ideologie des »europäischen Sonder wegs« Abstand zu nehmen. Wir sollten stattdessen anerkennen, dass die Menschenrechte bzw. die Orientierung an den Idealen der Freiheit, Gleichheit, Individualität und Säkularität keineswegs exklusive europäische Kulturgüter sind, sondern Früchte eines »Weltkulturerbes der Menschheit«, das von Männern und Frauen aller Zeiten, aller Kulturen und aller Kontinente hervorgebracht wurde.[265]

Nichtmuslimischen Europäern sollte in diesem Zusammenhang bewusst sein, wie viel sie Gelehrten aus dem islamisch-arabisch-persischen Kulturraum zu verdanken haben (ohne sie hätte es die Renaissance und somit den kulturellen und technologischen Aufstieg Europas in dieser Form gar nicht gegeben). Muslime wiederum sollten erkennen, dass sie sich mit der Anerkennung von Liberalismus, Egalitarismus, Individualismus und Säkularismus keinesfalls *gegen ihre Religion* entscheiden, sondern vielmehr *für die besten Traditionen,* die sich im islamischen Kulturraum je entfalten konnten.

Führt man sich dies vor Augen, versteht man sehr viel besser, warum die muslimischen Rechtsgelehrten Jasser Auda (*1966) und Feisal Abdul Rauf (*1948) in ihrem *Shariah Index Project* zu der Einschätzung gelangten, dass »westliche, mehrheitlich nichtmuslimische Länder die ›Ziele der Scharia‹ besser erfüllten und somit ›islamischer‹ seien als mancher ›islamische Staat‹«.[266] Denn für Auda und Rauf sind die zentralen Merkmale, die einen Staat im 21. Jahrhundert als »islamisch« ausweisen, »die Gewährleistung von Religionsfreiheit (auch für religiöse Minderheiten), eine stabile und gerechte Wirtschaftsform, Umweltschutz und der Zugang zu Bildung«.[267]

Gegen eine *solche Form* der »Islamisierung« müsste sich eine offene Gesellschaft nicht zur Wehr setzen. Denn sie steht offenkundig nicht im Widerspruch, sondern im Einklang mit ihren eigenen Prinzipien. Dies gilt natürlich auch für den letzten Punkt der Auflistung, nämlich den »Zugang zu Bildung« – ein Gebiet, auf dem selbst im reichen, säkularen Europa noch einiger Optimierungsbedarf besteht, wie wir in den vorangegangenen Kapiteln festgestellt haben.

Angesichts der fundamentalen Bedeutung, die Bildungseinrichtungen für das Projekt der offenen Gesellschaft haben, scheint es sinnvoll zu sein, die damit verbundenen Fragen noch etwas grundsätzlicher zu beleuchten. Damit dies nicht zu theoretisch wird, werden wir zur Einstimmung in das Thema zunächst einen kleinen Abstecher machen in die große Aula einer Düsseldorfer Grundschule.

## Bildung für alle

»Oh nein! Bin ich denn auch mit ... Spinnen (!) ... und mit ... Läusen (!) verwandt?!« An den heruntergezogenen Mundwinkeln der Viertklässlerin konnte man unschwer erkennen, dass ihr diese Vorstellung nicht sonderlich behagte. Ein lautes »Iiiiieeeh« ging durch den Raum, gefolgt von aufgeregtem Kichern. Die Schülerinnen und Schüler schauten gespannt zu, wie ich auf dem großen Schaubild, das ihre weibliche Ahnenkette zeigte, immer tiefer in die Vergangenheit zurückging, bis ich bei ihrer »Oma Schwammkopf« ankam, die vor rund 600 Millionen Jahren lebte. »Von dieser Oma«, so erklärte ich, »stammen nicht nur wir Menschen ab, sondern auch alle anderen Tiere auf der Erde, darunter natürlich auch allerhand Krabbelvieh wie Spinnen und Läuse, Regenwürmer und Mistkäfer.« Ein weiteres »Iiiiieeeh« bestätigte, dass meine Botschaft verstanden wurde.

Ich war mir im Vorfeld dieser Veranstaltung nicht sicher gewesen, wie die Schülerinnen und Schüler auf unsere kleine »Evolutionsstunde« reagieren würden, zumal die Grundschule, an der wir das Experiment wagten, einen recht hohen Anteil von Kindern mit Migrationshintergrund aufwies. Immerhin mussten es die Dritt- und Viertklässler an diesem Morgen des 25. Februar 2016 verkraften, dass ihr bisheriges Weltbild ziemlich aus den Angeln gehoben wurde. Allerdings reagierten sie darauf nicht etwa erschüttert oder erbost, wie man es von Erwachsenen hätte erwarten können, sondern neugierig und fasziniert, was mich an Sigmund Freuds berühmtes Wort von dem »betrübenden Kontrast zwischen der strahlenden Intelligenz eines gesunden Kindes und der Denkschwäche des durchschnittlichen Erwachsenen« erinnerte.[268]

Vor dieser Schulstunde hatten die allermeisten dieser Schülerinnen und Schüler, wie ich erfuhr, nie etwas über die evolutionäre Veränderung der Arten mitbekommen. Einige wenige von ihnen hatten immerhin schon einmal gehört, dass Menschen und Schimpansen gemeinsame Vorfahren haben. Allerdings konnten sie sich beim besten Willen nicht vorstellen, was dies bedeuten sollte. Die »Evolution«, sofern sie dieses Wort überhaupt kannten, schien mit ihrem eigenen Leben überhaupt nichts zu tun zu haben. Kein Wunder also, dass sie sich vor unserer Veranstaltung nicht groß dafür interessierten.

Wenn man Kinder für die Erkenntnisse der Evolutionsforschung begeistern möchte (und wir werden noch sehen, warum dies gerade heute von allergrößter Wichtigkeit ist!), dann muss man ihnen aufzeigen, wie sehr ihr eigenes Leben von evolutionären Prozessen geprägt ist. Aus diesem Grund habe ich (zusammen mit der Illustratorin Anne-Barbara Kindler) ein Kinderbuch herausgebracht, das die Geschichte der Evolution auf neuartige Weise erzählt, nämlich als persönliche Familiengeschichte des jeweiligen Kindes. In *Big Family – Die phantastische Reise in die Vergangenheit* können die Kinder über ihre eigene Mutter, Großmutter, Urgroßmutter und Ururgroßmutter immer weiter zurückreisen zu ihren Ururur-Großmüttern in grauer Vorzeit. Der Weg führt sie dabei von ihrer »Römer-Oma« vor 2000 Jahren zu ihrer »Steinzeit-Oma« vor 20 000 Jahren, von ihrer »Oma erectus« vor 200 000 Jahren zu ihrer »Oma Chimpman« (der Vorfahrin der Menschen und Schimpansen) vor sechs Millionen Jahren, von ihrer »Oma Spitzmaus« (der Urmutter aller Säugetiere) zu ihrer »Oma Echse« (der Vorfahrin der Säugetiere und Reptilien) und von ihrer »Oma Fischmaul« (der Urmutter aller Fische, Amphibien, Säugetiere und Reptilien) bis hin zu »Omapa Bakteria«, dem Ursprung allen Lebens auf der Erde.[269]

Auf der Grundlage dieses Buches haben wir einen Film für den Grundschulunterricht produziert, den wir den Dritt- und Viertklässlern in Düsseldorf erstmalig zeigten.[270] Wir waren natürlich gespannt darauf, ob sie dem Geschehen auf der Leinwand folgen würden. Ein wenig hatten wir die Sorge, dass sie nach kurzer Zeit abschalten würden, doch die Kinder belehrten uns eines Besseren: Es war faszinierend zu beobachten, mit welcher Aufmerksamkeit sie die vielen neuen Informationen verarbeiteten, die für sie sicherlich erstaunlich waren, etwa dass sie über ihre »Oma Echse« mit T-Rex verwandt sind (was den

Jungen besonders gefiel) oder dass unzählige ihrer Omis und Opis als Fische durch die Meere schwammen (worüber vor allem die Mädchen lachten).

Der *Big Family*-Film, den wir in Düsseldorf zeigten, ist Bestandteil der sogenannten »Evokids-Lehrmaterialien«, die vom *Institut für Biologie-Didaktik der Universität Gießen* und der *Giordano-Bruno-Stiftung* für den Evolutionsunterricht an Grundschulen entwickelt wurden.[271] Dies ist insofern ungewöhnlich, als die Behandlung des Themas »Evolution« in den deutschen Grundschul-Lehrplänen gar nicht vorgesehen ist. Tatsächlich erfahren die allermeisten Schülerinnen und Schüler erst in der Mittelstufe, mitunter erst in der Oberstufe, von der faszinierenden Entwicklung der Arten auf unserem Planeten – was man nur als einen schwerwiegenden didaktischen Fehler bezeichnen kann, wenn nicht sogar als einen handfesten pädagogischen Skandal! Denn es gibt drei gewichtige Gründe, die für eine möglichst frühzeitige Vermittlung der Evolutionstheorie sprechen:

*Erstens*: Die Evolutionstheorie ist nicht bloß *irgendeine* Theorie und nicht bloß *irgendein* Lehrstoff für die Schule, sondern die *wichtigste Grundlage des modernen Weltbildes*. Wer die Prozesse der Evolution nicht begreift, kann weder ein realistisches Verständnis seiner selbst entwickeln noch die Ergebnisse der wissenschaftlichen Forschung adäquat einschätzen. Denn nicht nur in der Biologie, Medizin und Agrarwissenschaft, sondern auch in der Psychologie, Philosophie, Soziologie, Ökonomie und Politologie spielen evolutionäre Sichtweisen eine entscheidende Rolle. Angesichts der fundamentalen Bedeutung des Evolutionsverständnisses für die Entwicklung eines zeitgemäßen Weltbildes ist es höchst befremdlich, dass Kinder so wenig über dieses Thema erfahren – zumal im Unterricht oftmals Schöpfungsmythen behandelt werden, die ohne Vorwissen zur Evolution leicht fehlgedeutet werden können. Aus bildungspolitischer Sicht ist es daher zwingend geboten, die Tatsache der Evolution im Unterricht »sehr viel früher und umfassender zu behandeln«, als dies bislang geschieht.[272]

*Zweitens*: Die Evolutionstheorie ist darüber hinaus das *wirk-samste Gegengift gegen fundamentalistische Wahnideen*. Es ist wahrlich kein Zufall, dass 100 Prozent aller islamistischen Ter-roristen und ein Großteil der christlichen Rechtspopulisten (man denke etwa an die evangelikale Bewegung in den USA) die Tatsache der Evolution in aller Vehemenz abstreiten. Denn wer die Prozesse der Evolution versteht, der begreift auch, dass »Religionen«, »Nationen«, »Völker« letztlich nur soziale Kon-strukte sind, die eine für unser Zusammenleben bedeutsame Tatsache verdecken, nämlich, *dass uns Menschen untereinander sehr viel mehr verbindet als trennt*. Die Evolutionstheorie ver-mittelt uns die faszinierende Erkenntnis, dass wir mit allen anderen Lebewesen auf der Erde eine einzigartige große Fami-lie bilden, deren Entstehungsgeschichte wir bis zu den ersten Einzellern vor mehr als 3,5 Milliarden Jahren zurückverfolgen können. Wer diese »große Geschichte des Lebens« im Kopf hat, wird mit den engen, hinterwäldlerischen Vorstellungen von Nationalisten, Ethnozentristen oder religiösen Fundamen-talisten kaum mehr etwas anfangen können.

*Drittens*: Die frühzeitige Vermittlung der Evolutionstheorie wäre auch ein wichtiger Schritt hin zu einer *effektiveren Inte-grationspolitik*. Denn viele Migrantenkinder stammen aus Ge-genden, in denen die Evolutionstheorie entweder unbekannt ist oder rigoros abgelehnt wird. So wollen etwa 70 Prozent der Erwachsenen in der Türkei nichts von der Evolutionstheorie wissen – was nicht zuletzt ein Resultat der Re-Islamisierung des Landes unter Erdoğan ist.[273] Nach einer Studie des Biologie-didaktikers Dittmar Graf sind etwa 90 Prozent der zukünftigen Lehrkräfte der Türkei von der Evolutionstheorie nicht über-zeugt.[274] Auch in Deutschland lehnen Lehramtsstudenten mus-limischen Glaubens die Evolutionstheorie mehrheitlich ab, nur 45 Prozent von ihnen stimmen ihr zu.[275] Wir müssen daher davon ausgehen, dass die Mehrheit der Migrantenkinder Fami-lien entstammt, die grundlegendste Erkenntnisse der Wissen-schaft leugnen. Eben deshalb ist es von allergrößter Wich-tigkeit, dass das öffentliche Bildungssystem den betroffenen

Kindern möglichst frühzeitig jene Erkenntnisse vermittelt, die ihnen zu Hause aus ideologischen Gründen vorenthalten werden. Denn Kinder haben, wie bereits gesagt, ein Anrecht darauf, Zugang zu den wichtigsten Erkenntnissen der Wissenschaft zu erhalten, da sie sich sonst in einer modernen Wissensgesellschaft kaum zurechtfinden können.

Erstaunlicherweise erntet eine solche Haltung noch immer Gegenwind. Als wir die Evokids-Materialien an der Düsseldorfer Grundschule vorstellten, meinte eine Zeitungsredakteurin, die über das Ereignis berichtete, dass die Evolutionstheorie doch nur *eine* Sicht der Dinge sei und es ganz bestimmt nicht richtig sein könne, nur diese *eine* Sichtweise in der Schule zu lehren – vor allem, wenn Eltern *andere* Sichtweisen bevorzugen. (Mit ähnlichen Argumenten beschwerte sich später auch das Kölner Erzbistum bei der Stadt Düsseldorf, weil sie die *Big Family*-Bücher und -Filme allen Grund- und Förderschulen zur Verfügung gestellt hatte.)

Subjektiv mögen solche Gegenargumente verständlich sein (»Muss man denn nicht tolerant gegenüber anderen Auffassungen sein?«), objektiv sind sie jedoch in allerschärfster Form zurückzuweisen. Denn die Evolutionstheorie bietet nicht bloß *eine* Sicht, sondern die *einzige* Sicht der Dinge, die mit wissenschaftlich-rationalen Kriterien (siehe die *10 Gebote der Rationalität*) in Einklang zu bringen ist. Insofern ist es eben nicht *tolerant*, sondern bloß *ignorant*, die Evolutionstheorie mit kreationistischen Weltmodellen auf eine Stufe zu stellen. Und natürlich kann die ideologische Voreingenommenheit der Eltern überhaupt kein Grund dafür sein, dass das öffentliche Bildungssystem ihren Kindern unbestreitbare Tatsachen vorenthält. Dass derartige Gegenargumente dennoch so häufig vorgetragen werden (was auch zu einer Verunsicherung der Lehrkräfte führt, die sich oftmals gar nicht trauen, evolutionäre Prozesse im Unterricht anzusprechen), verrät, dass vielen nicht bewusst ist, welche besonderen Regeln für das Bildungssystem konstitutiv sind.

Tatsache ist nämlich, dass sich die öffentlichen Schulen nicht nur nach den *normativen Werten der Verfassung* richten müssen, sondern auch nach dem *Stand der wissenschaftlichen Forschung* in den jeweiligen Referenzdisziplinen. Das wiederum bedeutet, dass die Institutionen des Staates bzw. die Länder *gegenüber den verschiedenen Formen der Irrationalität innerhalb ihrer Bildungseinrichtungen* ein sehr viel höheres Maß an *Intoleranz* an den Tag legen müssen als *außerhalb dieser Einrichtungen.* So kann und muss eine offene Gesellschaft es zwar hinnehmen, dass einige ihrer Bürgerinnen und Bürger sämtliche Kriterien der Rationalität leugnen und behaupten, dass die Erde erst vor wenigen Jahrtausenden entstanden sei – in den öffentlichen Bildungsinstitutionen dürfen derartige Wahnideen jedoch auf keinen Fall toleriert werden, da die *Duldung solch irrationaler Ideologien* sämtliche Prinzipien einer *seriösen Wissensvermittlung* unterlaufen würde.

Hieraus ist zu folgern, dass die öffentlichen Bildungseinrichtungen ganz besondere *Rationalitätsanforderungen* an ihr Lehrpersonal stellen müssen – oder sagen wir besser: stellen *müssten.* Denn in der Realität ist davon nur wenig zu spüren, was nicht zuletzt an dem *fehlenden Rationalitätsprofil der universitären Ausbildungszentren* liegt, die in dieser Hinsicht kläglich versagen. Im Grunde sollte jedoch klar sein, dass jemand, der aus religiöser Voreingenommenheit wissenschaftliche Kriterien so sehr ignoriert, dass er nicht einmal die hunderttausendfach belegte Tatsache der Evolution anerkennen kann, *keinen universitären Abschluss verdient hat* (und zwar nicht einmal im Fach Theologie, solange es an staatlichen Universitäten gelehrt wird)! Und schon gar nicht sollte eine solche Person auf wehrlose Kinder losgelassen werden, da jemand, der die Mindestanforderungen der Rationalität so fundamental unterschreitet, gänzlich ungeeignet ist, *Heranwachsenden einen vorurteilsfreien Zugang zur Wirklichkeit zu eröffnen.*

Das heißt im Klartext, dass nur 45 Prozent der muslimischen Lehrkräfte, die in Deutschland studieren, über die Mindestqualitäten verfügen, um zum Lehrerberuf zugelassen werden zu können, während die Mehrheit ihrer Glaubensbrüder und -schwestern die dafür erforderlichen Rationalitätskriterien nicht erfüllt. Dies mag hart erscheinen, ist aber ein logisch zwingender Schluss. *Denn die Bildungseinrichtungen sind die wichtigsten Agenturen, die eine Gesellschaft besitzt, um die Grundlagen für eine rationale Streitkultur zu schaffen.* Entsprechend hoch muss die Qualität der Lehrerausbildung sein. Aus diesem Grund schlage ich vor, die Evolutionstheorie als *Lackmustest für den Grad der Rationalität bzw. der Irrationalität der künftigen Lehrkräfte* (und zwar *aller* Fächer – nicht bloß der Biologie!) einzuführen und entsprechende Lehrinhalte in den Ausbildungsprogrammen verbindlich vorzuschreiben.[276]

Würde ein Staat, der seine Bildungseinrichtungen auf solche Weise gegen Irrationalismen schützt, gegen das Prinzip der weltanschaulichen Neutralität verstoßen? Selbstverständlich nicht! Denn genauso, wie es möglich ist, religiös *und* säkular zugleich zu sein, ist es auch möglich, den religiösen Glauben mit der Evolutionstheorie zu verbinden.[277] Es wäre falsch, zu behaupten, die Evolutionstheorie stünde *an sich* in einem Widerspruch zur Religion. Tatsächlich steht sie bloß im Widerspruch zu *überholten, irrationalen Formen der Religion.* Mit der Evolutionstheorie unvereinbar sind unzeitgemäße, reaktionäre Varianten des Glaubens, die man in einer offenen Gesellschaft zwar *erdulden* muss, aber unter der Maßgabe der Vernunft *nicht akzeptieren* kann und die deshalb auch in einem *soliden Bildungssystem keinen Platz finden sollten.*

Selbstverständlich ist die Evolutionstheorie nur ein einzelner, wenn auch ein besonders wichtiger *Baustein des Wissens,* den die offene Gesellschaft jeder Schülerin und jedem Schüler bereitstellen sollte, um sie darauf vorzubereiten, als *mündige Bürgerinnen und Bürger ein Leben in Freiheit und Gleichheit* führen zu können. Dieser zentrale Bildungsauftrag müsste sehr viel ernster genommen werden. Immerhin haben wir unter anderem am Beispiel des Attentäters von Orlando gesehen, welch fatale Folgen es haben kann, wenn die Gesellschaft bei dieser Aufgabe versagt und die Bildungseinrichtungen nicht die erforderlichen Kenntnisse vermitteln, die anti-rationalen, 169 anti-liberalen, anti-egalitären, kollektivistischen und fundamentalistischen Ideologien entgegenwirken.

In diesem Zusammenhang darf nicht vergessen werden, dass die Feinde der offenen Gesellschaft allesamt eine *entscheidende Schwäche* haben – und diese liegt auf dem *Gebiet der Bildung.* Es hat sich zwar eingebürgert, von »feigen Terrorakten« zu sprechen, wenn Islamisten sich und andere in die Luft sprengen. Jedoch ist es unsinnig, Menschen, die den Mut aufbringen, ihr Leben zu opfern, als »feige« zu bezeichnen. In Wahrheit mangelt es ihnen nicht an *Mut,* sondern an *Wissen* und *Einfühlungsvermögen.* Mit einem Wort: *Sie sind nicht feige, sondern blöde!* Offenkundig wurden sie in ihrer emotionalen und kognitiven Entwicklung so stark geschädigt, dass sie auf einem extrem kümmerlichen Reifegrad stehen geblieben sind, der sie nicht einmal ansatzweise dazu befähigt zu begreifen, was sie tun.

*Allerdings ist die größte Schwäche der Feinde der offenen Gesellschaft zugleich die größte Stärke ihrer Freunde.* Deshalb sollten wir die öffentlichen Bildungseinrichtungen noch sehr viel konsequenter nutzen, um den Prinzipien der Rationalität, Freiheit, Gleichheit, Individualität und Säkularität die Geltung zu verschaffen, die ihnen gebührt. Eine »Bildung für alle«, die auf diesen Prinzipien aufbaut, würde die Individuen nicht nur aus den Zwängen irrationaler und freiheitsfeindlicher Ideologien befreien, sondern ihnen auch sehr viel stärker ins Bewusstsein rufen, wofür es sich in einer offenen Gesellschaft zu streiten lohnt. Und genau dies wäre der wirksamste Schutz vor Freiheitsangriffen jeglicher Art. *Denn nur, wer seine eigenen Werte versteht, ist auch in der Lage, sie zu verteidigen.*

# ABSCHRECKUNG DURCH FREIHEIT
## Wie wir die offene Gesellschaft verteidigen sollten

*An runden Tischen verliert man seine Kanten.* Das kann hilfreich sein, wenn sich die Gesprächspartner kooperativ verhalten und gemeinsam nach Lösungen suchen, die allen dienen. Es kann aber auch von Nachteil sein, wenn einer der Beteiligten seine Kanten beibehält und als Widerhaken benutzt, um den geschmeidig gewordenen Partner über den Tisch zu ziehen.

Leider drängt sich immer mehr der Eindruck auf, dass Letzteres geschieht, wenn Repräsentanten demokratischer Staaten mit Vertretern autoritärer Regime verhandeln. Dass es hier ein gewisses Ungleichgewicht gibt, erkennt man schon an kleinen, symbolischen Gesten: So bedecken westliche Politikerinnen, wenn sie Saudi-Arabien oder den Iran besuchen, ihr Haar meist artig mit einem Kopftuch. Im Gegenzug jedoch käme keine Vertreterin des Iran auf den Gedanken, ihr Kopftuch aus »Respekt vor der europäischen Kultur« abzulegen – was verständlich ist, wenn man sich die politischen Verhältnisse im Iran vor Augen führt. Völlig unverständlich ist jedoch, wie sehr die europäischen Länder mitunter ihre eigenen Werte verleugnen: Symptomatisch hierfür war das Verhalten der italienischen Behörden, die im Januar 2016 nackte Statuen auf dem Kapitol verhüllen ließen, um ihren »Respekt« (!) gegenüber dem Glauben des Präsidenten des islamofaschistischen Iran, Hassan Rohani, zum Ausdruck zu bringen.[278]

Nun könnte man solche Rücksichtnahmen gegenüber den neurotischen Freiheitsängsten muslimischer Funktionäre noch als harmlose politische Farce abtun, wenn die Rückgratlosigkeit, die sich in solchen Gesten manifestiert, nicht auch auf bedeutsameren Gebieten zum Tragen käme. Betrachten wir als Beispiel nur den beschämenden Opportunismus, den westliche Politiker im Fall Raif Badawi an den Tag legten: Wie bereits geschildert, führte die Auspeitschung Raif Badawis – parallel zu den Solidaritätskundgebungen für *Charlie Hebdo* in Paris – zu massiven Protesten weltweit, insbesondere in Kanada, Österreich und Deutschland. Auf dem Höhepunkt der Proteste, Ende Januar 2015, war der Druck der Zivilgesellschaft so stark, dass sich der saudische Botschafter in Berlin genötigt sah, eine frühzeitige Freilassung Badawis in Aussicht zu stellen.[279] Offenkundig rechnete Saudi-Arabien zu diesem Zeitpunkt noch mit ernsthaften außenpolitischen Konsequenzen. Allerdings: Zu wirklichen Konsequenzen oder auch nur zur Androhung solcher Konsequenzen ist es danach nicht mehr gekommen! Dies war zweifellos ein verhängnisvoller Fehler der internationalen, insbesondere der deutschen Politik – mit schädlichen Folgen nicht nur für Raif persönlich, sondern für alle Reformkräfte in Saudi-Arabien, die auf außenpolitische Unterstützung dringend angewiesen sind, sowie nicht zuletzt auch für das politische Ansehen »des Westens« überhaupt, der wieder einmal den fatalen Eindruck hinterließ, dass ihm die eigenen Werte, wenn es ernst wird, völlig egal sind.

Statt klare Kante zu zeigen und Saudi-Arabien unter Druck zu setzen, fielen die führenden Politiker in Windeseile zurück in den alten Kurs der Kuscheldiplomatie und fädelten Milliardengeschäfte mit einem Land ein, das den sunnitisch-wahhabitischen Terror seit Jahren maßgeblich unterstützt. Die verheerenden Menschenrechtsverletzungen, die Saudi-Arabien Tag für Tag begeht, wurden – wenn überhaupt – nur in diplomatisch gedrechselten Nebensätzen erwähnt (»…wobei wir doch mit einiger Sorge feststellen müssen, dass…«), was die Gegenseite souverän überhören konnte.

Dabei hätte es durchaus anders kommen können. Denn bereits im Januar 2015 hatten die Bundestagsfraktionen der *Grünen* und der *Linken* Anträge eingereicht, die darauf abzielten, den wirtschaftlichen und politischen Druck Deutschlands auf Saudi-Arabien zu erhöhen.[280] Die vorgeschlagenen Sanktionen waren wohlbegründet und hätten in der Bevölkerung zweifellos Rückhalt gefunden. Doch mit den Stimmen der CDU/CSU und der SPD wurden die Anträge zunächst in allen relevanten Bundestagsausschüssen und schließlich auch im Parlament abgelehnt.

In den Medien hat man von diesem skandalösen Vorgang kaum etwas erfahren. Dabei bewies die im Januar 2016 vom Bundestag beschlossene Ablehnung jeglicher Sanktionen gegen Saudi-Arabien noch sehr viel mehr als die viel diskutierte »Merkel-Erdoğan-Böhmermann-Affäre« wenige Monate später,[281] woran es der deutschen Politik am meisten mangelt, nämlich an der *Bereitschaft, aufrechten Gang zu zeigen, wenn es darauf ankommt.* Der Fall Badawi war dafür nur ein Beispiel unter vielen: Gerade auf dem Gebiet der Menschenrechte zeigt die deutsche Bundesregierung keinerlei Profil, sondern verfolgt eine rückgratlose Appeasementpolitik gegenüber rücksichtslosen Despoten – eine Haltung, mit der sich die Werte der Freiheit, Gleichheit, Individualität und Säkularität ganz sicher nicht verteidigen lassen.

Die an vielen runden Tischen geschulte Neigung zu opportuner Profillosigkeit ist vielen Politikern so sehr in Fleisch und Blut übergegangen, dass sie höchst irritiert reagieren, wenn sie ausnahmsweise einmal auf Menschen treffen, die ihre Ideale nicht aufgeben, um den Weg des geringsten Widerstands zu gehen. In seiner Laudatio zur Verleihung des *Deschner-Preises* der *Giordano-Bruno-Stiftung* an Raif Badawi und Ensaf Haidar Ende April 2016[282] hat Hamed Abdel-Samad dazu ein pikantes Detail enthüllt: Ein »führender europäischer Politiker«, so erklärte Hamed in seiner Preisrede, habe Raif Badawi davon überzeugen wollen, seinen Aufruf für Liberalismus und Beachtung der Menschenrechte zurückzunehmen, um auf diese Weise die Chancen auf eine vorzeitige Haftentlassung zu verbessern. Raif ist diesem »wohlmeinenden Rat« trotz der beklemmenden Bedingungen im Gefängnis nicht gefolgt. Denn es gibt für ihn nichts, was er widerrufen könnte, ohne seine Selbstachtung zu verlieren und ohne Verrat an seinen Mitstreiterinnen und Mitstreitern zu begehen, die innerhalb wie außerhalb muslimischer Staaten – gegen alle Widerstände und oftmals unter Einsatz ihres Lebens – für mehr Freiheit und Gleichheit aller Menschen kämpfen.

Raif Badawi hatte den Mut, unter denkbar schwierigen Bedingungen für die offene Gesellschaft einzutreten. Dadurch hat er der starken, wenn auch im Untergrund wirkenden Bewegung der Liberalisten und Säkularisten in den muslimischen Ländern Stimme und Gesicht verliehen. Allein dies hat die Welt verändert. Hätten die Repräsentanten der westlichen Demokratien auch nur einen Bruchteil seiner Standhaftigkeit, müsste man sich über die Zukunft der offenen Gesellschaft weniger Sorgen machen. Politiker dieses Schlags wüssten sehr genau, was unternommen werden müsste, um eine weitere Verbreitung freiheits- und menschenfeindlicher Ideologien zu verhindern. Wie Raif Badawi würden auch sie bei dieser Aufgabe keine faulen Kompromisse eingehen, sondern sich konsequent an den Prinzipien der Rationalität, der Freiheit, Gleichheit, Individualität und Säkularität orientieren.

Wie wir gesehen haben, lässt sich anhand dieser Prinzipien bestimmen, was in einer offenen Gesellschaft akzeptiert, was bloß toleriert und was nicht mehr toleriert werden kann. Hieraus hatten wir drei allgemeine Imperative abgeleitet, die für eine wirksame Verteidigung der offenen Gesellschaft erforderlich sind, nämlich: 1. »Verhindere, was nicht zu tolerieren ist!« 2. »Schwäche, was nur zu tolerieren ist!« 3. »Stärke, was zu akzeptieren ist!«

Wenn von den »Grenzen der Toleranz« die Rede ist, kommt den allermeisten Menschen (auch Politikern) nur der erste dieser drei Imperative in den Sinn: »Keine Toleranz dem Intoleranten!« Das klingt imposant und macht sich gut in Wahlkampfreden und Talkshow-Debatten. Man fragt sich allerdings, was man unter diesem Schlagwort konkret verstehen soll. Etwa neue Verbotsgesetze? Wenn ja, welche sollten das sein? Haben wir, wenn man etwas genauer hinschaut, denn nicht schon genügend Gesetze, die, sofern sie denn konsequent umgesetzt würden (!), effektiv verhindern könnten, dass die offene Gesellschaft Schaden erleidet?

Selbstverständlich kann man darüber nachdenken, ein »Islamgesetz« wie in Österreich zu verabschieden, das die Beeinflussung hiesiger Muslime durch ausländische Islamisten begrenzt,[283] oder ein »Anti-Burka-Gesetz« wie in Frankreich, das die Ausbreitung eines besonders reaktionären Frauenbildes in der Öffentlichkeit verhindern soll.[284] Allerdings muss man sich bei derartigen Verbotsbestrebungen stets bewusst sein, dass sie sich eben nicht bloß *gegen die Intoleranz* richten, sondern auch *gegen die Toleranz, da sie Freiheitsspielräume schließen, die vorher geöffnet waren.*

Paradoxerweise könnte also eine bestimmte Form der *Verteidigung der Freiheit* zu einer *Einschränkung der Freiheit* führen. Man sollte dieses Problem nicht verdrängen: Tatsächlich birgt das beliebte Motto »Keine Toleranz der Intoleranz!« in sich die Gefahr, selbst zu einer »Toleranz der Intoleranz« zu werden, indem es uns nämlich dazu bringt, die Tatsache zu erdulden, dass irgendetwas nicht mehr erduldet wird, obwohl es eigentlich hätte erduldet werden müssen, da es gar nicht in der Lage war, die offene Gesellschaft zu gefährden.

Die beiden anderen Imperative (»Schwäche, was nur zu tolerieren ist!« und »Stärke, was zu akzeptieren ist!«) haben den Vorteil, dass sie gegen derartige Paradoxien gefeit sind. Denn sie verteidigen die offene Gesellschaft gerade dadurch, dass sie ihre Kernelemente, also Freiheit, Gleichheit, Individualität und Säkularität, forcieren. Aus ihnen lässt sich unter anderem auch ein Konzept ableiten, das ich als »Abschreckung durch Freiheit« bezeichnen möchte. Was ist damit gemeint?

In den letzten Monaten haben wir in Europa tragischerweise eine völlig andere Form der Abschreckung erleben müssen: Flüchtlinge wurden durch Stacheldrahtzäune, Tränengas, unwürdige Unterbringung und unzureichende Versorgung davon abgebracht, nach Europa einzureisen. Zur Legitimierung dieser drastischen Methoden wurde unter anderem vorgebracht, dass solche Formen der Abschreckung nötig seien, um die »christliche Kultur Europas« zu schützen, was in rechtspopulistischen Kreisen auf großen Beifall stieß.[285]

Ich muss hier nicht weiter darauf eingehen, dass diese Abschreckungsmaßnahmen wie auch ihre Begründung sehr viel eher dem Charakter einer *geschlossenen* als einer *offenen* Gesellschaft folgen und daher abzulehnen sind. Die spannende Frage, die sich in diesem Zusammenhang stellt, ist ohnehin eine andere. Sie lautet: *Darf auch eine offene Gesellschaft Abschreckungsmaßnahmen ergreifen*, um die Zuwanderung von Menschen zu behindern, die die Grundwerte der Rationalität, Liberalität, Egalität, Individualität und Säkularität zutiefst ablehnen und dadurch gefährden? Antwort: *Selbstverständlich darf sie das*, allerdings muss eine offene Gesellschaft peinlich genau darauf achten, dass derartige Maßnahmen ihren eigenen Prinzipien entsprechen – und eben hier kommt das Konzept einer »Abschreckung durch Freiheit« ins Spiel.

So könnte und müsste potenziellen Flüchtlingen und Zuwanderern schon in ihren Heimatländern unmissverständlich klargemacht werden, dass Europa den Prinzipien der offenen Gesellschaft folgt, dass sich die Religionen hier dem Gesetz unterordnen müssen, dass Männer und Frauen, heterosexuelle und homosexuelle Menschen gleiche Rechte besitzen, dass Kinder nicht geschlagen werden dürfen und die Verehrung des Propheten Mohammed bzw. des christlichen Messias an sich kein höheres zivilgesellschaftliches Ansehen genießt als etwa die Verehrung von Borussia Dortmund, Monty Python oder Dolly Buster.

Wer partout nicht will, dass seine Kinder in einer solch freien Gesellschaft aufwachsen, wird sein Exil außerhalb Europas suchen wollen. Wer hingegen für sich und seine Angehörigen einen solchen *Ort der Freiheit* sucht, den sollten die Europäer – nicht nur aus Gründen der Humanität, sondern auch im eigenen Interesse angesichts der drohenden Überalterung der europäischen Nationen – mit offenen Armen empfangen und ihm alle Möglichkeiten der gesellschaftlichen Teilhabe eröffnen.[286]

Ich möchte das Konzept der »Abschreckung durch Freiheit« zum Abschluss noch etwas klarer (das heißt auch: etwas provokativer) fassen. Stellen wir uns dazu spaßeshalber einmal eine Regierung vor, die freiheitliche Prinzipien tatsächlich ernst nimmt: Wie sollte eine solche Regierung idealerweise gegenüber den anti-rationalistischen, anti-liberalen, anti-egalitären, kollektivistischen und fundamentalistischen Feinden der offenen Gesellschaft auftreten? Welche Botschaft sollte sie in die Welt aussenden, um das Profil der offenen Gesellschaft zu schärfen? Nun, meines Erachtens müsste sie, wenn sie die »Alleinstellungsmerkmale« der offenen Gesellschaft wie eine gute PR-Agentur allgemeinverständlich auf den Punkt bringen will, unter anderem folgende Kernsätze formulieren (und die darin enthaltenen »Freiheitsandrohungen« selbstverständlich auch in die Tat umsetzen):

*Die »Freiheitsandrohungen« der offenen Gesellschaft*
»Dies ist das Land, in dem Ihre Kinder nicht automatisch Juden, Christen, Muslime sind, bloß weil Sie einer dieser Religionen angehören! Dies ist das Land, in dem Sie nicht das Recht haben, an den Genitalien Ihrer Kinder herum zuschneiden, weil Sie sich einem archaischen Initiationsritual verpflichtet fühlen! Dies ist das Land, in dem Sie glauben dürfen, was immer Sie wollen, in dem wir Ihren Kindern aber von der Pike auf beibringen werden, dass nur solche Weltanschauungen akzeptabel sind, die die Menschenrechte in vollem Umfang anerkennen! Dies ist das Land, in dem Sie behaupten dürfen, die Erde sei erst vor 6000 Jahren erschaffen worden, in dem Ihre Kinder aber schon in der Grundschule die Tatsache der Evolution erfahren, damit sie nicht den gleichen Irrtümern aufsitzen! Dies ist das Land, in dem auch Kinder Rechte haben,

die Sie nicht übergehen dürfen, in dem Sie es hinnehmen müssen, dass Männer und Frauen, Religiöse und Nichtreligiöse, Hetero-, Homo- und Transsexuelle gleichberechtigt sind, auch wenn Sie in Ihrer emotionalen und kognitiven Entwicklung womöglich so sehr geschädigt wurden, dass Sie diesen einfachen ethischen Gleichheitsgrundsatz nicht nachvollziehen können! Dies ist nicht zuletzt auch das Land, in dem Sie Ihre eigenen Sexualneurosen pflegen dürfen, solange Sie damit niemanden schädigen, in dem Ihre Kinder aber rechtzeitig aufgeklärt werden, damit sie die Chance haben, ein freies, selbstbestimmtes Leben zu führen!«

Worauf es ankommt, dürfte klar geworden sein: *Eine offene Gesellschaft sollte ihre Werte nicht schamhaft verhüllen*, wie es die italienischen Behörden im Falle der antiken, nackten Statuen bei dem Besuch des iranischen Präsidenten getan haben, *sondern sich selbstbewusst zu ihnen bekennen*. Denn Rationalität, Freiheit, Gleichheit, Individualität und Säkularität sind keine Prinzipien, für die man sich in irgendeiner Weise schämen müsste! Im Gegenteil: Sie sind die bedeutendsten Früchte und wichtigsten Motoren des *zivilisatorischen Fortschritts unserer Spezies!* Wir sollten daher keine Hemmungen haben, das Profil der offenen Gesellschaft weiter zuzuspitzen. Im Grunde sollten wir die »Freiheitsandrohungen« der offenen Gesellschaft so unmissverständlich formulieren, dass jedem Traditionalisten, sobald er auch nur im Entferntesten darüber nachdenkt, europäischen Boden zu betreten, ein imaginäres Begrüßungsplakat vor dem geistigen Auge erscheint, auf dem in großen, güldenen Lettern geschrieben steht: »Herzlich willkommen in Europa – Wir verderben Ihre Kinder!«

Natürlich würde die Umsetzung eines solchen Konzepts, das sich nicht zuletzt der »Kunst der zivilisierten Verachtung« verpflichtet fühlt, auch die inländischen Vertreter eines streng
konservativen Weltbildes an die *Grenzen ihrer Toleranz* brin-

gen. Doch das ist der Preis, den man als Mitglied einer offenen Gesellschaft zu zahlen hat – vor allem wenn man in seinen
tiefsten inneren Überzeugungen noch nicht wirklich im
21. Jahrhundert angekommen ist.

# ANMERKUNGEN

1  Vgl. Hans Albert: *Traktat über kritische Vernunft*. Tübingen 1991, S. 211 ff. (Die Originalausgabe dieses in vielerlei Hinsicht wegweisenden Buches erschien im Jahr 1968.)

2  Der ehemalige Dominikanermönch Giordano Bruno (1548–1600) sprach als einer der ersten Gelehrten weltweit von einem »unendlichen Universum«. Sieben Jahre verbrachte er in Kerkerhaft, bevor er am 17. Februar 1600 in Rom auf dem Scheiterhaufen der »Heiligen Inquisition« verbrannt wurde.

3  Vgl. die Darlegungen im Kapitel *Die Grundlagen einer rationalen Debatte*.

4  Der saudische Internet-Aktivist Raif Muhammad Badawi (*1984) gründete 2008 das Online-Forum »Die Saudischen Liberalen«. Am 17. Juni 2012 wurde er verhaftet, u. a. weil er Muslime, Christen, Juden und Atheisten als gleichwertig bezeichnet hatte, was als »Apostasie« (Abfall vom Glauben) bzw. Blasphemie (Beleidigung des Islam) gewertet wurde. Eine Auswahl seiner lesenswerten Publikationen erschien 2015 bei Ullstein: Raif Badawi: *1000 Peitschenhiebe – Weil ich sage, was ich denke*. Berlin 2015.

5  Vgl. hierzu auch die Autobiografie von Ensaf Haidar: Ensaf Haidar/Andrea C. Hoffmann: *Freiheit für Raif Badawi, die Liebe meines Lebens*. Köln 2015.

6  Am 30. September 2005 veröffentlichte die dänische Tageszeitung *Jyllands-Posten* zwölf Mohammed-Karikaturen. Dänische Imame verschickten daraufhin ein 42-seitiges Dossier an Geistliche und Politiker der islamischen Welt. Anfang

2006 kam es zu massiven Protesten in vielen islamischen Ländern, in deren Folge mehr als 100 Menschen ums Leben kamen.

7 Neben den elf Personen im Büro von *Charlie Hebdo* kamen bei den islamistischen Terrorakten Anfang Januar 2015 vier Juden und zwei Polizisten ums Leben. Die Formel »Je suis Charlie« wurde daher ergänzt um »Je suis Ahmed« im Gedenken an den getöteten Polizisten Ahmed Merabet, der Muslim algerischer Abstammung war, und »Je suis Juif« zur Erinnerung an die vier jüdischen Opfer in einem koscheren Supermarkt an der *Porte de Vincennes* im Osten von Paris.

8 Für die Resolution stimmten am 12. Februar 2015 460 von 751 EU-Abgeordneten. Nur die konservative Europäische Volkspartei, der auch CDU und CSU angehören, enthielt sich der Stimme. Zwar trat auch sie für die Freilassung Badawis ein, war aber nicht damit einverstanden, Saudi-Arabien diplomatisch unter Druck zu setzen. Vgl. dazu auch die Anmerkungen im Kapitel *Abschreckung durch Freiheit*.

9 Unter dem Begriff »Rechtspopulismus« verstehe ich eine politische Bewegung, die im Spannungsfeld von Rechtskonservatismus und Rechtsextremismus angesiedelt ist und sich durch einen Politikstil auszeichnet, der sich in besonderer Weise auf das »Volk« als politische Einheit bezieht, sich an »Alltags- und Stammtisch-Diskurse« anlehnt und konfrontative Identitäten konstruiert, mit denen sich die angeblich homogene Bevölkerungsmehrheit (das »Wir« der populistischen Argumentation) gegenüber angeblich ebenso homogenen Bevölkerungsminderheiten (»die Anderen«) bzw. die politischen Eliten (»die da oben«) abgrenzen lässt. Siehe hierzu auch die prägnanten Begriffsdefinitionen von Armin Pfahl-Traughber auf dem Portal des *Humanistischen Pressedienstes: Populismus – politisches Schlagwort oder wissenschaftlicher Terminus?* (hpd.de, 4.2.2016) sowie *Rechtsextremismus, Rechtsradikalismus, Rechtspopulismus* (hpd.de, 15.2.2016).

10 Ruhollah Musawi Khomeini (1902 – 1989) war der religiöse und politische Führer der iranischen Revolution, siehe hierzu auch die weiterführenden Erläuterungen im Kapitel *Der islamische Faschismus*.

11 Siehe u. a. das viel zitierte Interview mit Khomeini in *Le Figaro* vom 14. Oktober 1978.

12 Vgl. Alexander Häusler (Hrsg.): *Rechtspopulismus als »Bürgerbewegung«. Kampagnen gegen Islam und Moscheebau und kommunale Gegenstrategien*. Wiesbaden 2008.

13 Auf die ideologischen Grundlagen dieser internationalen Zusammenarbeit werde ich im Kapitel *Die verhinderte Streitkultur und ihre Folgen* noch etwas genauer eingehen.

14 Vgl. Heiner Bielefeldt: *Das Islambild in Deutschland. Zum öffentlichen Umgang mit der Angst vor dem Islam*. In: Thorsten Gerald Schneiders (Hrsg.): *Islamfeindlichkeit. Wenn die Grenzen der Kritik verschwimmen*. Wiesbaden 2010, S. 175 ff.

15 Vgl. u. a. Wolfgang Benz: *Islamfeindlichkeit und Antisemitismus ähneln einander*. In: Bundeszentrale für politische Bildung (Hrsg.): *Dossier Rechtsextremismus*, 17. März 2014.

16 Wolfgang Benz: *Die Feinde aus dem Morgenland. Wie die Angst vor den Muslimen unsere Demokratie gefährdet*. München 2010.

17 Dies ist eine bei westlichen Islam-Apologeten weit verbreitete Haltung. Wie Benz meint auch der Islamwissenschaftler Thorsten Gerald Schneiders, dass nur muslimische Theologen sinnvoll über den Islam urteilen könnten. Zwar räumt Schneiders ein, dass Islamkritikerinnen und -kritiker wie Mina Ahadi (siehe das Kapitel *Zwischen den Fronten*), Necla Kelek (Autorin der Bestseller *Die fremde Braut* und *Die verlorenen Söhne*) oder Udo Ulfkotte entweder als Muslime geboren wurden oder zumindest lange in islamischen Ländern gelebt haben, jedoch: »zu qualifizierten theologischen Aussagen befähigt sie das freilich nicht«; vgl. Thorsten Gerald Schneiders: *Wegbereiter der modernen Islamfeindlichkeit: Eine Analyse der Argumentationen so genannter Islamkritiker*. Wiesbaden 2014, S. 1.

18 So behauptet der von Benz interviewte Imam und DITIB-Funktionär (DITIB ist die türkische Abkürzung für den Dachverband *Türkisch-Islamische Union der Anstalt für Religion*, der zwar in Deutschland tätig ist, aber vom staatlichen *Präsidium für Religiöse Angelegenheiten* der Türkei kontrolliert wird) Bekir Alboğa kontrafaktisch, der Koran verbiete es, »im Namen des Glaubens Gewalt anzuwenden« (Benz, *Die Feinde aus dem Morgenland*, S.172). Die eigentümlichen Sprachspiele theologischer Exegeten können unter Umständen aber auch hilfreich sein, wie wir im Kapitel *Der islamische Humanismus* sehen werden.

19 Heute, sechs Jahre später, zeigt sich dies sehr deutlich: Weder die vermehrten terroristischen Anschläge, etwa in Paris (Januar und November 2015), Brüssel (März 2016), Orlando (Juni 2016) oder Nizza (Juli 2016) noch die Gräueltaten des sogenannten »Islamischen Staats«, noch der Syrienkrieg, noch die islamistischen Ausschreitungen im Zuge des sogenannten »Arabischen Frühlings«, noch die gewalttätigen Auseinandersetzungen unter Flüchtlingen verschiedener Konfessionszugehörigkeit wären erklärlich, wenn man dieser bagatellisierenden Analyse folgen würde. Peinlich wirkt heute auch die von Benz nicht hinterfragte Einschätzung, das Beispiel Türkei zeige auf, dass sich Islam und Demokratie problemlos miteinander vereinbaren ließen (vgl. Benz, *Die Feinde aus dem Morgenland,* S.133).

20 Benz ist Herausgeber einer glänzend kommentierten Ausgabe der antisemitischen Hetzschrift *Die Protokolle der Weisen von Zion*, siehe: Wolfgang Benz: *Die Protokolle der Weisen von Zion. Die Legende von der jüdischen Weltverschwörung.* München 2007.

21 Vgl. hierzu u.a. Johannes Kandel: *Islamismus in Deutschland. Zwischen Panikmache und Naivität.* Freiburg 2011, S.150 ff. Zu den ideologischen Hintergründen der Muslimbruderschaft siehe auch das Kapitel *Der islamische Faschismus* in diesem Buch.

22 Udo Ulfkotte: *Heiliger Krieg in Europa. Wie die radikale*

*Muslimbruderschaft unsere Gesellschaft bedroht.* Frankfurt am Main 2007.

23 Neben den Publikationen von Wolfgang Benz ist hier insbesondere auch das Buch von Patrick Bahner: *Die Panikmacher. Die deutsche Angst vor dem Islam* (München 2011) zu erwähnen, das sich ähnlicher Argumentationsmuster bedient.

24 So konzentriert sich Benz nicht nur auf Islamkritiker wie Udo Ulfkotte, sondern zitiert auch seitenweise aus Kommentaren, die auf der antimuslimischen Website *Politically Incorrect* veröffentlicht wurden. Studien hingegen, die die historischen Hintergründe des von ihm harsch kritisierten Begriffs des »Islamofaschismus« wissenschaftlich seriös belegen (wie etwa die 2006 erschienene Studie von Klaus-Michael Mallmann und Martin Cüppers: *Halbmond und Hakenkreuz. Das Dritte Reich, die Araber und Palästina*), sucht man bei Benz vergebens.

25 Die erfolgreichen Werke der türkisch-deutschen Soziologin Necla Kelek (*1957) beschäftigen sich mit islamisch geprägten Parallelgesellschaften in Deutschland. Ihren größten publizistischen Erfolg feierte sie mit dem Buch *Die fremde Braut. Ein Bericht aus dem Inneren des türkischen Lebens in Deutschland* (Köln 2005), für das sie u. a. mit dem *Geschwister-Scholl-Preis* ausgezeichnet wurde.

26 Vgl. Wolfgang Benz, *Die Feinde aus dem Morgenland*, S. 111 ff.

27 A. a. O., S. 116.

28 Vgl. Henryk M. Broder: *Hurra, wir kapitulieren! Von der Lust am Einknicken.* Berlin 2006; sowie: *Kritik der reinen Toleranz.* Berlin 2008.

29 Henryk M. Broder: S*ind Muslime die Juden von heute?* (welt.de, 13. 1. 2010).

30 Siehe hierzu die kritische Analyse von Mathias Brodkorb: *Die »Kritische Theorie« frisst ihre Kinder – Antisemitismusforscher Wolfgang Benz ist plötzlich selbst ein Antisemit.* (Zeitblog *Störungsmelder*, 26. 1. 2010).

31 Die geno- und phänotypischen Unterschiede zwischen den Ethnien sind viel zu gering, als dass es gerechtfertigt wäre, den biologischen Begriff der »Rasse« zu benutzen. Daher wurde der Begriff im 20. Jahrhundert nicht nur im politischen, sondern auch im biologischen Sprachgebrauch fallen gelassen. Wegweisend hierfür war die Schrift *We Europeans: A Survey of Racial Problems*, die der Begründer des evolutionären Humanismus, der Evolutionsbiologe und spätere erste UNESCO-Generaldirektor Julian Huxley (1887–1975) in Zusammenarbeit mit dem britischen Anthropologen Alfred Cort Haddon (1855–1940) im Jahr 1935 publizierte.

32 Vgl. Mina Ahadi/Sina Vogt: *Ich habe abgeschworen. Warum ich für die Freiheit und gegen den Islam kämpfe*. München 2008.

33 Vgl. Armin Pfahl-Traughber: *Gemeinsamkeiten und Unterschiede von Antisemitismus und »Islamophobie«. Eine Erörterung zum Vergleich und ein Plädoyer für das »Antimuslimismus«-Konzept*. In: Armin Pfahl-Traughber (Hrsg.): *Jahrbuch für Extremismus- und Terrorismusforschung*, Brühl 2010.

34 Das 2010 erschienene Buch von Thilo Sarrazin *Deutschland schafft sich ab. Wie wir unser Land aufs Spiel setzen* (München 2010) löste eine breite gesellschaftliche Kontroverse aus, wodurch das eigentlich sehr trocken geschriebene Buch zu einem der größten Erfolge in der Geschichte der Bundesrepublik wurde. Heftig umstritten war dabei insbesondere Sarrazins These, dass Deutschland durch ungelenkte Einwanderung immer »dümmer« werde. Sarrazin stützte sich dabei auf die wissenschaftliche Erkenntnis, dass Intelligenz zu einem hohen Maß erblich bedingt ist, wandte dieses Forschungsergebnis aber in höchst problematischer Weise auf Populationen an (*die* Deutschen versus *die* Einwanderer aus muslimischen Ländern), wodurch er die rechtspopulistische Aversion gegen »*die* Muslime« verschärfte. Die im Zuge der Sarrazin-Debatte verstärkte Vermischung kultura-

listischer und biologistischer Argumente könnte man tatsächlich mit dem Begriff »Kulturrassismus« belegen, jedoch muss man sich dabei vor Augen halten, dass kulturalistische und biologistische Argumentationen nicht notwendigerweise zusammen auftreten.

35 Vgl. Shlomo Sand: *Die Erfindung des jüdischen Volkes. Israels Gründungsmythos auf dem Prüfstand.* Berlin 2010.

36 Der *Deutsche Freidenker-Verband* wurde im März 1936 durch den Volksgerichtshof zu einer »hochverräterischen Organisation« erklärt und verboten. Zur wechselhaften Geschichte des atheistischen Freidenkertums in Deutschland siehe u. a.: Horst Groschopp: *Dissidenten. Freidenkerei und Kultur in Deutschland.* Marburg 2011.

37 Der indisch-britische Schriftsteller Salman Rushdie (*1947) wurde nach der Veröffentlichung seines Romans *Die satanischen Verse* von Ajatollah Khomeini im Februar 1989 per Fatwa zum Tode verurteilt. Das Kopfgeld, das die iranische Republik für die Ermordung Rushdies bereitstellte, betrug anfangs eine Million Dollar. Im Februar 2016 wurde das Kopfgeld auf vier Millionen Dollar erhöht.

38 Die in Somalia geborene Politikwissenschaftlerin Ayaan Hirsi Ali (*1969) erhält seit 2002 Morddrohungen aus islamistischen Kreisen, vor allem seit der Ermordung ihres Kooperationspartners, des niederländischen Filmemachers Theo van Gogh am 2. November 2004. Ihr Buch *Ich klage an. Plädoyer für die Befreiung der muslimischen Frauen* (München 2005) war ein internationaler Bestseller.

39 *Offener Brief: Islamkritikerin lehnt Einladung von AfD ab* (hpd.de, 21. 5. 2016).

40 Ebenda.

41 Vgl. u. a. Florian Chefai: »*Wir müssen den Säkularismus verteidigen!« Interview mit Mina Ahadi* (hpd.de, 24. 11. 2015).

42 Der 1972 in Kairo geborene, seit 1995 in Deutschland lebende Politikwissenschaftler Hamed Abdel-Samad erzielte mit seinem 2009 erschienenen Buch *Mein Abschied vom Himmel. Aus dem Leben eines Muslims in Deutschland*

einige Aufmerksamkeit. Einem breiteren Publikum wurde er 2010 durch seine Mitwirkung an der satirischen Fernsehsendung *Entweder Broder – Die Deutschland-Safari* bekannt, vor allem aber durch seine nachfolgenden Bücher *Der Untergang der islamischen Welt. Eine Prognose* (München 2010), *Krieg oder Frieden: Die arabische Revolution und die Zukunft des Westens* (München 2011), *Der islamische Faschismus: Eine Analyse* (München 2014) und *Mohamed – Eine Abrechnung* (München 2015).

43 Hamed Abdel-Samad, *Der islamische Faschismus*, S. 21.

44 Vgl. hierzu u. a. Emilio Gentile: *Der Faschismus. Eine Definition zur Orientierung*. In: *Mittelweg 36* (Zeitschrift des Hamburger Instituts für Sozialforschung) 1/2007.

45 Vgl. Hamed Abdel-Samad, *Der islamische Faschismus*, S. 23 ff.

46 A. a. O., S. 94 ff.; eine ausführlichere Darstellung des Lebenswegs al-Husseinis findet man bei Klaus Gensicke: *Der Mufti von Jerusalem und die Nationalsozialisten. Eine politische Biographie Amin el-Husseinis*. Darmstadt 2007; sowie bei Klaus-Michael Mallmann/Martin Cüppers: *Halbmond und Hakenkreuz. Das Dritte Reich, die Araber und Palästina*. Darmstadt 2006.

47 Vgl. Mallmann/Cüppers, *Halbmond und Hakenkreuz*, S. 233.

48 A. a. O., S. 116 f.

49 Der israelische Ministerpräsident Benjamin Netanjahu etwa erklärte anlässlich einer Gedenkstunde in der Knesset am 27. Januar 2012, Amin al-Husseini sei einer »der leitenden Architekten der ›Endlösung‹« gewesen.

50 Hassan al-Banna, zitiert nach Abdel-Samad, *Der islamische Faschismus*, S. 34 f.

51 A. a. O., S. 36.

52 A. a. O., S. 39.

53 Vgl. Matthias Küntzel: *Von Goebbels zu Ahmadinejad*. In: *Tribüne* (Zeitschrift zum Verständnis des Judentums), Heft 196, Dezember 2010.

54 Dies zeigte sich schon in dem 1970 erstmals erschienenen

Buch Khomeinis *Der islamische Staat,* das 1983 erstmals in deutscher Übersetzung erschien.

55 Hamed Abdel-Samad, *Der islamische Faschismus,* S. 147 f.

56 A. a. O., S. 143 f.

57 Dies hatte vor Khomeini freilich bereits Hassan al-Banna erkannt, siehe dessen zynisches Traktat *Die Todesindustrie* aus dem Jahr 1938.

58 Vgl. u. a. Michael Schmidt-Salomon: *Religion und Gewalt – Warum die Religionen keine »treibende Kraft für eine Kultur des Friedens« sind.* In: Michael Schmidt-Salomon: *Anleitung zum Seligsein.* Aschaffenburg 2011.

59 Bekanntlich gibt es eine ausführliche Debatte darüber, ob diese legendären Religionsstifter tatsächlich historische Figuren waren oder ob sie erst im Nachhinein als literarische Figuren konstruiert wurden. Für die vorliegende Argumentation spielt dies jedoch keine Rolle, da es unerheblich ist, ob man die Zeitbedingtheit der historischen Figuren Moses, Jesus, Mohammed oder die Zeitbedingtheit der historischen Erfinder dieser Figuren thematisiert.

60 Vgl. Michael Schmidt-Salomon: *Manifest des evolutionären Humanismus.* Aschaffenburg 2006, S. 66 ff.

61 Immerhin: Thomas Fischer (*1953), Vorsitzender Richter am Bundesgerichtshof, stellte in seiner lesenswerten Kolumne *Fischer im Recht* dem viel diskutierten »Islamismus« den gerne verdrängten »Christianismus« gegenüber, siehe: Thomas Fischer: *Sind die Terroristen nun Feinde oder Bürger?* (zeit.de, 20. Januar 2015).

62 Vgl. Karlheinz Deschner: *Kriminalgeschichte des Christentums.* 10 Bände. Reinbek 1986 bis 2013. Zur Kriminalgeschichte des Islam gibt es bislang kein vergleichbares Werk.

63 Zurzeit ist die Scharia Rechtsgrundlage u. a. im Iran, in Saudi-Arabien, Bangladesch, Mauretanien, Afghanistan, Sudan, Gambia, Senegal, Katar, Kuwait, Bahrain, Libyen, Jemen, in Teilen Pakistans, Somalias und Nigerias. Die sogenannte *Kairoer Erklärung der Menschenrechte,* die grundlegend für das Selbstverständnis der *Organisation für isla-*

*mische Zusammenarbeit* (OIC) ist, gewährt Menschenrechte nur innerhalb der Grenzen der Scharia.

64 Vgl. hierzu u. a. Karlheinz Deschner: *Die Politik der Päpste*. Aschaffenburg 2013.

65 Joh. 8,44.

66 Mt. 27,25.

67 Vgl. Martin Luther: *Von den Juden und ihren Lügen*. [Originaltext von 1543 & Übertragung ins heutige Deutsch]. Aschaffenburg 2016, S. 247 ff.

68 So Martin Sasse in seinem am 23. November 1938 verfassten Vorwort zu Martin Sasse (Hrsg.): *Martin Luther über die Juden: Weg mit ihnen!* Freiburg 1939, S. 2.

69 Vgl. Bruno Schirra: *Das Gesicht des aufgeklärten Islam* (*Basler Zeitung*, 21. Dez. 2011).

70 Khorchide ist freilich nicht der Erste, der im deutschsprachigen Raum auf humanistische Interpretationen des Islam hingewiesen hat. Bereits 1982 war zu diesem Thema ein Buch in der Schweiz erschienen, das allerdings nicht allzu große Beachtung gefunden hat, siehe: Marcel A. Boisard: *Der Humanismus des Islam*. Zürich 1982.

71 Der *Spiegel* hatte mich 2007 als »Deutschlands Chef-Atheisten« bezeichnet (*Chef-Atheist im Chat: »Gynäkologen, die an die Jungfrauengeburt glauben«*, spiegel.de, 29. 5. 2007), was mich seither auf Schritt und Tritt verfolgt. All meine Bekundungen, dass ich mich weder als »Chef« verstehe noch als »Atheist« (als »Agnostiker« lehne ich nicht nur alle Gottesvorstellungen ab, sondern auch Behauptungen, man könne wissen, dass Gott nicht existiert), haben daran etwas ändern können. Mittlerweile habe ich mich mit diesem Etikett abgefunden und setze es hin und wieder in ironischer Weise ein.

72 Vgl. Michael Schmidt-Salomon: *Hoffnung Mensch. Eine bessere Welt ist möglich*. München 2014, S. 330.

73 Vgl. Mouhanad Khorchide: *Gott glaubt an den Menschen. Mit dem Islam zu einem neuen Humanismus*. Freiburg 2015, S. 66.

74 A. a. O., S. 185.

75 A. a. O., S. 20.

76 Ebenda.

77 Karl Marx/Friedrich Engels: *Manifest der Kommunistischen Partei.* Marx-Engels-Werke (MEW). Berlin 1956 ff., Band 4, S. 493.

78 Siehe u. a. Khorchide, *Gott glaubt an den Menschen,* S. 109 f.

79 A. a. O., S. 59.

80 Mouhanad Khorchide/Hamed Abdel-Samad: *Zur Freiheit gehört, den Koran zu kritisieren. Ein Streitgespräch.* Freiburg 2016.

81 A. a. O., S. 108 f.

82 Vgl. Frank Nicolai/Florian Chefai: »*Die AfD ist die Speerspitze des christlichen Fundamentalismus*«. Interview mit Michael Schmidt-Salomon über die neuen Strategien christlicher Rechtspopulisten (hpd.de, 11. 2. 2016).

83 Vgl. u.a. *Beatrix von Storch legt in Anti-Islam-Rhetorik nach* (welt.de, 19.4.2016), *Zentralrat der Muslime vergleicht AfD mit Hitler-Deutschland* (zeit.de, 18. 4. 2016), *Schulz: AfD sei »Schande für Deutschland«* (faz.net, 18. 4. 2016), *Heftige Kritik an Anti-Islam-Kurs der AfD* (spiegel.de, 18. 4. 2016).

84 Moderne, humanistisch ausgerichtete Theologen wie Gamal al-Banna oder Mouhanad Khorchide wenden sich scharf gegen diese Ideologie des politischen Islam. Sie befürworten den säkularen Rechtsstaat und die Trennung von Religion und Politik.

85 Siehe u. a.: *Die Islamkritik der AfD im Faktencheck* (welt.de, 19. 4. 2016), *Was ist dran an der Islamkritik?* (handelsblatt.com, 19. 4. 2016), *Faktencheck: Was ist dran an der Islamkritik der AfD?* (spd.de, 19. 4. 2016).

86 Ebenda.

87 Vgl. u. a. *Von Storch bekommt Unterstützung – ausgerechnet von einem Muslim* (huffingtonpost.de, 19. 4. 2016); *Abdel-Samad stärkt AfD-Storch den Rücken* (ruhrbarone.de, 20. 4. 2016).

88 Die Mails erreichten mich als Mitbegründer und Vor-standssprecher der *Giordano-Bruno-Stiftung*, der viele renommierte Wissenschaftler, Philosophen und Künstler, u. a. auch Hamed Abdel-Samad, angehören. Informationen zur Stiftung, die sich als »Denkfabrik für Humanismus und Aufklärung« versteht, gibt es unter *www. giordano-bruno-stiftung.de.*

89 Vgl. u. a. Johanna Roth: *Hamed Abdel-Samad bei der AfD: Narziss zu Gast bei Freunden* (taz.de, 27.10.2015).

90 Vgl. hierzu auch Frank Nicolai: »*... weil ich die Freiheit ernst nehme*«: *Hamed Abdel-Samad bei der AfD in Berlin* (hpd.de, 27.10.2015).

91 *Offener Brief: Islamkritikerin lehnt Einladung von AfD ab* (hpd.de, 21.5.2016).

92 Alternative für Deutschland: *Programm für Deutschland. Das Grundsatzprogramm der Alternative für Deutschland. Beschlossen auf dem Bundesparteitag in Stuttgart am 30. 4./ 1.5.2016*, S. 6.

93 A. a. O., S. 41.

94 A. a. O., S. 55.

95 A. a. O., S. 44.

96 Vgl. hierzu u. a. Philipp Becher/Christian Begass/Josef Kraft: *Der Aufstand des Abendlandes. AFD, PEGIDA & Co: Vom Salon auf die Straße.* Köln 2015.

97 Alternative für Deutschland, *Programm für Deutschland,* S. 17.

98 Vgl. u. a. Kathrin Glösel, Natascha Strobl, Julian Bruns: *Die Identitären. Handbuch zur Jugendbewegung der Neuen Rechten in Europa.* Münster 2014.

99 Alternative für Deutschland, *Programm für Deutschland,* S. 41 f.

100 A. a. O., S. 47.

101 Vgl. hierzu u. a. Gerhard Schulze: *Das Drama der Freiheit.* In: Ulrike Ackermann (Hrsg.): *Welche Freiheit? Plädoyers für eine offene Gesellschaft.* Berlin 2007.

102 »Bastelexistenzen« sind typisch für moderne Gesellschaf-

ten mit einem hohen Individualisierungsgrad, vgl. hierzu u. a. Ulrich Beck/Elisabeth Beck-Gernsheim (Hrsg.): *Riskante Freiheiten. Individualisierung in modernen Gesellschaften*. Frankfurt/M. 1994.

103 In ihren gesellschaftspolitischen Ansichten verbindet Beatrix von Storch sehr viel mehr mit dem türkischen Ministerpräsidenten Erdoğan als mit einem »Biodeutschen« wie mir. Gleiches gilt natürlich auch für die unterstellte Differenz zwischen Christen und Muslimen: Liberale Christen verbindet mit liberalen Muslimen sehr viel mehr als mit fundamentalistischen Vertretern ihrer eigenen Religion.

104 Siehe hierzu die Ausführungen im Kapitel *Selbstbestimmung statt Gruppenzwang.*

105 Der Begriff der »gruppenbezogenen Menschenfeindlichkeit« wurde von dem deutschen Erziehungswissenschaftler Wilhelm Heitmeyer (*1945) geprägt. Er versteht darunter ein Syndrom unterschiedlicher Diskriminierungsstrategien, unter die verschiedene Symptome wie Fremdenfeindlichkeit, Rassismus, Antisemitismus und »Islamfeindlichkeit« (besser: Antimuslimismus oder Muslimenfeindlichkeit) fallen. Mit diesem Forschungsansatz hat Heitmeyer mit seinem Team in einer Langzeitstudie die Entwicklung von Vorurteilen in der deutschen Gesellschaft untersucht. Obwohl man die Operationalisierung des Konzepts (also die Fragen, anhand derer »gruppenbezogene Menschenfeindlichkeit« getestet wurde) mitunter kritisieren kann, sind die unter dem Titel *Deutsche Zustände* veröffentlichten Studien sehr lesenswert. Dies gilt insbesondere für den Abschlussband der zehnbändigen Reihe, in dem die Forscher einen Überblick über die Forschungsergebnisse geben, siehe: Wilhelm Heitmeyer (Hrsg.): *Deutsche Zustände.* 10 Bände. Frankfurt a. M. 2002 – 2011.

106 So wurden 2015 1000 Straftaten gegenüber Asylunterkünften gezählt, etwa fünfmal so viele wie im Vorjahr (vgl. *Geringe Aufklärungsquote: Angriffe auf Flüchtlingsheime*

*verfünffacht*, tagesschau.de, 28.1.2016). Auf der anderen Seite kam es aber auch häufiger zu Übergriffen von Muslimen gegenüber Nichtmuslimen, vor allem gegenüber Juden, Schwulen und Frauen. Die viel diskutierten Ereignisse der Silvesternacht in Köln 2015/2016 (vgl. u. a. *Silvesternacht: 60 Anzeigen nach Übergriffen vor Kölner Hauptbahnhof*, spiegel.de, 4.1.2016) bildeten hier nur die Spitze des Eisbergs. In der Debatte zu diesen Ereignissen wurde zwar immer wieder betont, dass derartige Übergriffe »nichts mit dem Islam« zu tun hätten (sondern eher generelle Probleme von »Männern« oder von »Unterprivilegierten« seien), damit wurde jedoch bloß ein weiteres Mal vermieden, sich mit den weltanschaulichen und kulturellen Hintergründen zu beschäftigen, die Muslime auffällig häufig in Konflikt mit der offenen Gesellschaft und dem Gesetz bringen, vgl. hierzu u. a. Necla Kelek: *Die verlorenen Söhne. Plädoyer für die Befreiung des türkisch-muslimischen Mannes*. Köln 2006, S. 37 ff.

107   Vgl. Michael Schmidt-Salomon, *Hoffnung Mensch*, S. 71 ff.

108   Lucius Annaeus Seneca war einer der bedeutendsten stoischen Philosophen und meistgelesenen Schriftsteller seiner Zeit. Als maßgeblicher Erzieher und Berater Neros hatte er großen politischen Einfluss, wurde von seinem Zögling jedoch wegen seiner mutmaßlichen Beteiligung an der sogenannten »Pisonischen Verschwörung« zum Suizid gezwungen.

109   Cyprian von Karthago, der am 14. September 258 enthauptet wurde, gilt als »Märtyrer des Glaubens« und wird in der katholischen und orthodoxen Kirche als »Heiliger« verehrt.

110   So Cyprian in seiner Schrift *De bono patientiae* (Vom Segen der Geduld), zitiert nach Rainer Forst: *Toleranz im Konflikt. Geschichte, Gestalt und Gegenwart eines umstrittenen Begriffs*. Frankfurt a. M. 2014, S. 66.

111   Vgl. u. a. Rolf Bergmeier: *Schatten über Europa. Der Untergang der antiken Kultur*. Aschaffenburg 2012, S. 117 ff.

112 Vgl. Karlheinz Deschner, *Kriminalgeschichte des Christentums*, Band 4, S. 460 ff.

113 Siehe hierzu u. a. Rolf Bergmeier: *Karl der Große. Die Korrektur eines Mythos.* Marburg 2016.

114 Al-Andalus ist der arabische Name für die zwischen 711 und 1492 von Muslimen beherrschten Teile der Iberischen Halbinsel, die insbesondere in der Zeit des Kalifats von Córdoba (929 – 1031) zu einer ungewöhnlichen kulturellen Blüte gelangten.

115 Vgl. u. a. Rolf Bergmeier: *Christlich-abendländische Kultur. Eine Legende.* Aschaffenburg 2014.

116 Vgl. Erasmus von Rotterdam: *Lob der Torheit.* Köln 2006.

117 Vgl. Thomas Morus: *Utopia.* Stuttgart 2012.

118 Vgl. Thomas Hobbes: *Leviathan.* Stuttgart 1986.

119 Baruch de Spinoza: *Theologisch-politischer Traktat. Sämtliche Werke, Band 3.* Hamburg 2012.

120 Vgl. John Locke: *Ein Brief über Toleranz.* Hamburg 1975.

121 Vgl. u. a. Hans-Georg Stümke: *Homosexuelle in Deutschland: Eine politische Geschichte.* München 1989.

122 Dieser oft zitierte Text erschien interessanterweise nur im Anmerkungsapparat von Poppers berühmten zweibändigen Werk, siehe: Karl Popper: *Die offene Gesellschaft und ihre Feinde. Band 1: Der Zauber Platons.* Tübingen 2003, S. 362.

123 Bei Günther Lachmann (*Tödliche Toleranz. Die Muslime und unsere offene Gesellschaft.* München 2005) kann man angesichts seines Angebots, die AfD zu beraten, skeptisch sein, nicht aber bei Necla Kelek, die in ihrem Buch *Die importierte Braut* (Köln 2005) die »falsche Toleranz« gegenüber den Protagonisten reaktionärer Werte kritisierte. Und Henryk M. Broder (*Kritik der reinen Toleranz.* Berlin 2008) sowie Alice Schwarzer (*Die Gotteskrieger – und die falsche Toleranz.* Köln 2002) kann man sicherlich vielerlei unterstellen – aber ganz bestimmt kein besonderes Interesse an der »Rettung des christlichen Abendlandes« oder an der »deutschen Leitkultur«.

124 Wer sich mit diesen komplexen Definitionen von »Toleranz« grundlegender auseinandersetzen möchte, dem sei
das bereits zitierte, umfangreiche Standardwerk von Rainer Forst *Toleranz im Konflikt* empfohlen. Sehr viel weniger ausführlich, aber lesenswert ist Heiner Hastedts kurze
Einführung mit dem schlichten Titel *Toleranz* (Stuttgart
2012).

125 Vgl. das Kapitel *Freiheit und Gleichheit*.

126 Ebenda.

127 Vgl. das Kapitel *Bildung für alle*.

128 Johann Wolfgang von Goethe: *Maximen und Reflexionen*.
Berliner Ausgabe in 22 Bänden, Band 18. Berlin/Weimar
1960 ff., S. 610.

129 Vgl. *Ärger um ARD-Themenwoche: Mit ihrer Themen-
woche Toleranz sorgt die ARD für reichlich Aufregung*
(tagesspiegel.de, 12.11.2014).

130 Vgl. Josef Reichholf: *Warum die Menschen sesshaft wurden. Das größte Rätsel unserer Geschichte*. Frankfurt a. M.
2008.

131 Vgl. Michael Schmidt-Salomon: *Respekt? Wovor denn?*
(zeit.de, 21.9.2012).

132 Carlo Strenger: *Zivilisierte Verachtung. Eine Anleitung zur
Verteidigung unserer Freiheit*. Berlin 2015, S. 21.

133 Ebenda.

134 Zitiert nach Christoph Sydow: *Orlando-Attentäter Mateen:
Getrieben von Hass, infiziert vom IS* (spiegel.de, 13.6.2016).

135 Info Research Group: *Deutsch-Türkische Lebens- und Wer-
tewelten 2012. Ergebnisbericht zu einer repräsentativen Be-
fragung von Türken in Deutschland*. Berlin 2012, S. 73 f.

136 Vgl. Ruud Koopmans: *Fundamentalismus und Fremdenfeindlichkeit. Muslime und Christen im europäischen Vergleich*. In: *WZB-Mitteilungen*, Heft 142, Dezember 2013.
Ausführlichere Daten der sogenannten *SCIICS-Studie*
(*Six Country Immigrant Integration Comparative Survey*)
zu Einwanderern und Einheimischen in sechs europäischen Ländern (Deutschland, Frankreich, den Niederlan-

den, Belgien, Österreich und Schweden) hat das Wissen-
schaftszentrum Berlin (WZB) als online zugängliches
»Discussion Paper« veröffentlicht, siehe Ruud Koopmans:
*Religious Fundamentalism and Out-Group Hostility among
Muslims and Christians in Western Europe*. WZB Discus-
sion Paper (SP VI 2014–101). Berlin 2014.

137  Vgl. Viola van Melis: *Islam tolerierte früher Homosexuelle*
(hpd.de, 16.11.2011); Thomas Bauer führt die über viele
Jahrhunderte feststellbare größere Liberalität islamischer
Gesellschaften darauf zurück, dass diese eine höhere
»Ambiguitätstoleranz« aufwiesen, es also besser aushalten
konnten, dass sich religiöse und weltliche Normen widersprachen, und daher nicht auf die Durchsetzung einer für
alle in allen Lebensbereichen gültigen »Wahrheit« poch-
ten, ausführlich dazu Thomas Bauer: *Die Kultur der Ambiguität. Eine andere Geschichte des Islam*. Berlin 2011.

138  Vgl. *Homosexualität unter Strafe: Iran will 18-Jährigen
trotz falscher Vorwürfe hinrichten* (spiegel.de, 8.8.2010).

139  Lesben-und-Schwulenverband in Deutschland (LSVD):
*Orlando: Entsetzen und Erschütterung. Zusammenstehen
gegen den Hass und jede Ideologie der Ungleichwertigkeit.*
(lsvd.de, 13.6.2016).

140  Die nachfolgende Darstellung des Akzeptierbaren, Tolerierbaren und Nicht-mehr-Tolerierbaren ist idealtypisch.
Tatsächlich gibt es zwischen diesen Bereichen unterschiedliche Übergangs- bzw. Mischformen. Es handelt
sich um ein Kontinuum, das ganz allmählich vom Abso-
lut-Akzeptierbaren zum Gerade-Noch-Akzeptierbaren,
vom Leicht-Tolerierbaren zum Gerade-noch-Tolerierbaren und vom Nicht-mehr-Tolerierbaren (etwa der
Unterstützung von Gewaltaufrufen) zum Absolut-nicht-
mehr-Tolerierbaren (etwa der Durchführung von Terroranschlägen) führt.

141  Vgl. Nicolai Kwasniewski: *Propaganda des »Islamischen
Staats«: So kommt der Terror ins Netz* (spiegel.de,
4.12.2015).

142 Vgl. Sascha Lobo: *Terror und Datenwahn. Tiefgreifendes, strukturelles, multiples Staatsversagen* (spiegel.de, 30.3.2016).

143 In Deutschland müssen diejenigen, die durch Gewaltaufrufe den öffentlichen Frieden gefährden, nach § 130 StGB mit Freiheitsstrafen bis zu fünf Jahren rechnen. In der Praxis wird diese Strafandrohung jedoch selten durchgesetzt. Dies sollte sich ändern.

144 Laut einer im April 2016 veröffentlichten repräsentativen Umfrage des Meinungsforschungsinstituts ICM unter 1000 britischen Muslimen und einer Kontrollgruppe von 1000 Briten für die *Channel Four*-Dokumentation *What British Muslims Really Think* stimmen 52 Prozent der britischen Muslime dafür, homosexuelle Handlungen unter Strafe zu stellen, in der Gesamtbevölkerung sprechen sich lediglich fünf Prozent für ein Verbot aus, vgl. *Großbritannien: Hälfte der Muslime für Homo-Verbot* (queer.de, 11.4.2016).

145 Eine im Jahr 2000 veröffentlichte, repräsentative ALL-BUS-Studie in Deutschland kam zu dem Ergebnis, dass 45 Prozent der Mitglieder nicht-christlicher Religionsgemeinschaften (dies sind zu vier Fünfteln Muslime) Homosexualität verbieten wollen, bei Katholiken und Protestanten lag diese Quote bei knapp über zwölf Prozent, bei Konfessionsfreien bei unter fünf Prozent (vgl. Forschungsgruppe Weltanschauungen in Deutschland (fowid): *Datenblatt »Homosexualität verbieten? Religionszugehörigkeit/Befragte ab 18 Jahren (2000)«.* fowid.de, 4.9.2005). Rechnet man die Angehörigen nicht-muslimischer Religionsgemeinschaften aus dem obigen Wert heraus (bei denen homophobe Haltungen weniger stark verbreitet sind), kommt man auf eine Verbots-Zustimmungsquote unter Muslimen in Deutschland von über 50 Prozent. Dies korrespondiert auch mit den Ergebnissen der Studie *Muslime in Deutschland*, die vom Bundesministerium des Inneren in Auftrag gegeben und im Juli 2007 veröffentlicht

wurde. Dort wurde zwar nicht explizit nach dem Verbot der Homosexualität gefragt (vielleicht auch, weil man die entsprechenden Ergebnisse nur ungern publiziert hätte). Bemerkenswert sind jedoch die Antworten zu einer anderen sexualpolitischen Frage, mit der indirekt auch homophobe Einstellungen abgefragt wurden: So stimmten 71 Prozent (!) der Muslime in Deutschland der Aussage »Die Sexualmoral der westlichen Gesellschaften ist völlig verkommen« zu (45,2 % völlige Zustimmung, 25,8 % tendenzielle Zustimmung), nur 29 Prozent lehnten diese Aussage ab (vgl. Katrin Brettfeld/Peter Wetzels: *Muslime in Deutschland. Integration, Integrationsbarrieren, Religion sowie Einstellungen zu Demokratie, Rechtsstaat und politisch-religiös motivierter Gewalt. Ergebnisse von Befragungen im Rahmen einer multizentrischen Studie in städtischen Lebensräumen.* Hamburg 2017, Tabelle 13, S. 121).

146 Vgl. hierzu u. a. Michael Schmidt-Salomon: *Jenseits von Gut und Böse. Warum wir ohne Moral die besseren Menschen sind.* München 2010; sowie Thomas Metzinger: *Der Ego-Tunnel. Eine neue Philosophie des Selbst.* München 2014.

147 Dieses Argument spricht natürlich auch gegen die Behauptung der Weiterexistenz eines »Ichs« nach dem Tod. Denn wenn schon der Ausfall *einiger weniger Neuronen* (wie im Fall von Alzheimer) bewirkt, dass eine Person ihre Persönlichkeit verliert, wie könnte dann nach dem Ausfall *sämtlicher Neuronen* (infolge des biologischen Tods) noch *irgendetwas* von dieser Persönlichkeit erhalten bleiben? (Vgl. hierzu auch Michael Schmidt-Salomon/Lea Salomon: *Leibniz war kein Butterkeks. Den großen und kleinen Fragen der Philosophie auf der Spur.* München 2011, S. 71 f.

148 Albert Einstein: *Wie ich die Welt sehe.* In Albert Einstein: *Mein Weltbild.* Gütersloh o. J., S. 7.

149 Eine ausführliche Begründung dieses Arguments findet sich in Michael Schmidt-Salomon, *Jenseits von Gut und Böse,* S. 273 ff.

150  In der deutschsprachigen Presse wurde erstaunlich wenig über den Werdegang und das psychische Profil des Orlando-Attentäters geschrieben. Die nachfolgende Skizze folgt daher weitgehend US-Quellen, u.a. Kevin Sullivan/ William Wan: *Troubled. Quiet. Macho. Angry. The volatile life of the Orlando shooter* (*Washington Post*, 17.6.2016); Max Bearak: O*rlando suspect's father hosted a TV show and now pretends to be Afghanistan's president* (*Washington Post*, 12.6.2016); Mitch Weiss/Russ Bynum: *Records: Orlando gunman talked about violence in 3ʳᵈ grade* (*The Seattle Times*, 17.6.2016); Nicholas Nehamas/Kyra Gurney et al.: *Omar Mateen: Portrait of America's deadliest mass shooter* (*Miami Herold*, 12.6.2016); Chris Perez/Joe Tacopino: *Ex-wife's bombshell claim: Club shooter was gay* (*New York Post*, 13.6.2016).

151  Nach dem *Diagnostic and Statistical Manual of Mental Disorders* (DSM-IV-TR) liegt eine »Antisoziale Persönlichkeitsstörung« vor, wenn eine Person mindestens seit dem Alter von 15 Jahren in ihrem Verhalten ein tief greifendes Muster von Missachtung und Verletzung der Rechte anderer zeigt, was sich u. a. in wiederholten Schlägereien und fehlender Impulskontrolle äußert. In besonders schwerwiegenden Fällen zeigt sich die damit verbundene »Störung des Sozialverhaltens« schon im Kindesalter.

152  Carlo Strenger, *Zivilisierte Verachtung*, S. 21.

153  Mit kognitiven Verzerrungen hat sich vor allem der israelisch-amerikanische Psychologe und Nobelpreisträger Daniel Kahneman (*1934) auseinandergesetzt, vgl. u. a. Daniel Kahneman: *Schnelles Denken, langsames Denken*. München 2012. Auf Kahnemans Forschungen aufbauend, haben sich weltweit Rationalitätsinitiativen gebildet, die zu einer Aufhebung von kognitiven Verzerrungen in der gesellschaftlichen Debatte beitragen wollen. Bislang jedoch leider ohne durchschlagenden Erfolg.

154  Der Begriff geht auf eine Veröffentlichung von David Dunning und Justin Kruger aus dem Jahr 1999 zurück, vgl.

Justin Kruger/David Dunning: *Unskilled and unaware of it. How difficulties in recognizing one's own incompetence lead to inflated self-assessments.* In: *Journal of Personality and Social Psychology*, Band 77, Nr. 6, 1999.

155 Vgl. hierzu u.a. die Darlegungen im Kapitel *Der islamische Humanismus.*

156 Siehe u. a. Axel Meyer: *Adams Apfel und Evas Erbe. Wie die Gene unser Leben bestimmen und warum Frauen anders sind als Männer.* München 2015, S. 295 ff.

157 Zur sexuellen Vielfalt und Verbreitung homosexuellen Verhaltens in der Natur siehe u. a. Volker Sommer: *Wider die Natur? Homosexualität und Evolution.* München 1990; Adrian Forsyth: *Die Sexualität in der Natur. Vom Egoismus der Gene und ihren unfeinen Strategien.* München 1991; Matt Ridley: *Eros und Evolution. Die Naturgeschichte der Sexualität.* München 1998; Geoffrey R. Miller: *Die sexuelle Evolution. Partnerwahl und die Entstehung des Geistes.* Heidelberg 2001.

158 Vgl. Thomas Bauer, *Die Kultur der Ambiguität,* S. 277 ff.

159 Vgl. die Kapitel *Selbstbestimmung statt Gruppenzwang* und *Bildung für alle.*

160 Vgl. Michael Schmidt-Salomon: *Keine Macht den Doofen. Eine Streitschrift.* München 2012, S. 35 f.

161 Michael Schmidt-Salomon, *Manifest des evolutionären Humanismus,* S. 7.

162 Vgl. Michael Schmidt-Salomon, *Hoffnung Mensch,* S. 310 ff.

163 Bei den nachfolgenden »10 Geboten der Rationalität« orientiere ich mich, wenn auch recht frei, an einem Vorschlag des deutschen Physikers und Philosophen Gerhard Vollmer (*1943) aus dem Jahr 1990, vgl. Gerhard Vollmer: *Wissenschaftstheorie im Einsatz. Beiträge zu einer selbstkritischen Wissenschaftsphilosophie.* Stuttgart 1993, S. 155 ff. Die Modifikationen gegenüber dem Grundmodell von Vollmer sind u. a. darin begründet, dass es Vollmer in seinem Text *Mehr oder weniger Vernunft?* um Metakriterien einer »vernünftigen Rationalitätstheorie« ging, also um

Kriterien für die Rationalität der Rationalität selbst, während ich mich hier auf das bescheidenere Ziel konzentriere, rationale Argumente gegenüber irrationalen im alltäglichen Diskurs abzugrenzen.

164 Vgl. das Kapitel *Die große Begriffsverwirrung*.

165 Selbstverständlich vertreten nicht alle Kreationisten die »Junge-Erde-Hypothese«. Zu den unterschiedlichen Denkmodellen im kreationistischen Spektrum siehe u. a. Michael Schmidt-Salomon: *Darwins umkämpftes Erbe. Die Evolutionstheorie im weltanschaulichen Widerstreit*. In: Helmut Fink (Hrsg.): *Die Fruchtbarkeit der Evolution. Humanismus zwischen Zufall und Notwendigkeit*. Aschaffenburg 2013, S. 24 ff.

166 Siehe hierzu auch die Darlegungen zu »Ockhams Rasiermesser« in Michael Schmidt-Salomon, *Manifest des evolutionären Humanismus*, S. 59 ff.

167 Es sei denn, die Aussage beschreibt selbstreferenzielle Systeme, bei denen die Wirkungen ihre eigenen Ursachen beeinflussen, vgl. hierzu u. a. Jürgen Beetz: *Feedback. Wie Rückkopplung unser Leben bestimmt und Natur, Technik, Gesellschaft und Wirtschaft beherrscht*. Heidelberg 2016.

168 Vgl. das Kapitel *Zwischen den Fronten*.

169 Vgl. die Ausführungen im Kapitel *Die verhinderte Streitkultur und ihre Folgen*.

170 Vgl. hierzu u. a. Michael Schmidt-Salomon/Lea Salomon, *Leibniz war kein Butterkeks*, S. 45 ff.

171 Immanuel Kant: *Über den Gemeinspruch: Das mag in der Theorie richtig sein, taugt aber nicht für die Praxis*. Werke in zehn Bänden. Darmstadt 1983, Band 9, S. 125 ff. Bei genauerer Betrachtung hat Kant mit seiner These natürlich recht. Denn eine gute Philosophie des Humanismus sollte schon auf theoretischer Ebene berücksichtigen, dass ein ausschließlich philosophischer Zugang zum Humanismus in der Praxis scheitern wird.

172 Siehe die entsprechenden Darlegungen im Kapitel *Der islamische Humanismus*.

173 Michael Schmidt-Salomon/Lea Salomon, *Leibniz war kein Butterkeks*, S. 182 ff.

174 Die Unterscheidung von westlichem Sprachernst und orientalischem Sprachspiel steht im Zentrum der »anderen Geschichte des Islam«, die Thomas Bauer vorgelegt hat, vgl. Thomas Bauer, *Die Kultur der Ambiguität*, S. 224 ff. Meines Erachtens geht Bauer mit seiner Kritik am Konzept der »rationalistischen Gewissheit« zu weit, wodurch er sich selbst in Widersprüche verwickelt, da seine Darstellung der Ambiguität der islamisch-arabischen Kultur aus gutem Grund den Prinzipien rationaler Klarheit folgt. Dennoch muss sein Argument, dass gerade die westlich-rationale Sprachernstigkeit zu einer »Islamisierung des Islams« geführt hat, aus einer rationalen Perspektive ernst genommen werden.

175 Die österreichische Variante von Demokratiefeindlichkeit, Nationalismus, Militarismus und Antisemitismus war bis zum »Anschluss an das Deutsche Reich« im März 1938 nicht auf »den Führer« ausgerichtet, sondern auf »Gott, den Allmächtigen«. In der Präambel der sogenannten »Maiverfassung«, die von 1934 bis zum »Anschluss« 1938 galt, heißt es dazu programmatisch: »Im Namen Gottes, des Allmächtigen, von dem alles Recht ausgeht, erhält das österreichische Volk für seinen christlichen, deutschen Bundesstaat auf ständischer Grundlage diese Verfassung.« Bemerkenswert daran ist vor allem die Passivformulierung: Das Staatsvolk gibt sich nicht selbst eine Verfassung, sondern erhält sie »von oben«, von »Gott, dem Allmächtigen« bzw. von jenen, die befugt sind, in seinem Namen zu sprechen – eine radikale Aufkündigung der Idee des Gesellschaftsvertrages, die in der austrofaschistischen Politik so starken Niederschlag fand, dass man zeitweise den Eindruck bekommen konnte, Österreich wolle Hitler »überhitlern« (etwa im Hinblick auf die Verfolgung politischer Gegner oder die Gleichschaltung der Bildungs- und Kulturinstitutionen).

176 Vgl. Karl Popper, *Die offene Gesellschaft und ihre Feinde*, Band 1, S. IX.

177 Vgl. Hubert Kiesewetter: *Nachwort des Herausgebers*. In: Karl Popper, *Die offene Gesellschaft und ihre Feinde*, Band 1, S. 450 ff.

178 A. a. O., S. 462 ff.

179 Vgl. Karl Popper: *Die offene Gesellschaft und ihre Feinde*. Band 2 (Falsche Propheten: Hegel, Marx und die Folgen). Tübingen 2003.

180 Hubert Kiesewetter, *Nachwort des Herausgebers*, S. 455 ff.

181 In Deutschland erschien Fromms wohl bedeutendstes Werk unter leicht abgeändertem Titel, vgl. Erich Fromm: *Die Furcht vor der Freiheit*. Gesamtausgabe in zehn Bänden, Band 1, München 1989.

182 Vgl. Hubert Kiesewetter, *Nachwort des Herausgebers*, S. 458.

183 A. a. O., S. 460.

184 Vgl. Florian Kech: *Denker der Stunde – Wie der Terror dem Philosophen Karl Popper zum Comeback verhilft* (*Badische Zeitung*, 17. 1. 2015).

185 Karl Popper, *Die offene Gesellschaft und ihre Feinde*, Band 1, S. 207.

186 Der Begriff der offenen Gesellschaft wurde dabei vom »kapitalistischen Westen« vor allem auch in der ideologischen Auseinandersetzung mit dem »kommunistischen Osten« bemüht. Allerdings kann man bestreiten, dass sich konservative Politiker(innen) wie Ronald Reagan oder Margaret Thatcher zu Recht auf Popper beriefen, denn dieser hat keineswegs einen grenzenlosen Wirtschaftsliberalismus gepredigt, sondern immer wieder angemahnt, dass der Rechtsstaat einen soliden Ordnungsrahmen für eine funktionstüchtige und gerechte Marktwirtschaft schaffen muss.

187 Zitiert nach Karl Popper, *Die offene Gesellschaft und ihre Feinde*, Band 1, S. 221 f.

188 A. a. O., S. 219.

189  Vgl. die Darlegungen im Kapitel *Der islamische Faschismus*.

190  Für Popper ist das organizistische Verständnis der Gemeinschaft und des Staates eine grundlegende Eigenschaft des totalitären Denkens, siehe Karl Popper, *Die offene Gesellschaft und ihre Feinde*, Band 1, S. 207 ff.

191  Trotz dieser sehr ähnlichen Einsichten in ihren Hauptwerken haben sich Karl Popper und Erich Fromm fast vollständig ignoriert, was sich wohl nur damit begründen lässt, dass sie Vordenker höchst unterschiedlicher politisch-philosophischer Lager waren (Popper: Kritischer Rationalismus/Liberalismus, Fromm: Freudomarxismus/Neue Linke), wobei das Trennende zwischen ihnen so stark betont wurde, dass die Gemeinsamkeiten gar nicht mehr ins Auge fielen.

192  Vgl. Karl Popper, *Die offene Gesellschaft und ihre Feinde*, Band 1, S. X ff.

193  Vgl. zu diesen Prinzipien u. a. die Darlegungen von Popper a. a. O., S. 110 ff., 120 ff., 132 ff.

194  So argumentiert etwa Nobert Bolz, der von einer liberalistischen und mitunter stark anti-egalitären Position aus mehr »Mut zur Ungleichheit« fordert, vgl. u. a. Norbert Bolz: *Diskurs über die Ungleichheit. Ein Anti-Rousseau.* München 2009.

195  Vgl. hierzu insbesondere Mills 1859 erschienenes Grundlagenwerk *On Liberty*, siehe: John Stuart Mill: *Über die Freiheit.* Stuttgart 2008.

196  Karl Popper, *Die offene Gesellschaft und ihre Feinde*, Band 1, S. 132.

197  Ebenda.

198  Ebenda.

199  Immanuel Kant, *Über den Gemeinspruch*, S. 145.

200  A. a. O., S. 145 f.

201  Dies verletzt nicht nur individuelle Freiheitsrechte, sondern ist oft auch mit massiven Gegenteilseffekten verbunden. So lässt sich nachweisen, dass rigorose Forde-

rungen wie »Keine Drogen!«, »Kein Sex unter Teenagern!«, »Keine Abtreibungen!«, »Keine Suizide!« *realiter* zu mehr Drogentoten, mehr Teenager-Schwangerschaften, mehr Schwangerschaftsabbrüchen und mehr Suizidversuchen führen, vgl. Uwe-Christian Arnold/Michael Schmidt-Salomon: *Letzte Hilfe. Ein Plädoyer für das selbstbestimmte Sterben.* Reinbek 2014, S. 181.

202 Die Konsequenzen dieses paternalistischen Denkens im Bereich der sozialen Dienstleistungen habe ich ausgeführt in: Michael Schmidt-Salomon: *Wa(h)re Nächstenliebe? Warum eine Gleichstellung der Träger der Kinder- und Jugendhilfe längst überfällig ist.* In: *Blickpunkt Jugendhilfe,* Doppelausgabe 3 und 4/2013.

203 Karl Marx: *Erster Entwurf zum »Bürgerkrieg in Frankreich«.* In: Karl Marx/Friedrich Engels, *Werke* (MEW), Bd. 17, S. 540.

204 Adam Smith: *Der Wohlstand der Nationen.* München 1974, S. 17.

205 A. a. O., S. 371.

206 Institut der deutschen Wirtschaft (Hrsg.): *Auf den Schultern der Schwachen. Wohlfahrtsverbände in Deutschland.* 2004, S. 59.

207 A. a. O., S. 60.

208 Es handelt sich hierbei um das gleiche Argument, das uns schon in dem Kapitel *Vorsicht vor falscher Nachsicht* begegnet ist – wenn auch in umgekehrter Anwendung: Wir sollten Menschen ihre *Stärken* ebenso wenig moralisch anrechnen wie ihre *Schwächen,* da beides auf »unverdienter Ungleichheit« beruht. Wie gesagt: Eine ausführliche Begründung dieses Arguments findet sich in Michael Schmidt-Salomon, *Jenseits von Gut und Böse,* S. 273 ff.

209 Michael Schmidt-Salomon, *Hoffnung Mensch,* S. 35.

210 Vgl. hierzu u. a. Thomas Strobl: *Ohne Schulden läuft nichts. Warum uns Sparsamkeit nicht reicher, sondern ärmer macht.* München 2010.

211 Auf diese Zusammenhänge gehe ich ausführlicher in meinen Büchern *Keine Macht den Doofen*, S. 57 ff., sowie in *Hoffnung Mensch*, S. 284 ff. ein.

212 Gegen den anti-egalitären Liberalismus sprechen noch einige weitere gewichtige Argumente, auf die ich hier nicht näher eingehen kann, etwa dass die Aufhebung gravierender ökonomischer Ungleichheiten notwendig ist, um den inneren Frieden in der Gesellschaft zu erhalten, oder dass es dem allgemeinen Wohlstand schaden würde, wenn eine Gesellschaft talentierte Menschen aus unterprivilegierten Schichten nicht hinreichend fördern würde.

213 Vgl. Michael Schmidt-Salomon, *Manifest des evolutionären Humanismus*, S. 114 f.

214 Deutsche Bundesbank (Hrsg.): *Vermögen und Finanzen privater Haushalte in Deutschland. Ergebnisse der Vermögensbefragung 2014*. In: *Monatsbericht März 2016*, S. 62 ff.

215 Credit Suisse Research Institute (Hrsg.): *Global Wealth Report 2015*, Zürich 2015, S. 11.

216 Vgl. James S. Henry (Tax Justice Network): *Neue Erkenntnisse zum Preis des Offshore-Systems*. London 2012, Appendix III, S. 102.

217 Der Elitarismus hat mittlerweile solch gravierende Formen angenommen, dass man von einem »Neo-Feudalismus« sprechen kann, vgl. hierzu u. a. Harald Welzer: *Die smarte Diktatur. Der Angriff auf unsere Freiheit.* Frankfurt/M. 2016, S. 85 ff.

218 Auf einige dieser Maßnahmen gehe ich ein in *Hoffnung Mensch*, S. 284 ff.

219 Karl Popper, *Die offene Gesellschaft und ihre Feinde*, Band 1, S. 122.

220 Ebenda.

221 Vgl. Volker Sommer: *Darwinisch denken. Horizonte der Evolutionsbiologie*. Stuttgart 2007, S. 42 ff.

222 Vgl. Jane Goodall: *The Chimpanzees of the Gombe – Patterns of Behaviour*. Cambridge 1986.

223 Kulischer 1885, zit. nach Eckart Voland: *Soziobiologie. Die*

*Evolution von Kooperation und Konkurrenz.* Heidelberg 2009, S. 93.

224 Man erkennt dies nicht nur an unseren überdimensionierten Gehirnen, die die Empfindungen anderer widerspiegeln und ihre Motive mittels komplexer Rechenleistungen abschätzen, sondern auch an den 26 verschiedenen Gesichtsmuskeln, mit denen wir unsere Gefühle zum Ausdruck bringen, sowie an unserer auffälligen, weißen Augenhaut *(Sclera)*, die es uns ermöglicht, schon aus der Entfernung zu erkennen, wohin eine Person schaut und ob sie spöttisch, zornig oder liebevoll blickt, vgl. Michael Tomasello: *Warum wir kooperieren.* Berlin 2010, S. 65 f.

225 Vgl. Eckart Voland, *Soziobiologie,* S. 65 ff.

226 Vgl. Eckart Voland: *Die Natur des Menschen. Grundkurs Soziobiologie.* München 2007 S. 25 ff.

227 Vgl. hierzu. u. a. Helmut Fink/Rainer Rosenzweig (Hrsg.): *Gehirne zwischen Liebe und Krieg. Menschlichkeit in Zeiten der Neurowissenschaften.* Paderborn 2016.

228 Vgl. hierzu meine Bücher *Jenseits von Gut und Böse,* S. 69 ff. und *Hoffnung Mensch,* S. 231 ff.

229 Vgl. hierzu das bereits 1981 erstmals erschienene Buch von Peter Singer: *The Expanding Circle. Ethics, Evolution and Moral Progress.* Princeton 2011; sowie die ausführliche Darstellung dieses Prozesses in *Hoffnung Mensch,* S. 233 ff.

230 Vgl. u. a. Giordano-Bruno-Stiftung (Hrsg.): *Grundrechte für Menschenaffen. Ethik-Preis 2011.* Redebeiträge von Paola Cavalieri, Colin Goldner, Peter Singer, Michael Schmidt-Salomon und Volker Sommer. Aschaffenburg 2012; sowie Colin Goldner: *Lebenslänglich hinter Gittern. Die Wahrheit über Gorilla, Orang-Utan & Co in deutschen Zoos.* Aschaffenburg 2014.

231 Ich spreche hier bewusst von *moralischem* Dualismus und *ethischem* Monismus, da wir in den Begriffen »Moral« und »Ethik« unterschiedliche Formen der Normbegründung kennzeichnen sollten: »In der Moral geht es um die subjektive Wertigkeit von Menschen vor dem Hinter-

grund vermeintlich vorgegebener metaphysischer Beurteilungskriterien (gut und böse), in der Ethik hingegen um die objektive Angemessenheit von Handlungen anhand intersubjektiv festgelegter und immer wieder neu festzulegender Spielregeln (fair oder unfair)«, vgl. Michael Schmidt-Salomon, *Manifest des evolutionären Humanismus*, S. 102. In Anlehnung an Lawrence Kohlbergs Stufenmodell der Moralentwicklung lassen sich moralische Argumentationsweisen dem *konventionellen Denkniveau*, ethische Argumentationsweisen dem *postkonventionellen Denkniveau* zuordnen, vgl. Michael Schmidt-Salomon/ Lea Salomon, *Leibniz war kein Butterkeks*, S. 246 ff.

232 Vgl. hierzu u. a. Peter Singer: *Praktische Ethik*. Neuausgabe. Stuttgart 1994, S. 39 ff.; siehe auch Michael Schmidt-Salomon, *Hoffnung Mensch*, S. 255 ff.

233 Vgl. Amartya Sen: *Die Identitätsfalle. Warum es keinen Krieg der Kulturen gibt*. München 2010.

234 Der Resolutionstext der 2. *Kritischen Islamkonferenz* wurde ursprünglich von mir verfasst und von den Teilnehmern der Konferenz – u. a. Hamed Abdel-Samad, Lale Akgün, Necla Kelek, Rolf Schwanitz und Wolfgang Welsch – am 12. Mai 2013 in Berlin diskutiert, überarbeitet und mit großer Mehrheit verabschiedet. Anschließend wurde die Resolution u. a. auf der Website der Kritischen Islamkonferenz *www.kritische-islamkonferenz.de* veröffentlicht. Die *Giordano-Bruno-Stiftung* brachte den Text im Jahr darauf auch als Broschüre heraus, siehe Giordano-Bruno-Stiftung (Hrsg.): »*Selbstbestimmung statt Gruppenzwang!*« – *Gegen Islamismus und Fremdenfeindlichkeit*. Oberwesel 2014.

235 Vgl. Gisela Notz: *Kritik des Familismus. Theorie und soziale Realität eines ideologischen Gemäldes*. Stuttgart 2015.

236 Vgl. die bereits zitierten Bücher von Necla Kelek *(Die fremde Braut; Die verlorenen Söhne)*, sowie Seyran Ateş: *Der Multikulti-Irrtum. Wie wir in Deutschland besser zusammenleben können*. Berlin 2007; Seyran Ateş: *Der*

*Islam braucht eine sexuelle Revolution. Eine Streitschrift.*
Berlin 2009.

237 Vgl. u. a. Bundesministerium für Familie, Senioren, Frauen und Jugend (Hrsg.): *Zwangsverheiratung in Deutschland. Anzahl und Analyse von Beratungsfällen.* Berlin 2011.

238 Vgl. Nourig Apfeld: *Ich bin Zeugin des Ehrenmords an meiner Schwester.* Reinbek 2010.

239 Vgl. u. a. Barbara Hans: *Ehrenmord in Hamburg: Das lange Leiden der Morsal Obeidi* (spiegel.de, 29.5.2009); weiterführende Informationen unter *www.ehrenmord.de* sowie *www.terredesfemmes.de.*

240 Alice Miller hat den psychischen Mechanismus, der sich hinter diesem Drama verbirgt, bereits vor mehr als 30 Jahren klar beschrieben, siehe Alice Miller: *Am Anfang war Erziehung.* Frankfurt 1980.

241 Siehe Artikel 13 und 14 der UN-Kinderrechtskonvention; amtliche deutsche Übersetzung siehe: Bundesministerium für Familie, Senioren, Frauen und Jugend (Hrsg.): *Übereinkommen über die Rechte des Kindes, VN-Kinderrechtskonvention im Wortlaut mit Materialien.* Berlin 2014.

242 Das *Gesetz zur Ächtung von Gewalt in der Erziehung* wurde am 6. Juli 2000 mit den Stimmen der Fraktionen der SPD, Bündnis 90/Die Grünen, FDP und PDS gegen die Stimmen der CDU/CSU-Fraktion verabschiedet. Mit dem Gesetz wurde § 1631 BGB entsprechend geändert.

243 Vgl. *Umstrittene Rechtslage: Kanzlerin warnt vor Beschneidungsverbot* (spiegel.de, 16.7.2012).

244 Michael Schmidt-Salomon: *Fragen und Antworten zur Knabenbeschneidung* (pro-kinderrechte.de, 22.8.2012).

245 Einer der wichtigsten Impulsgeber der amerikanischen Beschneidungsbewegung war der einflussreiche amerikanische Arzt John Harvey Kellogg (1852–1943), der auch als Miterfinder der gleichnamigen Cornflakes bekannt wurde. Kellogg, der nicht nur einer der führenden Adventisten seiner Zeit, sondern auch ein rigoroser Verfechter

der sexuellen Enthaltsamkeit war, formulierte die Vorteile der Beschneidung wie folgt: »Ein Mittel gegen Masturbation, welches bei kleinen Jungen fast immer erfolgreich ist, ist die Beschneidung. Die Operation sollte von einem Arzt ohne Betäubung durchgeführt werden, weil der kurze Schmerz einen heilsamen Effekt hat, besonders, wenn er mit Gedanken an Strafe in Verbindung gebracht wird. Bei Mädchen ist die Behandlung der Klitoris mit unverdünnter Karbolsäure hervorragend geeignet, die unnatürliche Erregung zu mindern« (vgl. ebenda).

246 Auf diese wie auch andere juristische Probleme der Knabenbeschneidung haben die Strafrechtler Holm Putzke und Rolf Dietrich Herzberg bereits lange vor der »Beschneidungsdebatte« 2012 hingewiesen, vgl. u. a. Holm Putzke: *Die strafrechtliche Relevanz der Beschneidung von Knaben.* In: Holm Putzke/Bernhard Hardtung/Tatjana Hörnle/Reinhard Merkel et al. (Hrsg.): *Strafrecht zwischen System und Telos. Festschrift für Rolf Dietrich Herzberg zum siebzigsten Geburtstag.* Tübingen 2008; Rolf Dietrich Herzberg: *Religionsfreiheit und Kindeswohl. Wann ist die Körperverletzung durch Zirkumzision gerechtfertigt?* In: *Zeitschrift für Internationale Strafrechtsdogmatik,* 7–8/ 2010. Nach der Verabschiedung des Gesetzes wurden die rechtlichen, medizinischen, sozialen und politischen Probleme, die mit der Entscheidung des Deutschen Bundestags einhergehen, in verschiedenen Publikationen aufgearbeitet. Besonders empfehlenswert ist der knapp 450 Seiten starke Sammelband von Matthias Franz (Hrsg.): *Die Beschneidung von Jungen. Ein trauriges Vermächtnis.* Göttingen 2014.

247 So sind die aus der ursprünglichen Sowjetunion eingewanderten Juden mehrheitlich nicht beschnitten und haben auch nicht vor, sich selbst oder ihre Söhne dieser schmerzhaften Prozedur zu unterziehen. Im *humanistischen Judentum* (das mit den Prinzipien der offenen Gesellschaft im höchsten Maße übereinstimmt) wird die

Praxis der Zwangsbeschneidung schon seit geraumer Zeit scharf kritisiert, vgl. hierzu u. a. Jerome Segal: *Die Beschneidung aus jüdisch-humanistischer Perspektive.* In: Matthias Franz, *Die Beschneidung von Jungen,* S. 211 ff.

248 Anders als Juden, die am 7. Tag nach der Geburt beschnitten werden (was aufgrund des zu diesem Zeitpunkt noch nicht ausgebildeten schmerzunterdrückenden Systems mit besonderen Problemen verbunden ist), werden Muslime ab dem 7. Lebensjahr beschnitten (was für die Jungen eine besondere psychische Belastung darstellt, die sie sich aufgrund eines überkommenen Männlichkeitsideals jedoch nicht anmerken lassen dürfen).

249 Vgl. Michael Schmidt-Salomon, *Fragen und Antworten zur Knabenbeschneidung,* Fragen 3 und 11.

250 So Sebastian Isik in der Sendung *Menschen bei Maischberger* (»Der Beschneidungsstreit«) vom 14. 8. 2012 ab Minute 53.

251 Vgl. *Charta der Grundrechte der Europäischen Union,* Artikel 24 (Rechte des Kindes).

252 Vgl. Michael Schmidt-Salomon: *Religion als Schulfach?* In: *Pädagogik,* Heft 7 – 8/2016, S. 81.

253 Vgl. hierzu auch die Darlegungen im Kapitel *Bildung für alle.*

254 Tatsächlich aber sollten Nationalsozialismus und Stalinismus als politische Religionen verstanden werden, die keineswegs säkularen Prinzipien folgten, vgl. Michael Schmidt-Salomon, *Anleitung zum Seligsein,* S. 190 ff.

255 Raif Badawi, *1000 Peitschenhiebe,* S. 17.

256 Zu dieser Einschätzung gelangte das Bundesverfassungsgericht in Deutschland bereits 1965: »Das Grundgesetz legt [...] dem Staat als Heimstatt aller Staatsbürger ohne Ansehen der Person weltanschaulich-religiöse Neutralität auf. Es verwehrt die Einführung staatskirchlicher Rechtsformen und untersagt auch die Privilegierung bestimmter Bekenntnisse.« (BVerfGE 19, 206 [219])

257 Vgl. hierzu u. a. Peter Wensierski: *Schläge im Namen des*

*Herrn. Die verdrängte Geschichte der Heimkinder in der Bundesrepublik.* München 2006; sowie: Manfred Kappeler: *Anvertraut und ausgeliefert. Sexuelle Gewalt in pädagogischen Einrichtungen.* Berlin 2011.

258 Vgl. hierzu u. a. Ingrid Matthäus-Maier: *Katholisch operieren – evangelisch Fenster putzen? Das kirchliche Arbeitsrecht auf dem Prüfstand.* Idar-Oberstein 2013.

259 Vgl. Carsten Frerk: *Kirchenrepublik Deutschland. Christlicher Lobbyismus. Eine Annäherung.* Aschaffenburg 2015.

260 Vgl. hierzu u. a. Gerhard Czermak: *Religions- und Weltanschauungsrecht. Eine Einführung.* Heidelberg 2008, S. 106 ff.

261 De facto gibt es eine solche muslimische Paralleljustiz bereits, vgl. Joachim Wagner: *Richter ohne Gesetz. Islamische Paralleljustiz gefährdet unseren Rechtsstaat.* Berlin 2012.

262 Vgl. hierzu die vorzügliche Problemanalyse von Eric Hilgendorf: *Das Eigene und das Fremde I: Die deutsche Strafgesetzgebung und Strafrechtspraxis vor den Herausforderungen kultureller Pluralisierung.* In: *StV* 9/2014, sowie *Das Eigene und das Fremde II: Die deutsche Strafrechtswissenschaft vor den Herausforderungen kultureller Pluralisierung, oder: Was ist »Religion«?* In: *JZ* 17/2014.

263 Vgl. u. a. Hans-Joachim Höhn: *Wer braucht eigentlich wen? Über die Rücksicht auf religiöse Belange im liberalen Verfassungsstaat.* In: Winfried Kretschmann/Verena Wodtke-Werner (Hrsg.): *Wie viel Religion verträgt der Staat?* Ostfildern 2014.

264 Vgl. *Gründungserklärung des Muslimischen Forums Deutschland* (muslimisches-forum-deutschland.de).

265 Vgl. Michael Schmidt-Salomon, *Hoffnung Mensch*, S. 301 ff.

266 Sarah Albrecht: *Wie »islamisch« ist Europa? Muslimische Perspektiven auf die Vereinbarkeit islamischer Normen mit dem Leben in westlichen Gesellschaften.* Gütersloh 2016, S. 24 f.

267 A. a. O., S. 24.

268 Sigmund Freud: *Die Zukunft einer Illusion.* In: Sigmund Freud: *Studienausgabe.* Frankfurt 2009, Band IX, S. 180.

269 Vgl. Michael Schmidt-Salomon/Anne-Barbara Kindler: *Big Family – Die phantastische Reise in die Vergangenheit.* Newel 2015 (weitere Informationen zum Buch gibt es auf der Website *www.evokids.de*).

270 Der Film wurde von der Regisseurin Ricarda Hinz im Auftrag der Giordano-Bruno-Stiftung produziert und ist u. a. auf der Evokids-Website sowie auf YouTube zu finden.

271 Die Materialien (insgesamt 22 Unterrichtsmodule mit vielen Arbeitsblättern und Grafiken) können kostenfrei von der Evokids-Website heruntergeladen werden.

272 Vgl. hierzu die Resolution »Evolutionsunterricht in der Grundschule«, die am 1.11.2015 in der Hermann-Hoffmann-Akademie Gießen von mehr als 80 Wissenschaftlern, Pädagogen und Philosophen verabschiedet wurde (der vollständige Text der Resolution findet sich auf der Website *www.evokids.de*).

273 Vgl. Gunnar Köhne: *Kreationisten in der Türkei auf dem Vormarsch. Der Machtkampf zwischen säkularen und religiösen Kräften hat die Wissenschaft erreicht* (deutschlandfunk.de, 24.9.2012); siehe auch: *Türkei: Lehrer darf nicht über Evolution sprechen* (spiegel.de, 25.1.2011).

274 Vgl. Dittmar Graf (Hrsg.): *Evolutionstheorie – Akzeptanz und Vermittlung im europäischen Vergleich.* Berlin 2011.

275 Vgl. Dittmar Graf et al.: *Einstellungen und Vorstellungen von Lehramtsstudierenden zur Evolution.* In: Ute Harms et al. (Hrsg): *Heterogenität erfassen – individuell fördern im Biologieunterricht.* Kiel 2009.

276 Der Evolutionsunterricht könnte im pädagogischen Begleitstudium angesiedelt werden, das alle Lehrkräfte absolvieren müssen. Dieser Pädagogik-Anteil im Lehramtsstudium sollte ohnehin ausgebaut werden, da Lehrerinnen und Lehrer verstehen sollten, dass sie keine *Fächer* unterrichten, sondern *Menschen*. Durch eine stärkere Einbeziehung der Evolutionstheorie (sowie der Wissenschafts- und Erkenntnistheorie) in das Curriculum könnten die Universitäten auch ihrem arg vernachlässigten

Allgemeinbildungsanspruch etwas eher genügen. Zudem würde sich durch den »Lackmustest der Evolutionstheorie« die unangenehme Debatte über das Kopftuch in der Schule möglicherweise erübrigen, da es nur sehr wenige kopftuchtragende Evolutionsanhängerinnen gibt. Alle Studien, die auf diesem Gebiet erhoben wurden, zeigen deutlich, dass gerade solche Personen die Evolutionstheorie ablehnen, die von besonders konservativen religiösen Weltbildern geprägt sind. Diese Personenkreise neigen auch dazu, ihre religiöse Gruppenidentität in besonders offenkundiger Weise (etwa durch das Tragen eines Kopftuchs) zu dokumentieren.

277 Aus diesem Grund wird das Evokids-Projekt auch von Vertretern der Religionen unterstützt, etwa von dem christlichen Religionswissenschaftler Michael Blume, der einen eigenen Blog zum Thema »Natur des Glaubens – Evolutionsgeschichte der Religion(en)« betreibt, vgl. Michael Blume: *Evolution gehört in die Grundschule! Plädoyer für EvoKids und Big Family by Michael Schmidt-Salomon und Kolleginnen* (scilogs.spektrum.de, 29.2.2016).

278 Vgl. *Irans Präsident in Italien: Rom verhüllt Statuen für Rohani* (spiegel.de, 26.1.2016).

279 Vgl. *Saudi-Arabien: Auspeitschung von Raif Badawi offenbar gestoppt* (zeit.de, 22.1.2015).

280 Vgl. Deutscher Bundestag, Drucksachen 18/3835 und 18/3832.

281 Die Bundesregierung entschied im April 2016, eine Strafverfolgung gegen den Fernsehmoderator Jan Böhmermann zuzulassen, da dieser den türkischen Präsidenten mit einem sogenannten »Schmähgedicht« verunglimpft habe. Da diese Entscheidung keineswegs notwendig, sondern rechtlich überaus fragwürdig war, habe ich diesen Beschluss als »Kniefall vor einem Despoten« kritisiert, der »in seinem eigenen Land den überkommenen Straftatbestand der Majestätsbeleidigung nutzt, um politische Gegner auszuschalten«, vgl. *Wer hat Böhmermann*

*verraten? Christdemokraten!* (giordano-bruno-stiftung. de, 15. 4. 2016).

282 Ensaf Haidar nahm den Preis am 23. April 2016 im Rahmen eines Festakts in der Deutschen Nationalbibliothek Frankfurt entgegen, vgl. *Der Mut zum aufrechten Gang. Raif Badawi und Ensaf Haidar wurden in Frankfurt mit dem Deschner-Preis der Giordano-Bruno-Stiftung ausgezeichnet* (giordano-bruno-stiftung.de, 25. 4. 2016).

283 Vgl. *Regelungen für Muslime: Österreich verabschiedet Islamgesetz* (spiegel.de, 25. 2. 2015).

284 Vgl. Verena Hölzl: *Burka-Verbot in Frankreich: Hinter dem Schleier* (spiegel.de, 14. 8. 2015).

285 Vgl. *Säkularismus ist die Lösung – auch in der Flüchtlingsfrage!* (giordano-bruno-stiftung.de, 16. 9. 2015).

286 Selbstverständlich kann kein Land der Erde *unbegrenzt* Flüchtlinge oder Einwanderer aufnehmen – selbst wenn diese weltanschaulich in jeglicher Hinsicht kompatibel wären. Die Grenzen, um die es hier geht, sind jedoch keine »Grenzen der Toleranz«, sondern »Grenzen der Ökologie« sowie »Grenzen der Ökonomie«, auf die ich an dieser Stelle nicht weiter eingehen kann. Ich verweise stattdessen auf die entsprechenden Kapitel meines Buches *Hoffnung Mensch*, die sich zwar nicht mit der aktuellen »Flüchtlingskrise« beschäftigen, wohl aber mit den ökologischen, ökonomischen und politischen Rahmenbedingungen, die bei einer humanen und zukunftsfähigen Problemlösung berücksichtigt werden sollten.